Freies Sticken

Freies Sticken

Mit Nadel und Faden
eine eigene Sprache finden

Barbara Wälchli Keller

at VERLAG

Zwiegespräche
sie tanzen
rauf und runter
fädig farbig und bunt
freude

Sticken – wozu?

Praktisch gesehen, ist Sticken etwas Unnötiges. Beim Weben entstehen wärmende Stoffe, beim Töpfern werden nützliche Behälter hergestellt. Und beim Sticken? Das einzige Ziel der Stickerei ist es, Schmuck zu sein. Es scheint schon immer ein großes Bedürfnis der Menschen gewesen zu sein, die Gebrauchsgegenstände, die sie umgeben, zu verzieren – bereits aus der Bronzezeit sind Reste von einfachen Stickereien bekannt.
In unserem modernen Alltag haben bestickte Tischtücher, verzierte Bettwäsche oder liebevoll gestaltete Täschchen kaum noch Platz. Stattdessen hat sich die Stickerei zu einer Kunstform entwickelt und als künstlerisches Ausdrucksmittel ein neues, spannendes Feld erobert.
Dieses Buch soll einen Einblick in die Welt der Stickerei geben. Die vorgestellten Stiche sind sehr vielseitig und können beliebig variiert und kombiniert werden. Wenn dann die Farben, die Struktur und die Beschaffenheit der Fäden und des Stickgrundes dazukommen, werden die Ausdrucksmöglichkeiten nahezu grenzenlos.
Die vielen Beispiele sollen dazu anregen, eigene Ideen kreativ umzusetzen und eine bildhafte Sprache zu entwickeln.

Sticken als Sprache

Die unzähligen Möglichkeiten, sich durch das Zusammenspiel von Fäden und Stoffen, Stichen und Farben auszudrücken, sind faszinierend. Sticken braucht nicht viel technisches Wissen. Was es aber braucht, ist Ruhe, Zeit und Beharrlichkeit, um gestickte Lösungen für die Darstellung eigener Erlebnisse, Gefühle, Empfindungen und Stimmungen zu finden.
Ein geschriebener Text schildert mithilfe von Schriftzeichen, die jeweils eine Bedeutung, einen Sinn haben, Befindlichkeiten, Launen, Situationen. Ein Stickbild dagegen drückt sich durch Farbe, Struktur und Glanz des gewählten Fadens aus. Eine Ausdrucksstickerei soll nicht nur gestalterisch schön und technisch perfekt sein. Mindestens ebenso wichtig ist, was durch sie mitgeteilt werden soll. Es kam schon vor, dass ich in meinen Stickkursen bei Arbeiten von Teilnehmerinnen gestalterische Einwände machte. Oft stellten diese sich aber als völlig unpassend heraus, weil meine Vorschläge nicht mit dem inneren Bedürfnis der Stickerin übereinstimmten. Als ich beispielsweise mit einer Teilnehmerin ihre Arbeit besprach, entdeckten wir zusammen unschöne, verkrampft gearbeitete Stellen. Darauf erzählte sie mir, dass sie das gestickt habe, nachdem ihr Schwiegersohn tödlich verunglückt war. Sie beließ diese Stelle so, weil sie eine bestimmte Situation in ihrem Leben ausmachte. Wenn eine Stelle jedoch nicht gut gelungen ist oder unsorgfältig gestickt wurde, sollte man sie lieber wieder öffnen und neu machen.
Meist entstehen aber fröhliche, leichte und luftige Stickereien. Wichtig ist jedoch immer, dass mit Liebe und Hingabe gestickt wird.

Gut zu wissen

Stickmaterial

Stickgründe, Faden, Stiche und Farben müssen sehr sorgfältig aufeinander abgestimmt werden. Nicht jede Farbe und jeder Faden kommen auf jedem Stickgrund so zur Geltung, wie man es vielleicht gerne möchte. Man kann noch so viele Stiche technisch beherrschen, mit ungeeignetem Material und unpassender Farbe gestickt, kann die gewünschte Aussage nicht gefunden werden.

Stickgründe

Grundsätzlich kann alles bestickt werden, was mit einer Nadel durchstochen werden kann.

Stickfäden

Für mich gibt es keine typischen Stickfäden. Zum Sticken eignet sich eigentlich alles, was fadenähnlich ist und irgendwie durch den Stickgrund gezogen werden kann. Vorausgesetzt, es passt in das Bildkonzept. Trotzdem gilt es, bei der Anwendung der verschiedenen Stoff- und Fadenqualitäten vorsichtig zu sein.

Eine kleine Materialkunde

Ein kleiner Überblick über die gebräuchlichsten Materialien:

Seide

Seide ist eines der edelsten textilen Materialien. Die Raupen des Maulbeerseidenspinners produzieren einen Faden, mit dem sie sich zum Verpuppen in eine Hülle (Kokon) einspinnen. Der Faden kann bis zu 1200 Meter lang sein, weshalb er als endlos bezeichnet wird. Es gibt drei Seidenqualitäten:

- Für die *Haspelseide* werden die Seidenfäden vor dem Schlüpfen des Falters direkt von vier bis acht Seidenkokons abgehaspelt. Der natürliche Seidenglanz kommt bei dieser Qualität dadurch zur Geltung, dass das Licht beim gereinigten Endlosfaden fast vollständig reflektiert wird.
- Als *Schappeseide* werden die »Abfallfasern« der durch das Ausschlüpfen des Falters beschädigten Kokons bezeichnet. Sie sind bis zu zwanzig Zentimeter lang und haben auch den für Seide typischen Glanz, der jedoch wegen der aufstehenden Faserenden beim versponnenen Faden nicht mehr so richtig zur Geltung kommt.
- Bei der *Bourretteseide* handelt es sich um den »Abfall des Abfalls«. Die Fäserchen sind lediglich noch etwa drei Zentimeter lang und ergeben matte, unregelmäßig gesponnene, nahezu glanzlose Fäden, in denen meistens noch dunkle Abfallstückchen hängen. Trotzdem hat auch diese Qualität ihre eigene »Sprache« und kann sowohl als Faden als auch als Stickgrund verwendet werden.

Wolle / Haare

Wolle (die Bezeichnung für die Haare des Schafes) und Haare (die Bezeichnung der Haare aller anderen Tiere) gibt es in unendlichen Aufmachungen. Die Qualität hängt vor allem von der Kräuselung, der Elastizität und der Länge der Fasern (etwa 5 bis 25 Zentimeter) ab. Die Fäden sind, ihrer jeweiligen Dicke entsprechend, immer mehr oder weniger flauschig und haarig. Fäden aus Wolle und Haaren reagieren sehr empfindlich auf Reibung. Sie müssen sorgfältig (mit geringer Fadenlänge und mit einer Nadel mit großem Nadelöhr) durch den Stoff gezogen werden.

Baumwolle

Die Weichheit eines Baumwollfadens wird durch die Anzahl der Drehungen beim Verspinnen der Fasern bestimmt. Es gibt sowohl harte als auch weiche Baumwollfäden. Vor allem wegen seiner kurzen Fasern (1 bis 4 Zentimeter) fehlt dem Baumwollfaden die innere Spannkraft, wie sie zum Beispiel Leinen sehr stark aufweist. Ein Baumwollfaden lässt sich sehr leicht verarbeiten und unterwirft sich ganz dem Willen der Stickerin. Mercerisierte Baumwolle hat einen schönen, bleibenden Glanz. Er entsteht durch ein spezielles Ausrüsteverfahren mit Natronlauge.

Leinen (Flachs)

Ein Leinenfaden wird aus dreißig bis achtzig Zentimeter langen Fasern gesponnen. Diese wiederum bestehen aus zwei bis sechs Zentimeter langen Faserzellen, die durch den der Pflanze eigenen Leim zusammengeklebt sind. Dieser Pflanzenleim und die Länge der einzelnen Fasern bewirken, dass ein Leinenfaden recht hart und steif ist. Dank dieser besonderen Eigenschaft ist es zwar nicht

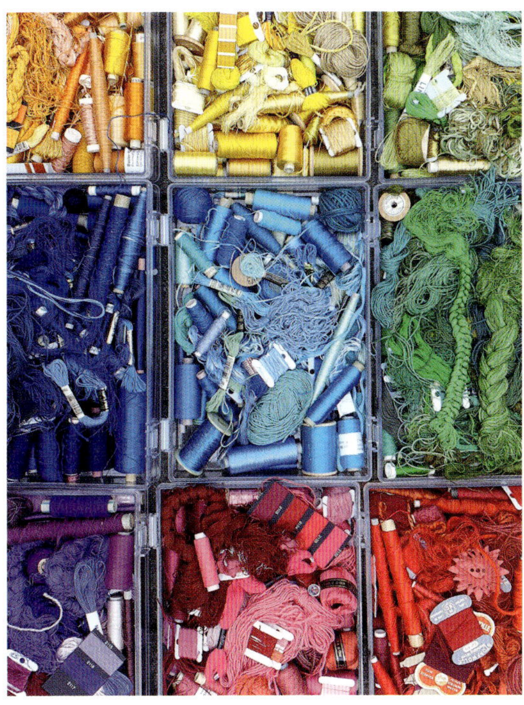

einfach, dafür umso spannender, einen Leinenfaden zu versticken. Wie bei keinem anderen Material muss hier beim Sticken sehr auf den »Willen« des Fadens eingegangen werden. Ein Leinenfaden, dem im Laufe der Zeit der Pflanzenleim weggerieben oder -gewaschen wurde, zerfällt in seine kurzen Faserzellen und ist dadurch sehr viel weicher, aber auch schwächer. Das sollte man beachten, wenn man auf ein altes, handgewebtes Leintuch unserer Urgroßmütter sticken möchte. Je länger es benutzt wurde und je öfter es mit Lauge gewaschen wurde, desto empfindlicher und weniger reißfest ist es.
Auch während des Stickens passiert es oft, dass sich ein Leinenfaden durch das viele Durch-den-Stoff-gezogen-Werden weichreibt. Wenn mit einem solchen Faden weitergestickt wird, verändert dies das Aussehen des Stiches. Indem der Faden nass gemacht und in Richtung seiner Drehung gedreht wird, kann er wieder etwas »aufgepeppt« werden. Durch die Nässe löst sich der Leim und klebt die einzelnen Fasern während des Trocknens neu zusammen.

Chemiefasern und Metallfäden

Fäden und Stickgründe aus Chemiefasern haben in der Stickerei überall dort ihre Berechtigung, wo sie nicht als Imitation irgendeiner Naturfaser verwendet werden.

Wo findet man all diese Fäden?

Zum Sticken kann eigentlich alles verwendet werden, was durch einen Stickgrund gezogen werden kann. Wichtig ist, dass der zum Sticken gewählte Faden der beabsichtigten Aussage entspricht. Würden wir uns beim Kauf der Fäden auf die vom Handel für das Sticken vorgesehenen Materialien beschränken, wären wir in unserer Kreativität stark eingeschränkt. Ich selbst finde meine Fäden beispielsweise in Antiquitäten- und Gebrauchtwarenläden, auf Flohmärkten, am Meer, in Do-it-yourself-Läden, im Fischereizubehörgeschäft, in Gärtnereien, in Strickläden – also eigentlich überall. Mein Blick ist permanent auf »fädig« eingestellt, Fädiges habe ich an den unmöglichsten Orten gefunden. Inzwischen habe ich ein großes Lager zusammengetragen. Und: Man sollte nicht nur kaufen und sammeln, was einem spontan gefällt. Man braucht eine reichliche Auswahl, um Emotionen ausdrücken zu können; sie stimmen nicht immer mit den Lieblingsfarben überein.

Farbechtheiten bei textilen Materialien

Unter Farbechtheit versteht man die Beständigkeit eines Farbstoffes. In der Stickerei sind zwei Farbechtheiten wichtig, die Licht- und die Waschechtheit.

Lichtechtheit

Ganz allgemein sollte eine Stickerei nie zu stark dem Sonnenlicht ausgesetzt werden. Es schadet nicht nur der Farbe, sondern auch den Fasern. Die Lichtechtheit von Textilien kann folgendermaßen geprüft werden: Man legt das Material auf weißes Papier und deckt die eine Hälfte mit Papier ab. Das so vorbereitete Material wird an ein stark sonnenbeschienenes Fenster geklebt (mit dem textilen Material gegen die Fensterscheibe). Nach mehreren Wochen wird sichtbar, ob der dem Licht ausgesetzte Teil des Materials im Vergleich zum abgedeckten Teil – der immer noch die ursprüngliche Farbintensität aufweist – ausgebleicht ist.

Waschechtheit

Wenn eine fertige Stickerei nass gespannt werden soll, ist es wichtig zu wissen, ob Fäden oder Stickgrund abfärben. Es ist also sinnvoll, vor dem Sticken eine Probe zu machen, indem man einen Faden durch den Stoff zieht, es nass macht. Nach dem Trocknen wird sichtbar, ob Fäden auf das Gewebe abgefärbt haben.

Abfärben als Gestaltungsmittel

Die mangelnde Waschechtheit kann aber auch gezielt in eine Stickerei mit einbezogen werden. Die Tagebuchstickerei «am Meer» (2015) stickte ich mit Fäden, von denen ich wusste, dass sie in nassem Zustand abfärben. Allerdings wusste ich nicht, wie und wie intensiv. Ich musste das Resultat so hinnehmen, wie es sich ergab. Eines jedoch kann man beeinflussen: Wird die nass gespannte Arbeit flach liegend zum Trocknen gelegt, dehnt sich die Farbe rund um die jeweiligen Stiche aus. Wird die gespannte Arbeit zum Trocken aufgestellt, ergeben sich Fließspuren nach unten.

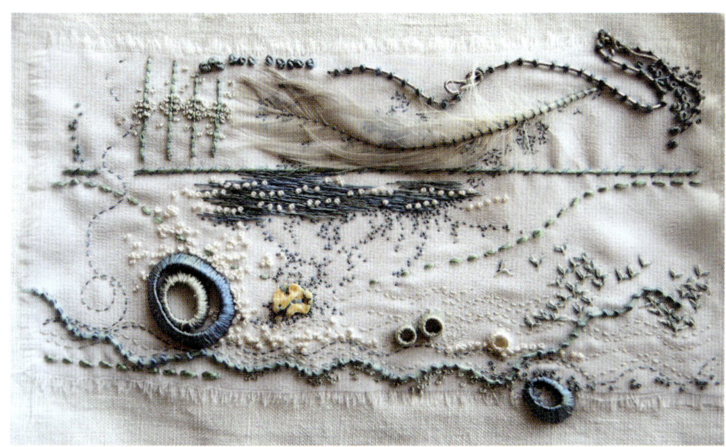

Die Stickerei ist fertig und noch nicht aufgespannt. Einzig die Erhebungen im Stoff und der Fäden werfen feine Schatten.

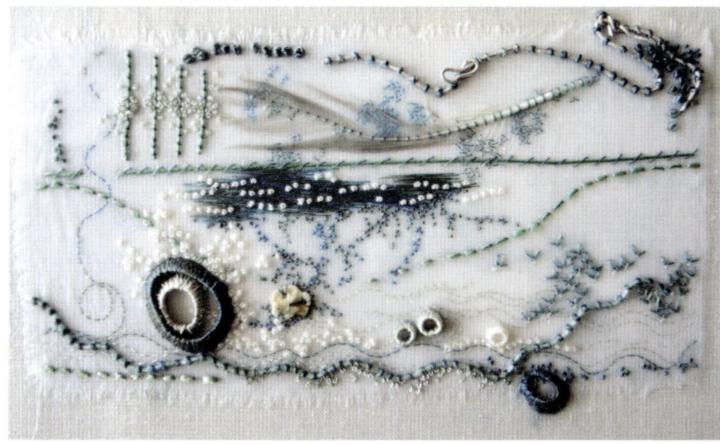

Unmittelbar nachdem die Arbeit nass und gespannt ist, fängt die Farbe an »auszubluten«. Da ich die Arbeit flach hingelegt habe, färbt die Farbe rund um die Stiche aus.

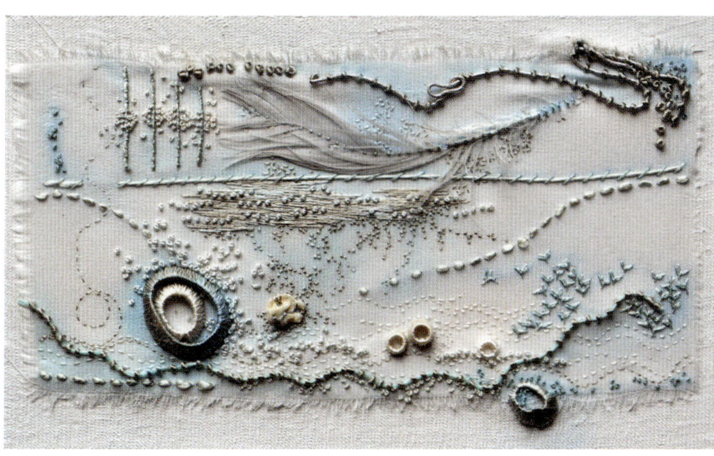

Die fertig gespannte und getrocknete Arbeit.

Eine kleine Farbenlehre

Wenn mit Farben gearbeitet wird, passieren oft wundersame Dinge, die man so eigentlich nicht geplant hat. Deshalb ist es sinnvoll, etwas über das Zusammenspiel der Farben zu wissen. Aber aufgepasst! Wenn man anfängt, sich mit dem Wunder Farbe zu befassen, kann es zu einer nicht endenden Entdeckungsreise werden.
Es gibt viele Farblehrer, jeder hat seine eigenen Überzeugungen. Ich habe die Farblehre des Schweizer Malers und Kunsttheoretikers Johannes Itten (1888–1967) ausgewählt, weil er einen Farbkreis entwickelt hat, der leicht verständlich und für die Stickerei sehr hilfreich ist.

Der Farbkreis
Der Farbkreis von Johannes Itten teilt die Farben in Farbordnungen ein.
Für diesen Farbkreis wurden lediglich die drei Farben erster Ordnung verwendet, Gelb, Rot und Blau. Das schichtige Malen lässt die verwendeten Farben durchscheinen. Dadurch ist erkennbar, aus welchen Farben erster Ordnung sich die jeweiligen Farben zusammensetzen.

01 Die Farben erster Ordnung sind die drei Farben Gelb, Rot, Blau. Sie befinden sich im Zentrum des Farbkreises. Zwischen ihnen bleiben je drei Felder für weitere Farben frei.

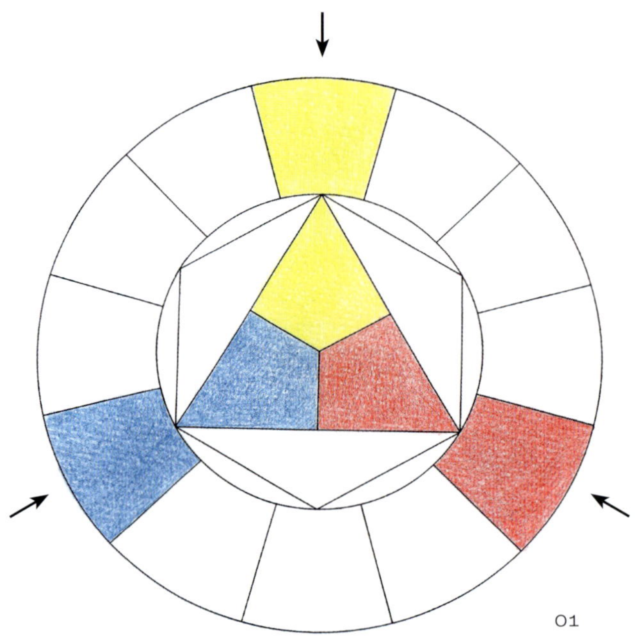

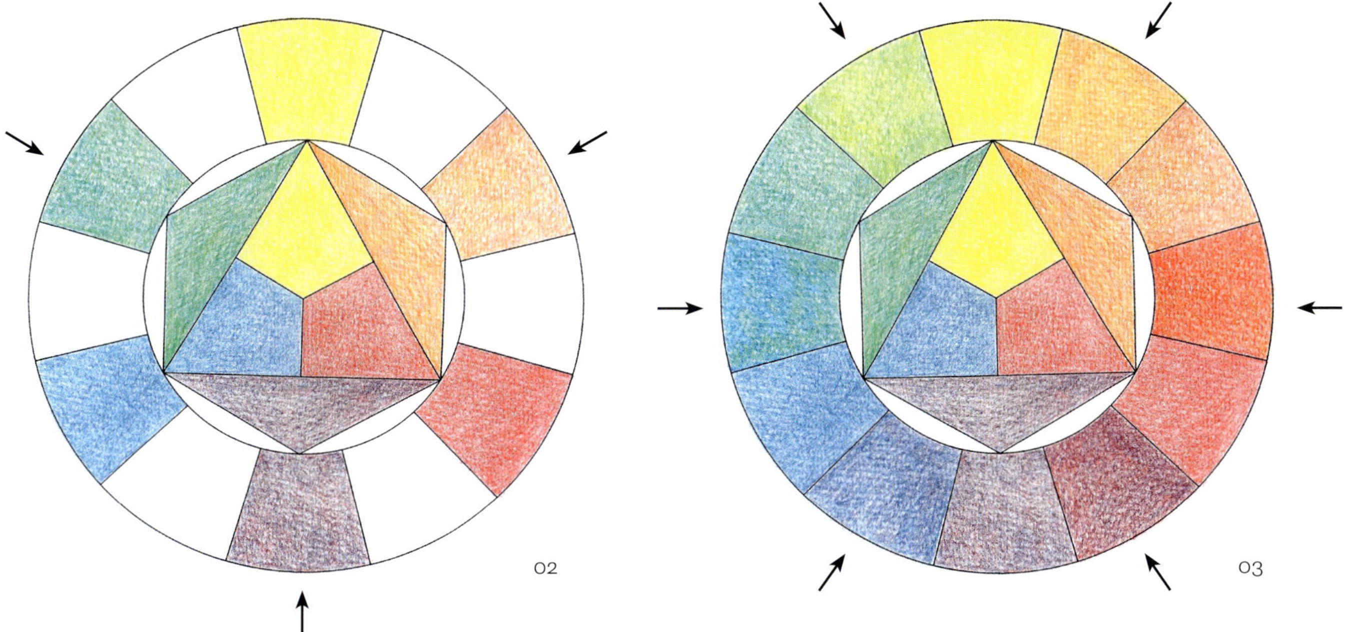

02 Die Farben zweiter Ordnung mischen sich aus den Farben erster Ordnung:

- Gelb und Rot ergeben Orange
- Rot und Blau ergeben Violett
- Blau und Gelb ergeben Grün

Im Zentrum des Farbkreises schmiegen sie sich an die beiden Farben erster Ordnung, aus denen sie sich zusammensetzen.

03 Die Farben dritter Ordnung mischen sich aus je einer Farbe erster Ordnung und einer Farbe zweiter Ordnung:

- Gelb und Orange ergeben Gelb-Orange
- Rot und Orange ergeben Rot-Orange
- Rot und Violett ergeben Rot-Violett
- Blau und Violett ergeben Blau-Violett
- Blau und Grün ergeben Blau-Grün
- Gelb und Grün ergeben Gelb-Grün

Die Farbnamen setzen sich jeweils aus dem Namen der Farbe erster Ordnung, gefolgt vom Namen der Farbe zweiter Ordnung zusammen.

Die Farbkontraste

Auch die sieben Farbkontraste, von denen Johannes Itten spricht, bieten einen verständlichen Einstieg in die unendliche Welt der Farben:

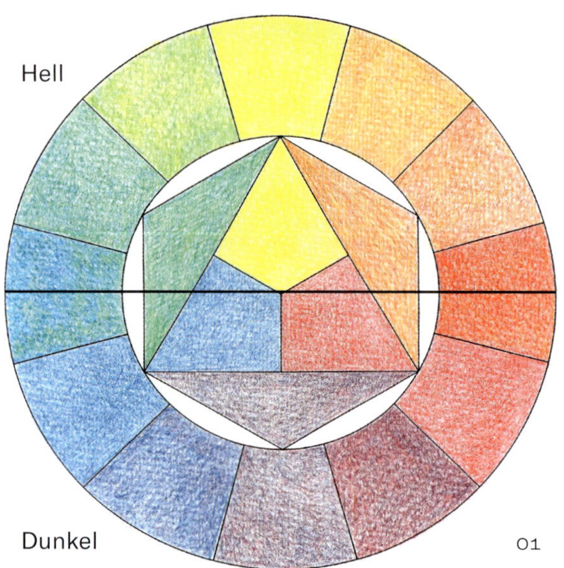

01

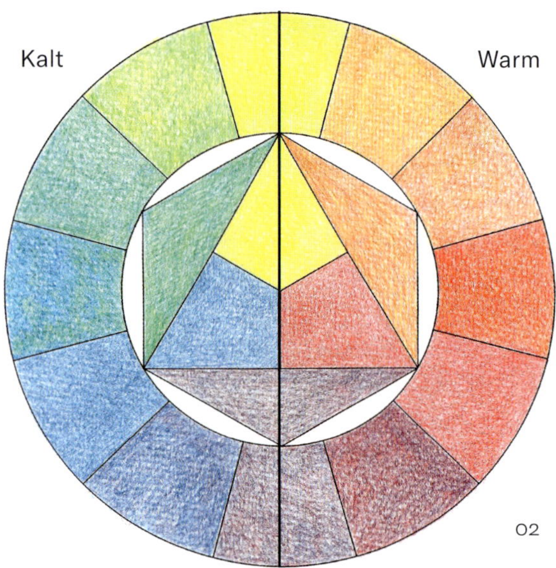

02

Der Farb-an-sich-Kontrast

Die Wirkung im Farb-an-sich-Kontrast ist bunt, laut und stark. Die Stärke nimmt ab, je mehr sich die Farben von den drei Farben erster Ordnung, Gelb, Rot und Blau, entfernen.

01 Der Hell-Dunkel-Kontrast

Der stärkste Ausdruck für Hell und Dunkel sind die beiden Farben Schwarz und Weiß. Innerhalb des zwölfteiligen Farbkreises bilden die beiden Farben Gelb und Violett den stärksten Hell-Dunkel-Kontrast. Im oberen Teil des Farbkreises befinden sich die hellen Farben und im unteren Teil die dunklen Farben.

02 Der Kalt-Warm-Kontrast

Rechts der Gelb-Violett-Achse liegen die als eher warm empfundenen Rot-Orange-Töne, links davon die eher als kalt empfundenen Blau-Grün-Töne. Je nach Farbzusammensetzung können Farben jedoch mehr oder weniger warm oder kalt wirken. Der Kalt-Warm-Kontrast kann auch mit verschiedenen Materialien erzielt werden, beispielsweise mit Wolle/Leinen oder Wolle/Kunstbast.

Beim Hell-Dunkel- und Kalt-Warm-Kontrast geht die Grenze jeweils mitten durch eine Farbe. Sie gehören weder wirklich zur dunklen oder hellen bzw. zur kalten oder warmen Seite. Je nachdem, mit welchen Farben sie kombiniert werden, wirken sie mehr oder weniger warm bzw. mehr oder weniger hell. Aber grundsätzlich handelt es sich hier eher um eine Zuordnungshilfe. Sobald die Farben einander direkt gegenübergestellt werden, können diese plötzlich wärmer, kälter, dunkler oder heller erscheinen.

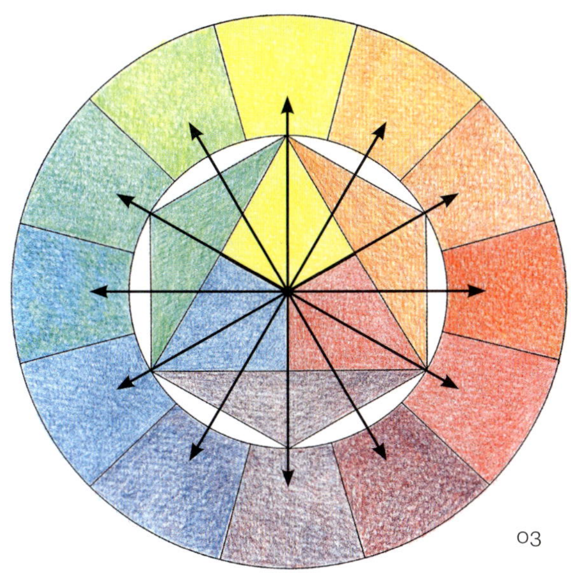

03 Der Komplementär-Kontrast
Im zwölfteiligen Farbkreis stehen die Komplementärfarben einander gegenüber. Jede Farbe kann nur zu einer einzigen Farbe komplementär sein.

Die Farbenpaare sind:

- Gelb – Violett
- Gelb-Orange – Blau-Violett
- Orange – Blau
- Rot-Orange – Blau-Grün
- Rot – Grün
- Rot-Violett – Gelb-Grün

Der Simultan-Kontrast
Es ist erwiesen, dass unser Auge zu einer gegebenen Farbe die komplementäre Ergänzung fordert und selbstständig erzeugt. Verwendet man zum Beispiel Rot mit einem neutralen Grau, erscheint das Grau als grünlich. Diese Wirkung kann bewusst eingesetzt werden oder auch als unwillkommene Überraschung auftreten.

Der Qualitätskontrast
Dieser Kontrast wird auch Bunt-Unbunt-Kontrast genannt. Durch die Mischung der Farben mit den unbunten Farben Schwarz und Weiß verlieren die Farben an Leuchtkraft und werden »unbunt«. Eine bunte Farbe kann auf vier verschiedene Arten gebrochen werden:

- durch Beimischung von Schwarz
- durch Beimischung von Weiß
- durch Beimischung von Grau
- durch Beimischung der entsprechenden Komplementärfarbe.

Der Quantitätskontrast
Der Quantitätskontrast bezieht sich auf das Mengenverhältnis von zwei oder mehreren Farben oder Materialien. Es sind Gegenüberstellungen wie

- viel – wenig
- groß – klein
- lang – kurz
- breit – schmal
- dick – dünn

Ich möchte noch einmal betonen, dass diese Erklärungen lediglich einen ganz kleinen Einblick in die Welt der Farben geben und keineswegs alle Geheimnisse der Farben preisgeben. Die muss man schon selbst erleben.

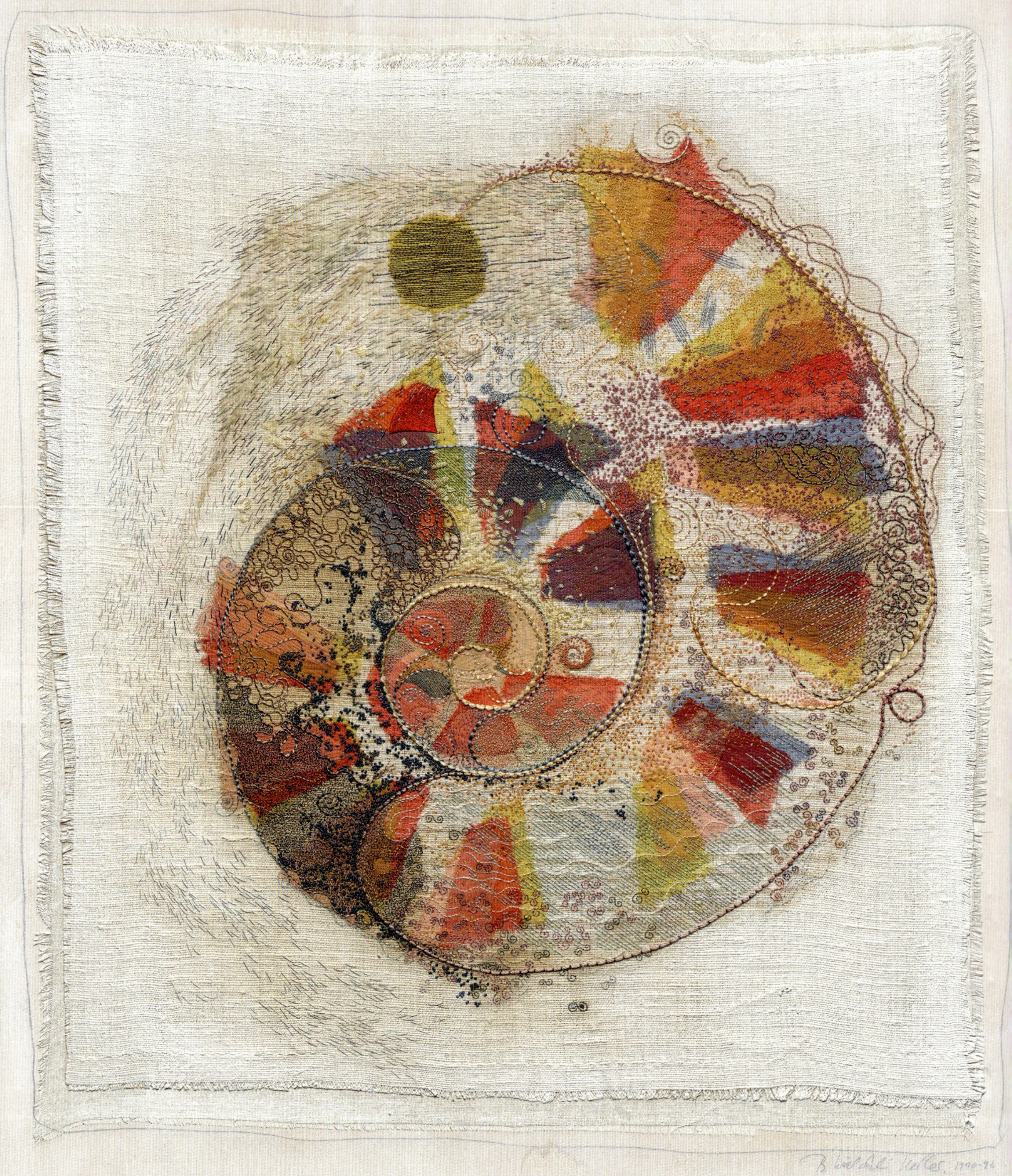
1990-96

Technik

Stoffe (Stickgründe)

Zum Besticken eignen sich praktisch alle gewebten Stoffe, vorausgesetzt, sie entsprechen der jeweiligen Vorstellung der Stickerin und harmonieren mit den gewählten Fadenqualitäten und -farben. Am problemlosesten zu besticken sind Gewebe mit der einfachsten Fadenverkreuzung, der Leinwandbindung. Mehr Schwierigkeiten verursachen vor allem Satinstoffe, Samt und Maschenstoffe.
Wenn immer möglich, sollten die Stickgründe verstärkt werden. Dies erhöht den »Stickkomfort«, und die Stiche riskieren weniger, in dem Gewebe zu versinken.

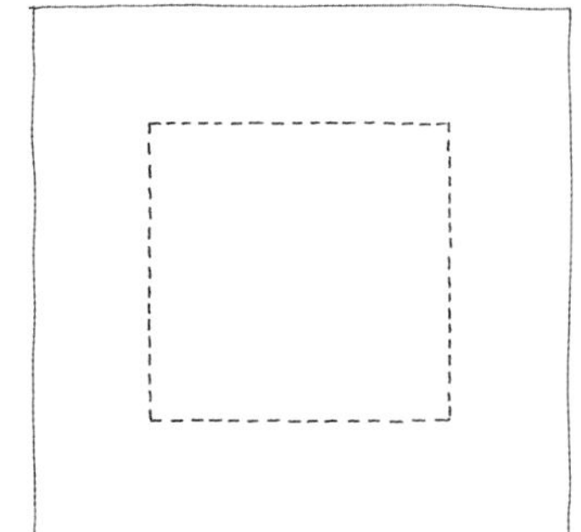

01

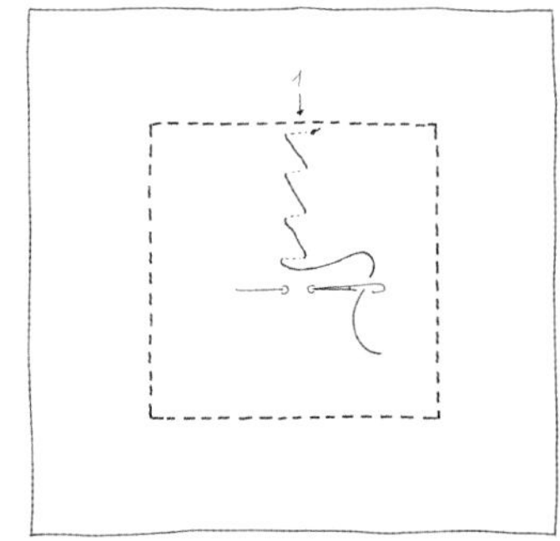

02

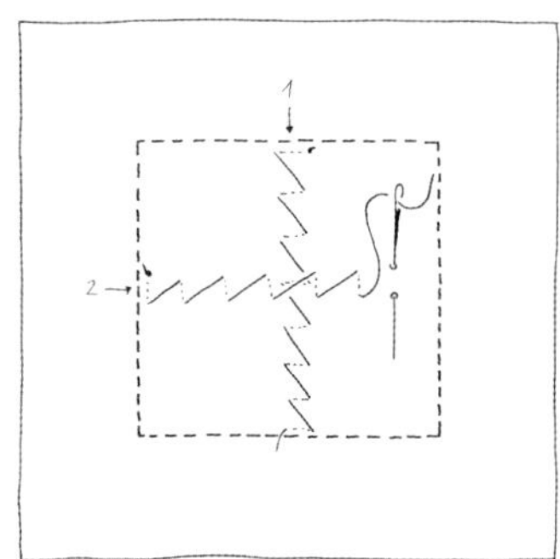

03

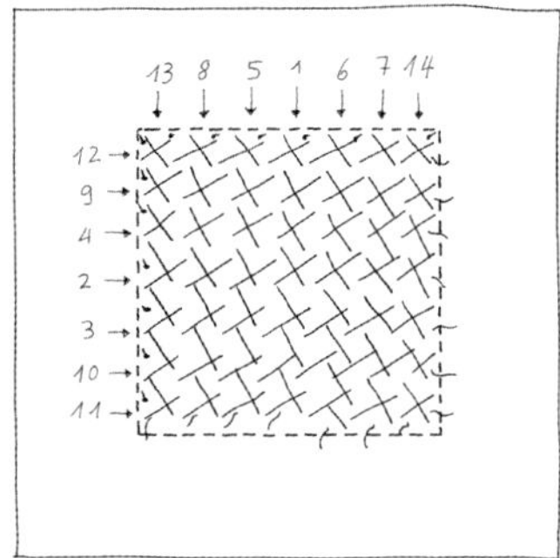

04

Verstärken eines Stickgrundes

01 Der Stickgrund hat bereits die geplante Größe des Bildes.
Die Unterlage muss mindestens so groß sein, dass die Arbeit in den Stickrahmen gespannt werden kann.
Der Stickgrund wird zusammen mit dem untergelegten Stoff auf eine Arbeitsfläche gelegt: Zuerst den Stickgrund mit der Oberseite gegen unten, dann darauf die Unterlage legen.

02 Wenn die Stofflagen sorgfältig flach gestrichen auf dem Tisch liegen, werden die Lagen zuerst in der Mitte senkrecht zusammengeheftet (mit dem sogenannten Pikierstich). Es ist von Vorteil, diesen Heftstich möglichst breit zu stechen.

03 Die zweite Stichreihe wird im rechten Winkel zur ersten Reihe, ebenfalls in der Mitte angebracht. Dazu wird die Arbeit so gedreht, dass wieder von oben nach unten gearbeitet werden kann.

04 Nun wird abwechselnd senkrecht und waagrecht links und rechts der Mitte nach außen hin alle drei bis fünf Zentimeter eine weitere Reihe Pikierstiche angebracht, bis die beiden Stoffe vollständig miteinander verbunden sind.

Diese Reihenfolge muss eingehalten werden, damit die beiden Stofflagen immer wieder gegen die Ecken flachgestrichen werden können. Auf keiner der beiden Lagen darf eine unerwünschte Falte entstehen.

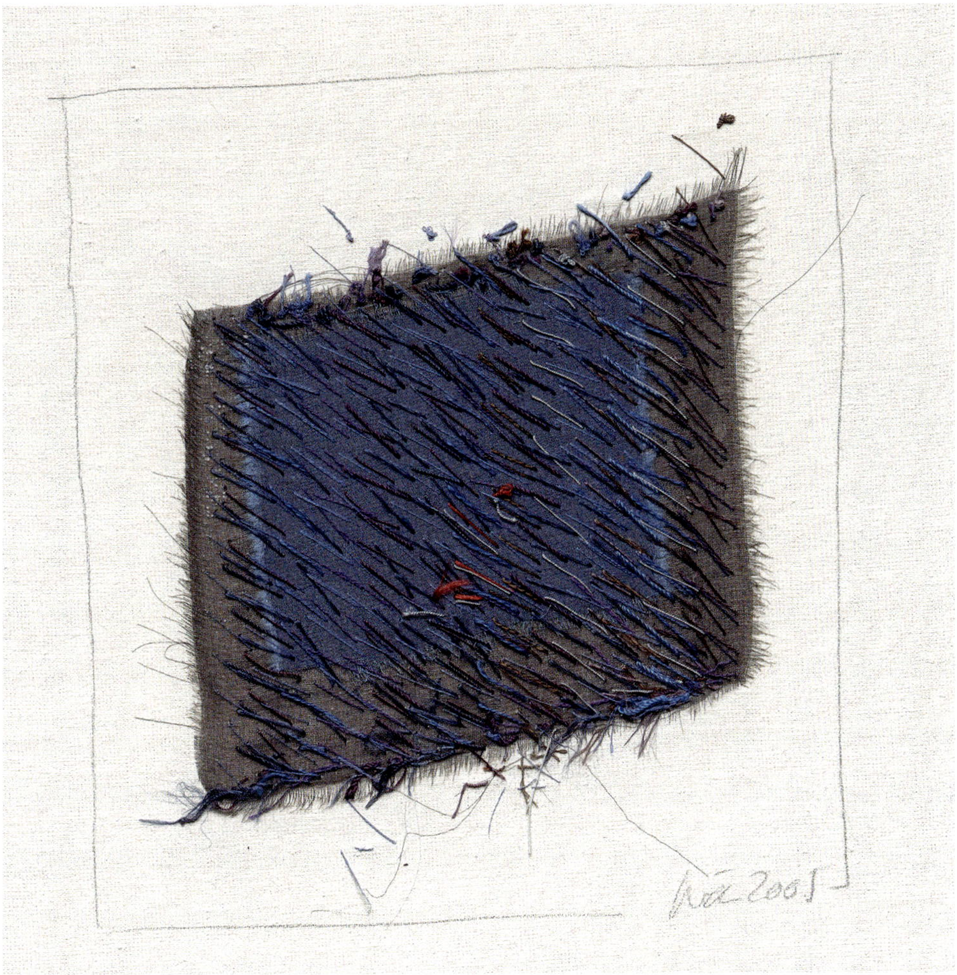

Auch ein Pikierstich kann zum Stickstich werden.

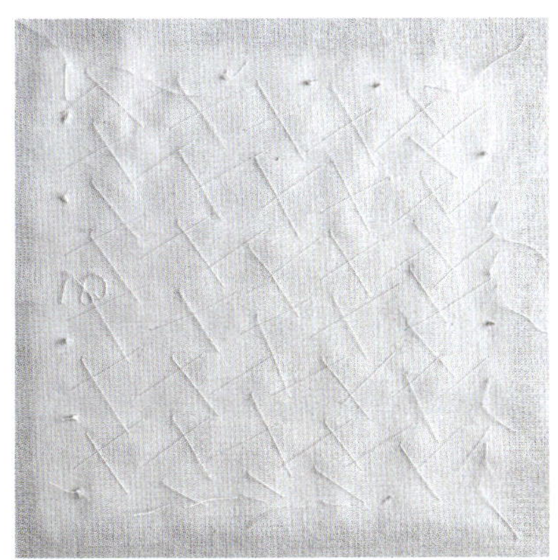

Ein fertig vorbereiteter Stickgrund (Rück- und Vorderseite).

Die Heftstiche auf der Vorderseite werden während des Stickens fortlaufend wieder entfernt.

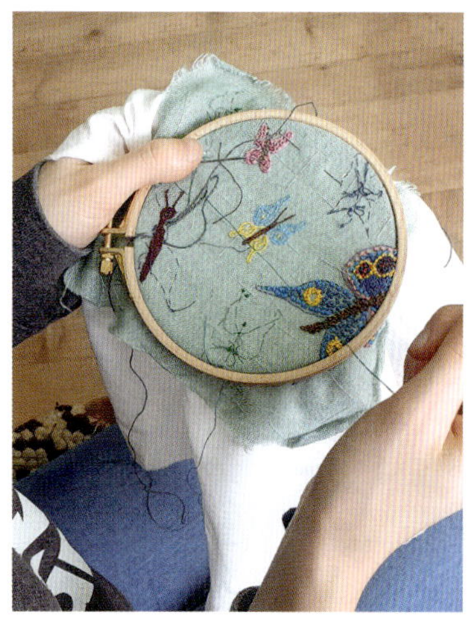

Handstickrahmen

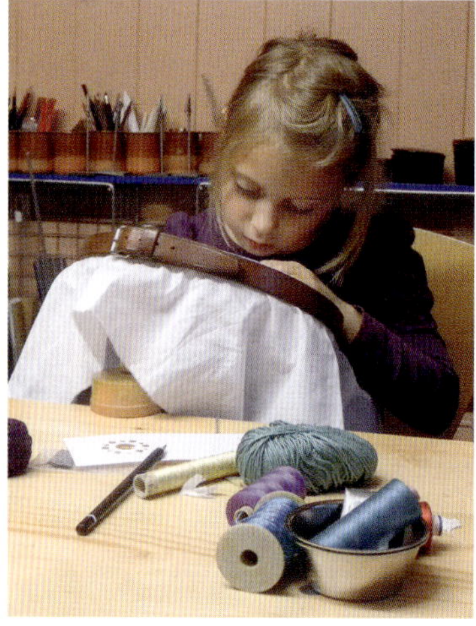

Tischstickrahmen

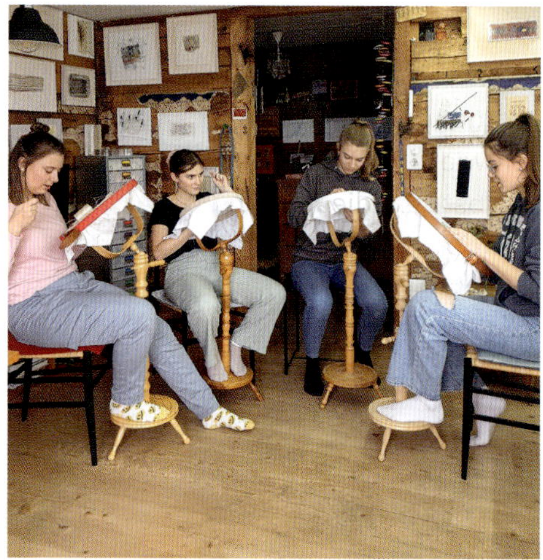

Stickstock

Sticken am Stickrahmen

Das Sticken am Stickrahmen ist fast ein Muss. Denn seine Vorteile sind unbestritten:

- Im Stickrahmen ist der Stoff immer gut gespannt und schön flach.
- Ein Zusammenziehen des Stoffes wird weitgehend verhindert.
- Die gespannte Fläche bietet eine gute Übersicht über die Arbeit.

Der ›Rolls Royce‹ unter den Stickrahmen ist der auf dem Boden stehende Stickstock. Beide Hände sind frei zum Sticken: Eine Hand (meistens die linke) bleibt unten am Stoff. Die »obere« Hand stößt die Nadel von oben durch den Stoff. Die »untere« Hand nimmt die Nadel in Empfang und zieht den Faden durch. Anschließend stößt sie die Nadel wieder nach oben durch den Stoff, wo diese von der »oberen« Hand übernommen und der Faden durchgezogen wird.
Von unten nach oben zu arbeiten, ist am Anfang schwierig, da der Einstich blind gefunden werden muss. Aber mit etwas Übung wird diese Art zu sticken zur Selbstverständlichkeit. Je nach Stich kann mit dieser Methode auch ein zügiger Arbeitsrhythmus entstehen, der sich positiv auf die gestickten Flächen/Linien auswirkt. Dadurch, dass der Stickrahmen in einer beweglichen Kugel des Stockes steckt, kann er rundum gedreht werden, und dabei kann jeder Stich nach Belieben von rechts nach links, von links nach rechts, von oben nach unten usw. gearbeitet werden.

Einspannen des Stoffes in den Stickrahmen

Zum Einspannen des Stoffes wird zuerst der Lederriemen vom Stickrahmen abgehoben (nicht geöffnet). Dann wird der Stoff – die zu bestickende Fläche im Zentrum – flach über den Ring gelegt und der Lederriemen wieder sorgfältig über den Stoff gestülpt. Anschließend wird der Stoff von allen Seiten gleichmäßig und fadengerade gespannt. Es kann passieren, dass während des Stickens die Spannung des Stoffes erneuert werden muss, indem die Stoffenden wieder nachgezogen werden.
Zu kleine Stoffstücke müssen für das Einspannen in den Rahmen erweitert werden. Dazu werden an den Rändern des zu bestickenden Stoffes zusätzliche Stoffbahnen (z. B. Stoffreste) angenäht, die nachträglich wieder entfernt werden können.

Vorgehen beim Sticken

So wie zum Beispiel während des Malens mit Farbstiften die Farben immer wieder gewechselt werden, verhält es sich auch beim freien Sticken: Es ist nicht so, dass ein Faden, einmal eingefädelt, gleich fertig verstickt wird. Oft erfordert die Arbeit ein spontanes Wechseln von Farbe oder Struktur. Die jeweils ruhenden Fäden werden irgendwo außerhalb der Stickfläche auf die Oberseite gezogen, damit sie sich auf der Rückseite nicht ineinander verfangen.

Es sollte keine Stickerei mit einem Knoten im Arbeitsfaden begonnen werden. Er kann durch das Gewebe schlüpfen oder auf der Gewebeoberseite durchdrücken. Anfang und Ende eines Fadens müssen immer vernäht werden.

Nadeln

Zum Sticken sollten unbedingt spezielle Sticknadeln verwendet werden. Folgende Nadeln sind im Handel erhältlich:

- Die *groben Sticknadeln* mit sehr langem Nadelöhr gibt es in den Nummern 16 (sehr grob), 18, 20, 22, 24 (fein). Diese Nadeln sind spitz oder stumpf erhältlich.
- Die Nadelöhre der *feinen Sticknadeln* sind gegenüber den normalen Nähnadeln bedeutend schmaler und länger. Es gibt sie in den Nummern 1 (sehr grob) bis 10 (sehr fein).

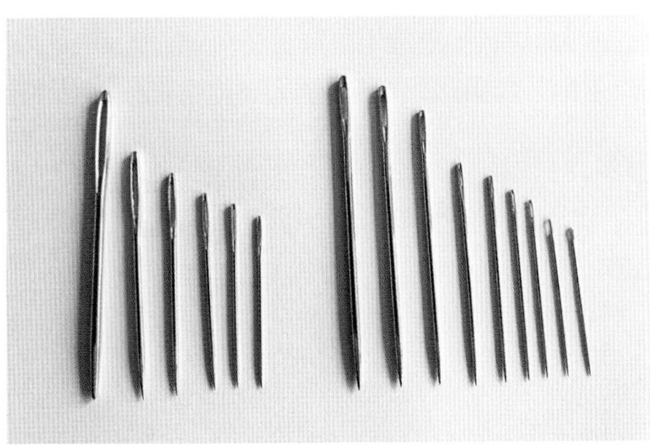

Die stumpfen Nadeln finden ausschließlich bei den gezählten Stickereien Verwendung. Denn da ist es wichtig, dass die Gewebefäden beim Sticken nicht angestochen werden. Hingegen sind die spitzen Nadeln für die freie Stickerei unerlässlich. Denn da entscheidet die Stickerin, wo ein Faden durch den Stoff gezogen wird, und das stimmt meistens nicht mit den durch das Gewebe vorgegebenen Zwischenräumen überein. Zudem bleiben die Stiche schöner auf der Oberfläche liegen, wenn die Gewebefäden beim Sticken angestochen werden.

Die Nadeldicke richtet sich nach der Beschaffenheit des zu verarbeitenden Stickfadens. Der Faden muss sich leicht im Nadelöhr bewegen können. Beim Durchstechen des Stoffes muss die Nadel ein genügend großes Loch vorstechen, damit der Faden durchgezogen werden kann, ohne dass er durch die Reibung beschädigt wird. Es ist der Stickerei aber auch nicht dienlich, für einen feinen Faden eine zu dicke Nadel zu wählen. Eine Ausnahme bilden empfindliche Garne wie zum Beispiel schwach gedrehte Seidenfäden oder Metallfäden. Für solche Fäden sollten etwas zu dicke Nadeln verwendet werden, damit das vorgestochene Loch ein Durchziehen des Fadens mit möglichst wenig Reibung erlaubt.

Wichtig

- Wenn das gestochene Loch vom gestickten Faden nicht ausgefüllt wird, wurde eine zu dicke Nadel gewählt.
- Wenn es beim Durchstechen des Stoffes »knallt«, wurde eine zu feine Nadel gewählt.

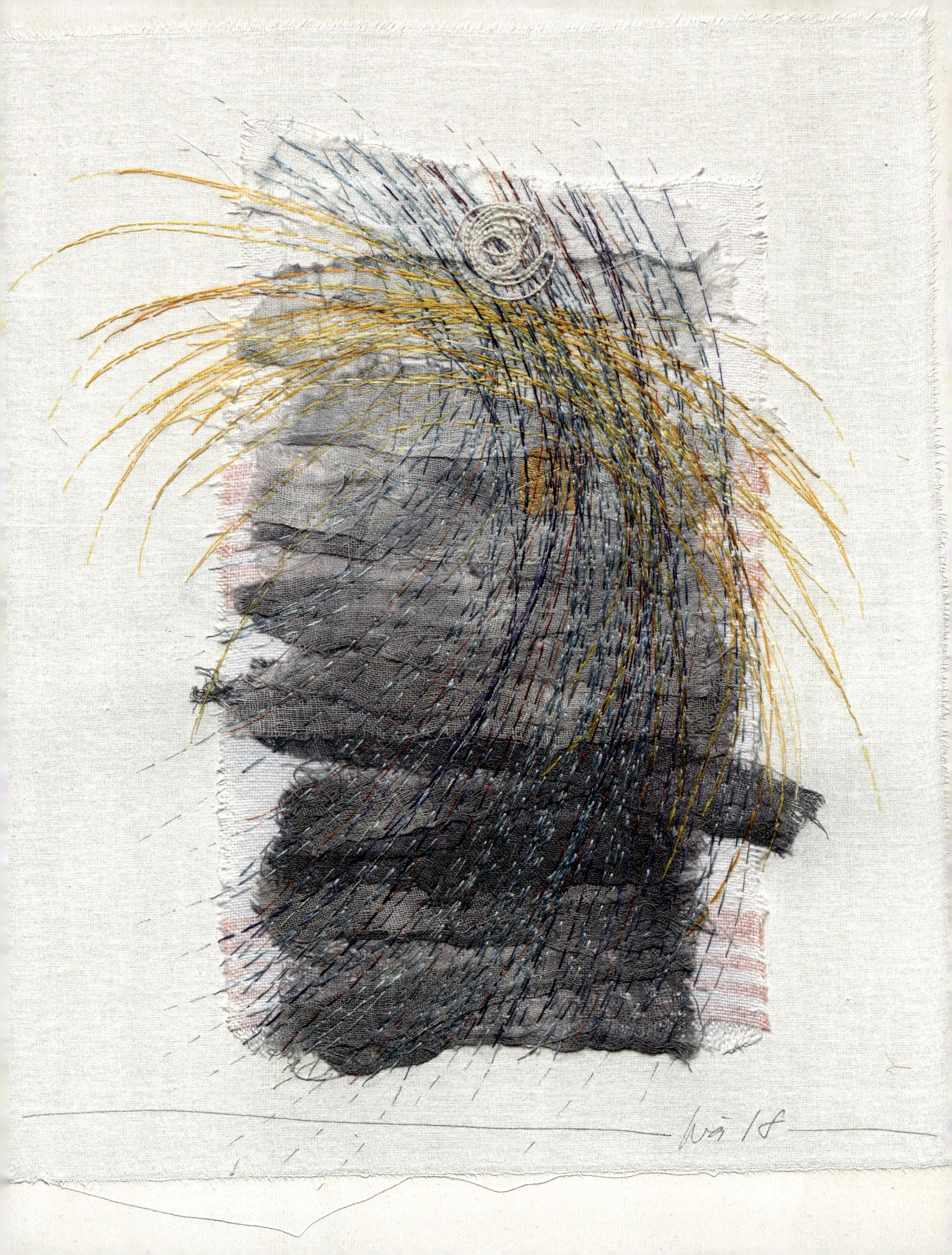

Stiche

Im folgenden Kapitel werden bewusst nur die 15 gebräuchlichsten Stiche vorgestellt, denn es sind diejenigen, die am meisten Gestaltungsmöglichkeiten bieten. Je schlichter ein Stich ist, desto vielfältigere Variationen können mit ihm erzielt werden. Das Aussehen eines Stiches kann durch seine Größe, durch die Farbe und Dicke des Fadens praktisch unendlich verändert werden. Sie können zu neuen Stichen kombiniert und miteinander zu einem Bild komponiert werden. Einzige Bedingung ist, dass das Gestickte der gewünschten Aussage entspricht. Zu jeder Stichanleitung hat es ein paar gestickte Beispiele, die aber nur einen ganz kleinen Teil der vielen Möglichkeiten aufzeigen. Sie können übernommen, variiert oder weiterentwickelt werden, oder sie dienen als Anregung zu neuen, eigenen Ideen. Auch wenn man eines dieser Beispiele einfach nacharbeitet, wird die Wirkung mit Sicherheit eine andere sein, schon allein, wenn etwas andere Materialien und Farben verwendet werden. Die Zeichnungen zu den einzelnen Stichen sind so dargestellt, dass diese am Stickrahmen gestickt werden können. So kann jeder Stich von oben nach unten, von unten nach oben, von links nach rechts oder von rechts nach links gestickt werden. Es liegt an der Stickerin, die bevorzugte Richtung herauszufinden und den Rahmen entsprechend zu drehen. Auch kann das Buch so hingelegt werden, dass die Stickrichtung stimmt. Wenn kein Stickrahmen verwendet wird und der Stoff zum Sticken in der Hand gehalten wird, wird die Stickrichtung nicht unbedingt der gezeichneten Richtung entsprechen. In diesem Fall kann das Buch gedreht und so hingelegt werden, wie es der Stickrichtung entspricht.

Den »Engel über Trümmer« stickte ich fast ausschließlich mit Vorstich. Einzig der Kopf ist mit Klosterstich gearbeitet.

Vorstich

Der Vorstich wird oft als banal und als recht unspektakulär betrachtet. Aber seine Aussagekraft ist groß und die Variationsmöglichkeiten unendlich.
Nach jedem einzelnen Einstich wird der Faden sorgfältig nachgezogen, gerade so viel, dass er entspannt im Stoff liegen kann. Die Länge der einzelnen Stiche sowie die Abstände zwischen den Stichen sind wichtige Gestaltungselemente.

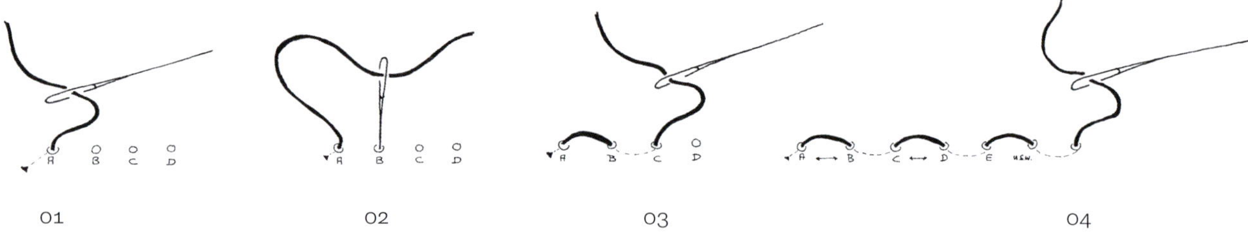

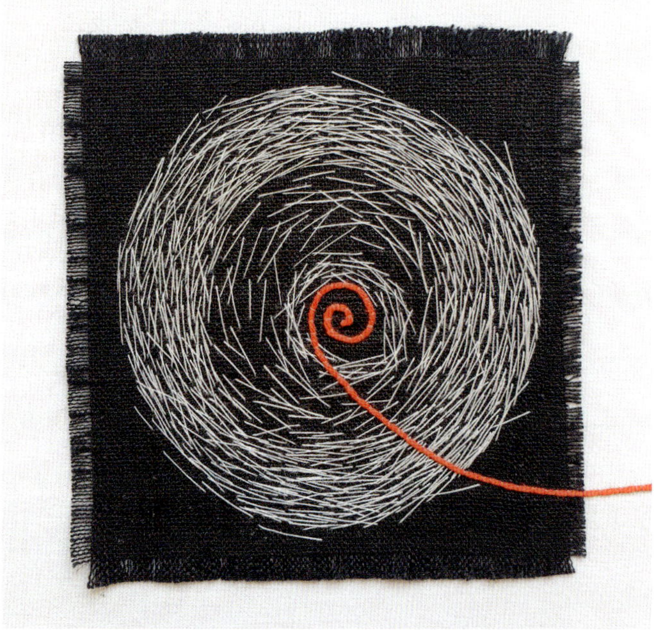

Es brauchte eine große Anzahl Vorstiche, bis die Dynamik dieses Kreises entstehen konnte. Wichtig war, konsequent bei dieser Stichart zu bleiben und nicht zu meinen, man müsse noch viele andere Stiche anwenden, um das Bild spannend zu gestalten. Oft ist das Gegenteil der Fall. Aber man darf auch nicht zu früh aufhören. Überhaupt ist es bei so einem Bild sehr schwierig, den richtigen Moment zu spüren, wenn das Bild fertig ist.

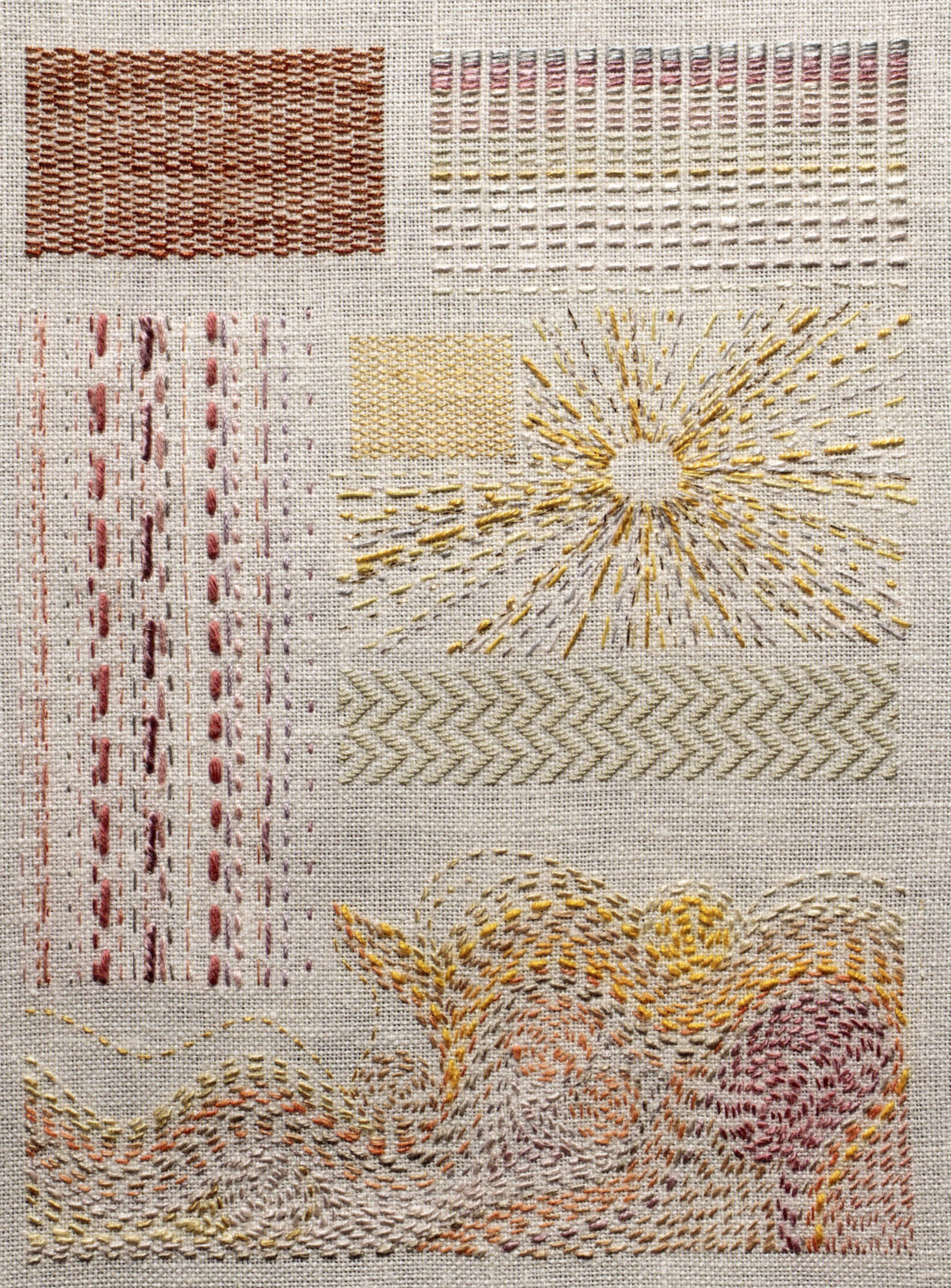

Sandstich

Stickt man den Vorstich richtungslos, entsteht der Sandstich. Bei diesem Stich ist es besonders wichtig, dass der Faden des Gewebes mit der Sticknadel angestochen wird. Dadurch können sich die einzelnen Stiche nicht mehr verschieben und bleiben schön auf der Oberfläche sichtbar.

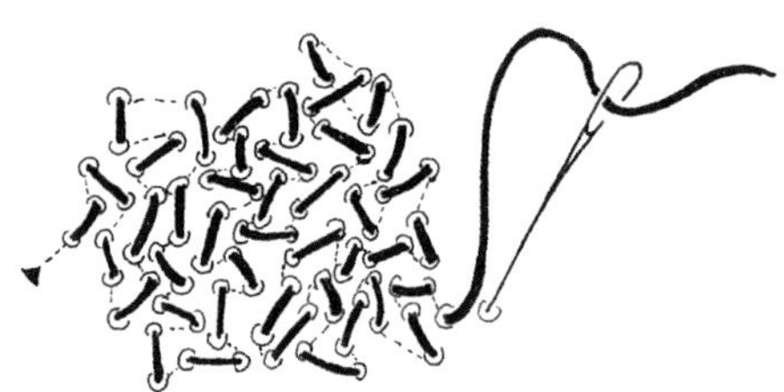

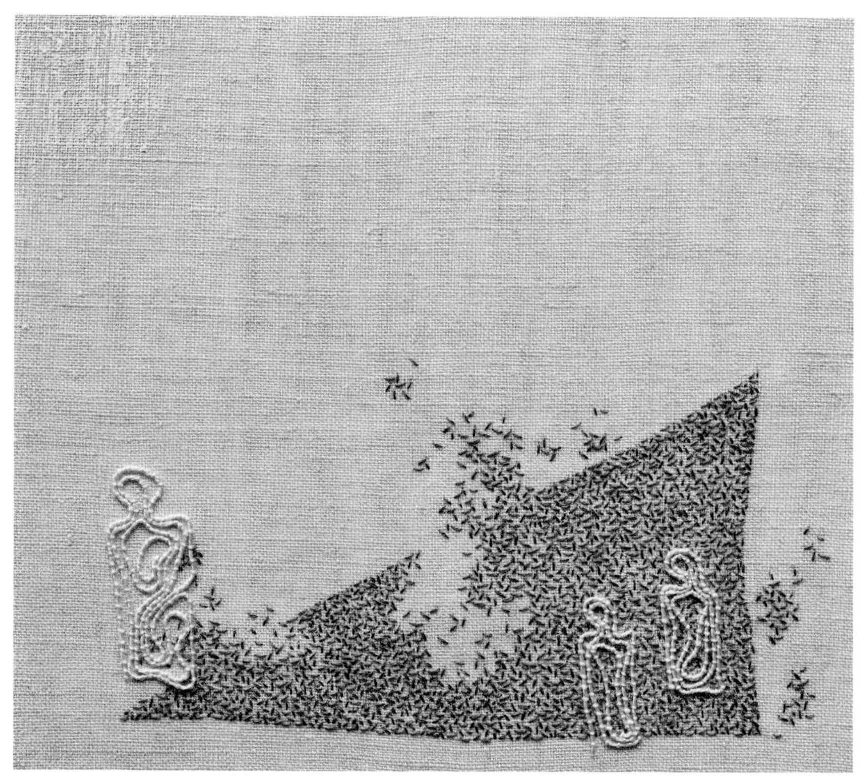

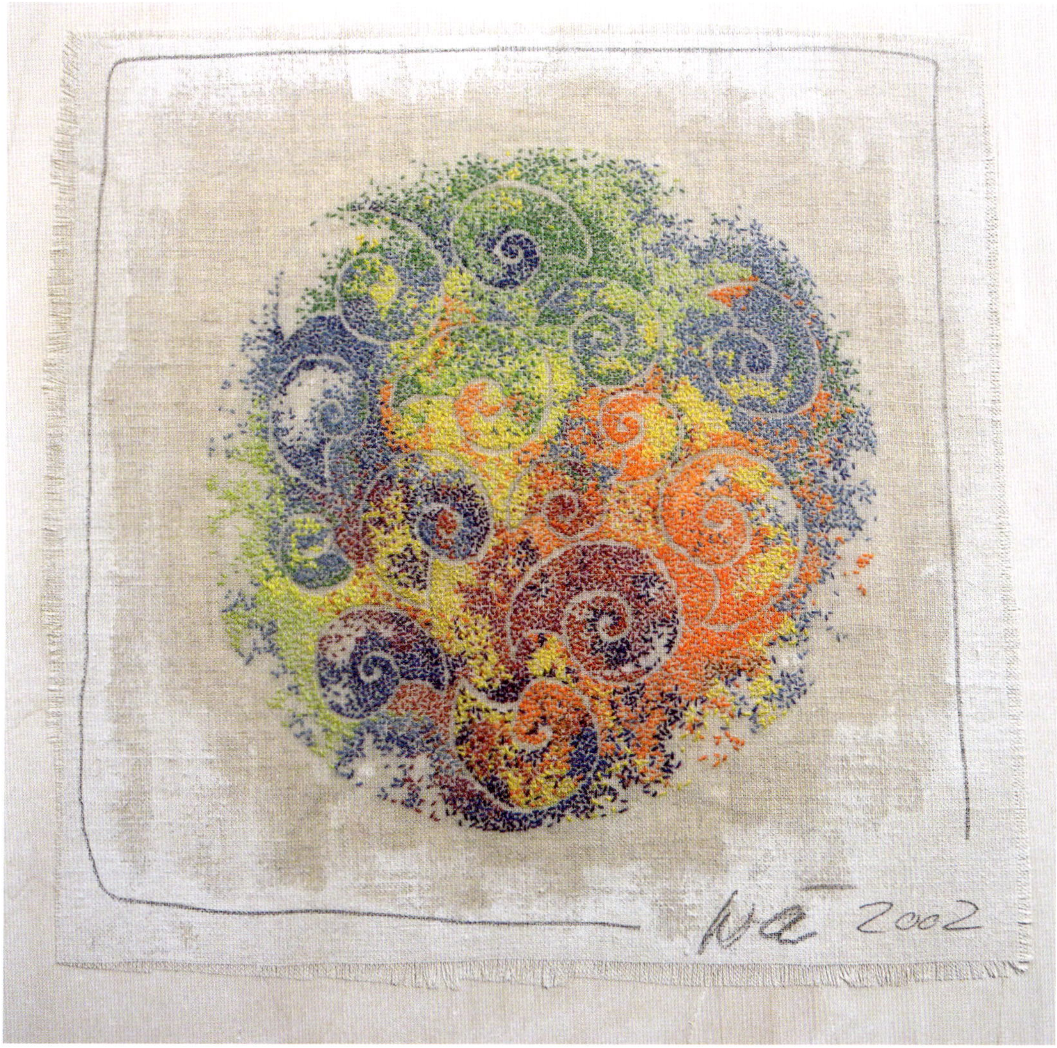

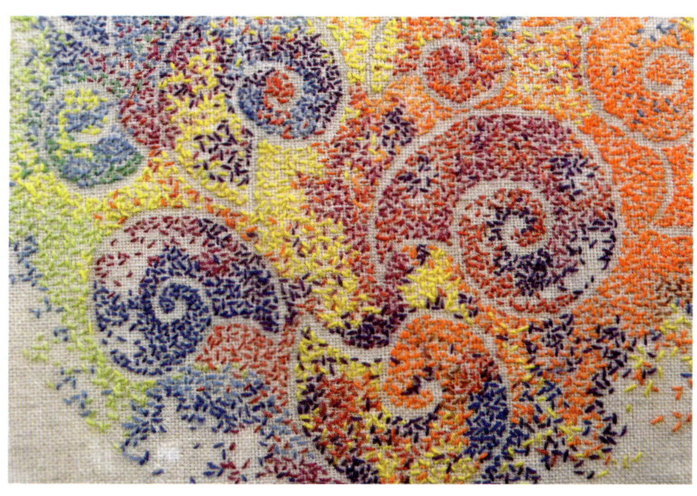

Steppstich

Im Gegensatz zum eher flachen Vorstich sehen die einzelnen Stiche des Steppstiches aus wie ganz kleine Kissen.

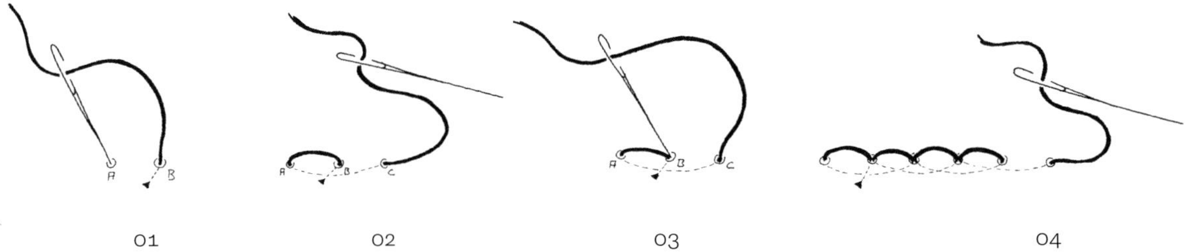

01 02 03 04

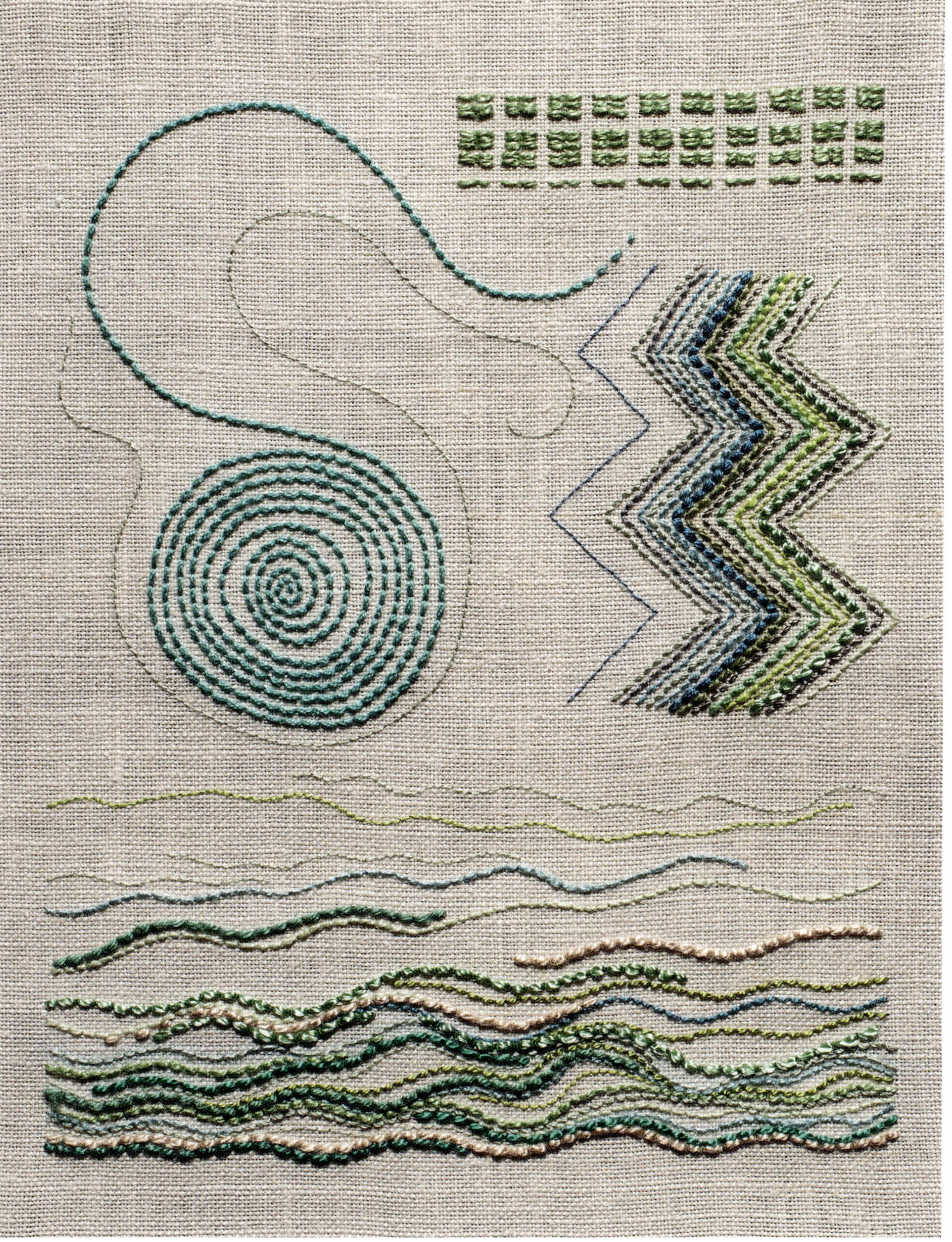

Stielstich

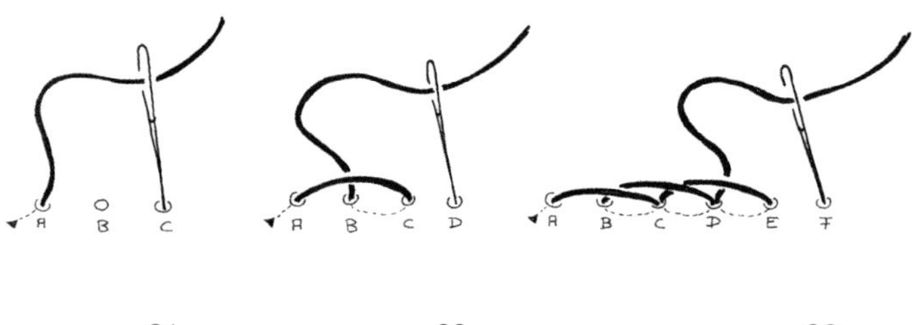

01 02 03

Wenn bei C wieder eingestochen wird, darf der Faden noch nicht ganz durchgezogen werden. Erst nachdem bei B wieder ausgestochen wird, wird der Faden ganz nachgezogen.

Wenn eine mit dem Stielstich gestickte Linie ein kordelähnliches Aussehen haben soll, muss beim Sticken auf die Richtung der Fadendrehung geachtet werden: Je nachdem, in welche Richtung ein Faden gedreht ist, unterscheidet man zwischen S-Drehung und Z-Drehung.

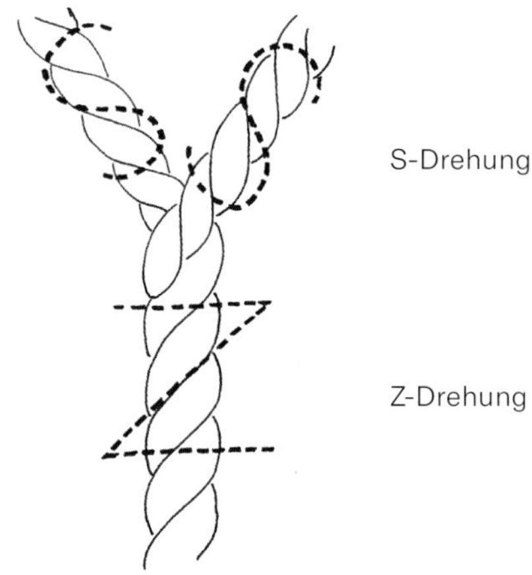

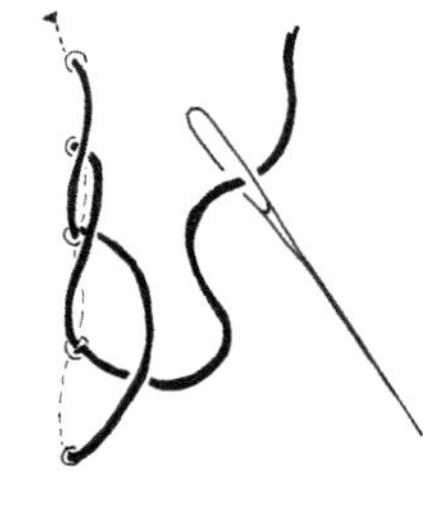

Weist der Faden eine S-Drehung auf, müssen die einzelnen Stiche in Z-Richtung aneinandergereiht werden.

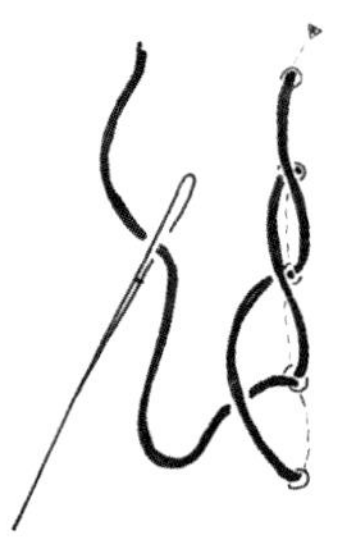

Weist der Faden eine Z-Drehung auf, müssen die einzelnen Stiche in S-Richtung aneinandergereiht werden.

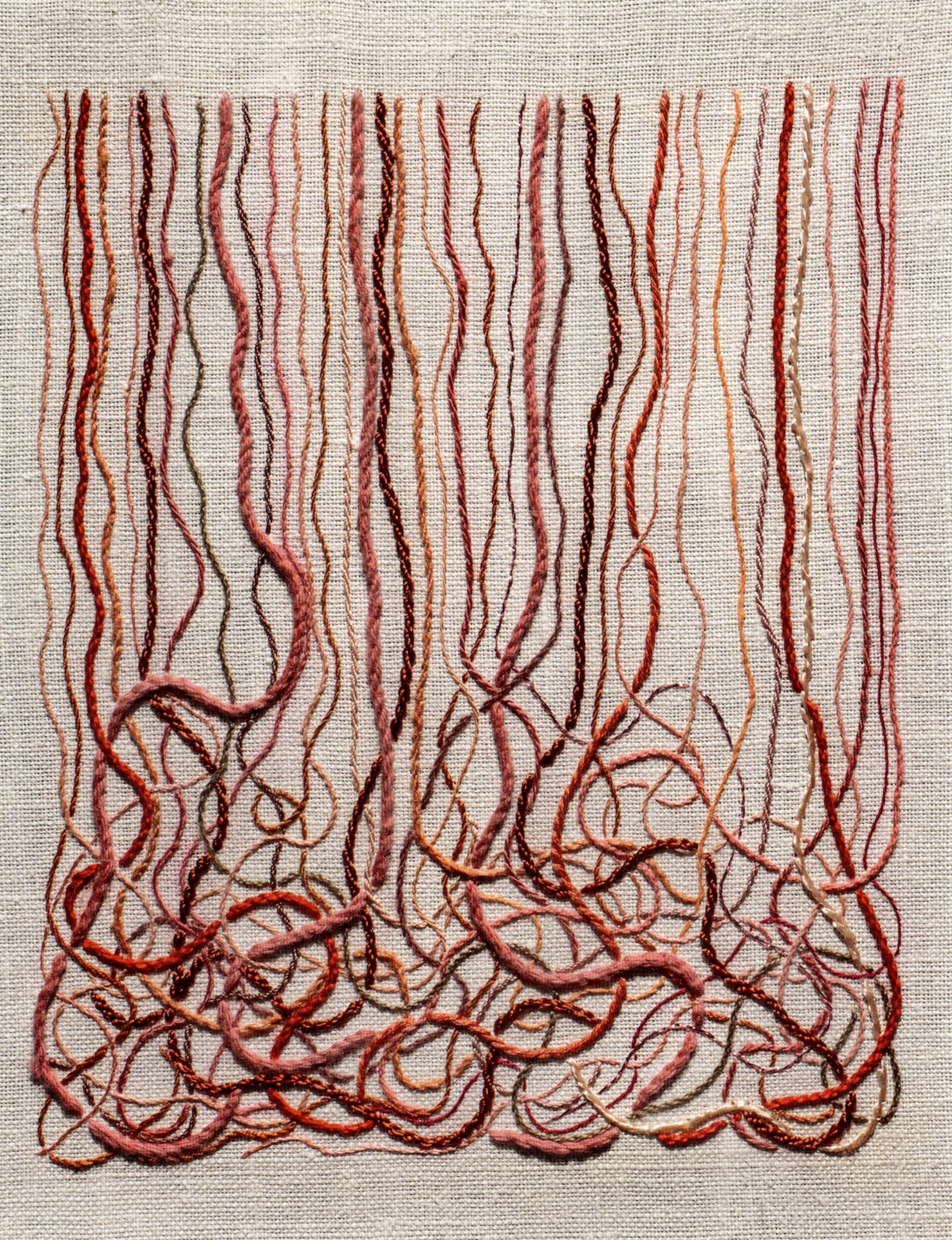

Eine Variante des Stielstiches ist, **neben** dem vorangegangenen Einstich wieder auszustechen. Die gestickten Linien können so breiter oder schmaler gestaltet werden.

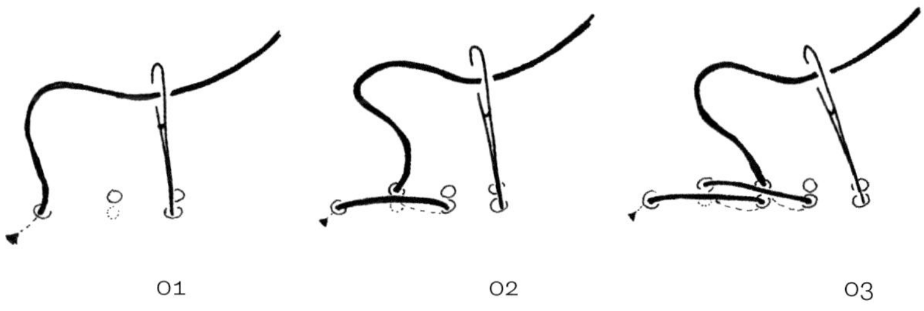

Eine Linie kann auch wie mit einem Pinsel gezogen breiter und schmaler werden. Der Entwurf entstand durch eine Spielerei. Erst als ich über die geklebte Anordnung der zugeschnittenen Papierformen eine Frottage anfertigte, entwickelte sich die Idee, die Linien mit dieser Möglichkeit des Verdickens und Verdünnens einer Linie mit dem Stielstich zu sticken.

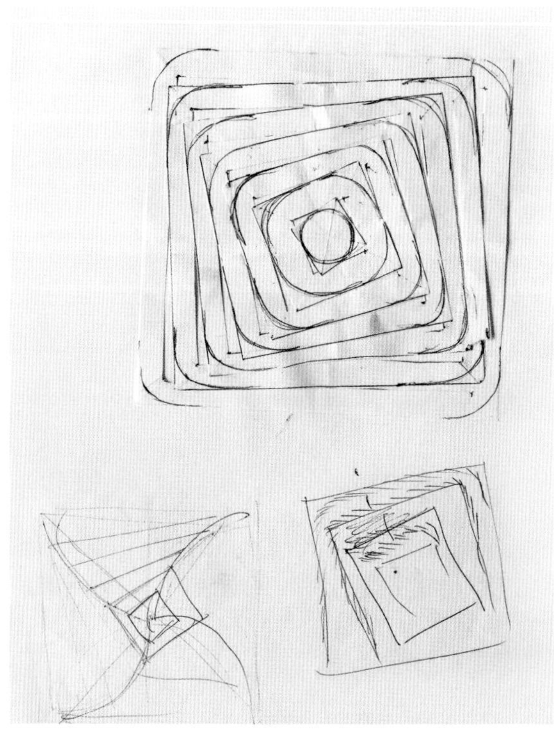

O

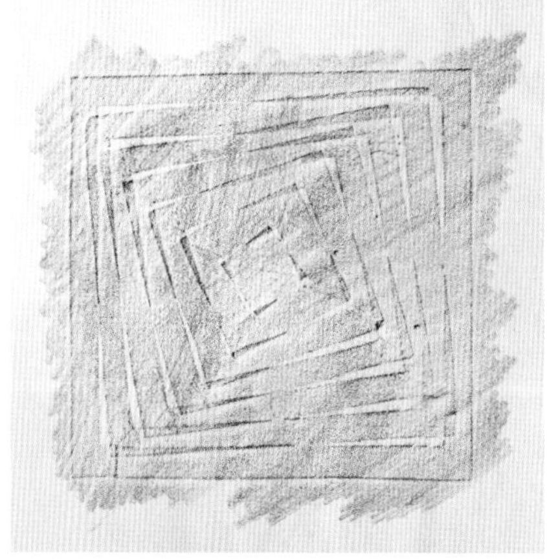

02

01 Entwurf, Ideenentwicklung
02 Frottage des geklebten Entwurfes
03 Gesticktes Bild

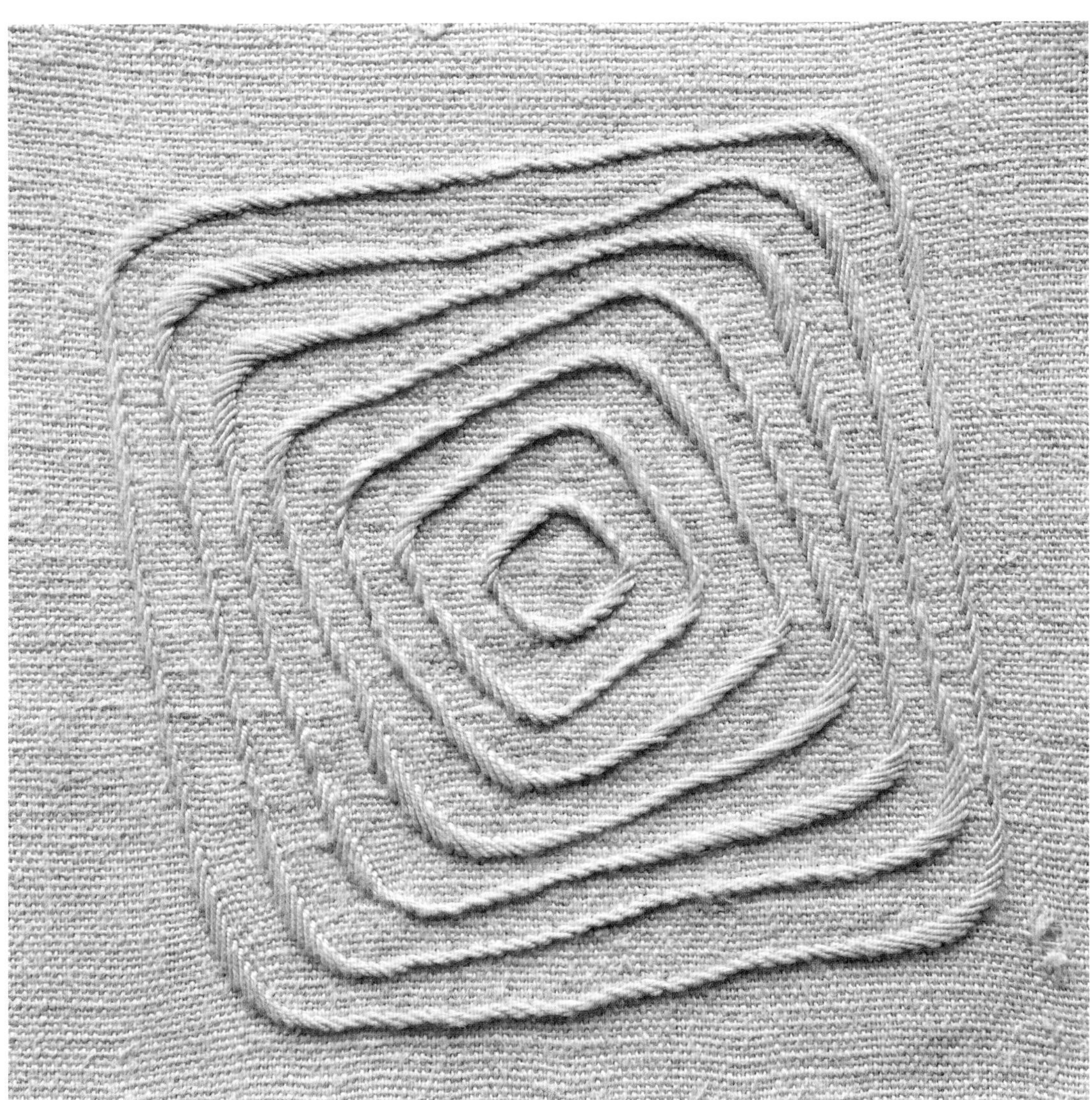

03

Plattstich (Flachstich)

Es ist wichtig, dass immer in der gleichen Reihe (entweder A- oder B-Reihe) hochgestochen und in der anderen Reihe wieder zurückgestochen wird. Nur so liegen die einzelnen Stiche schön regelmäßig parallel.

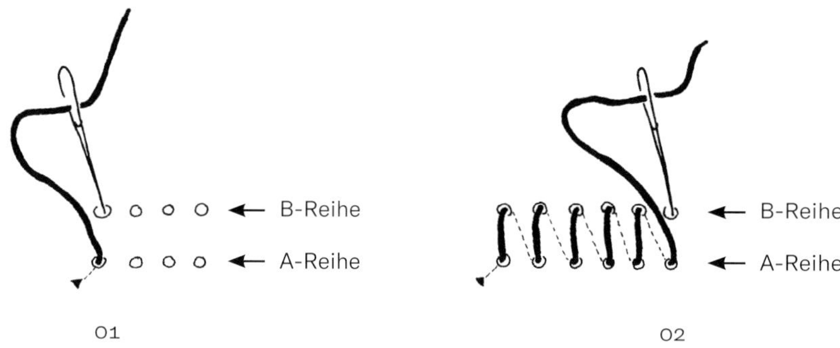

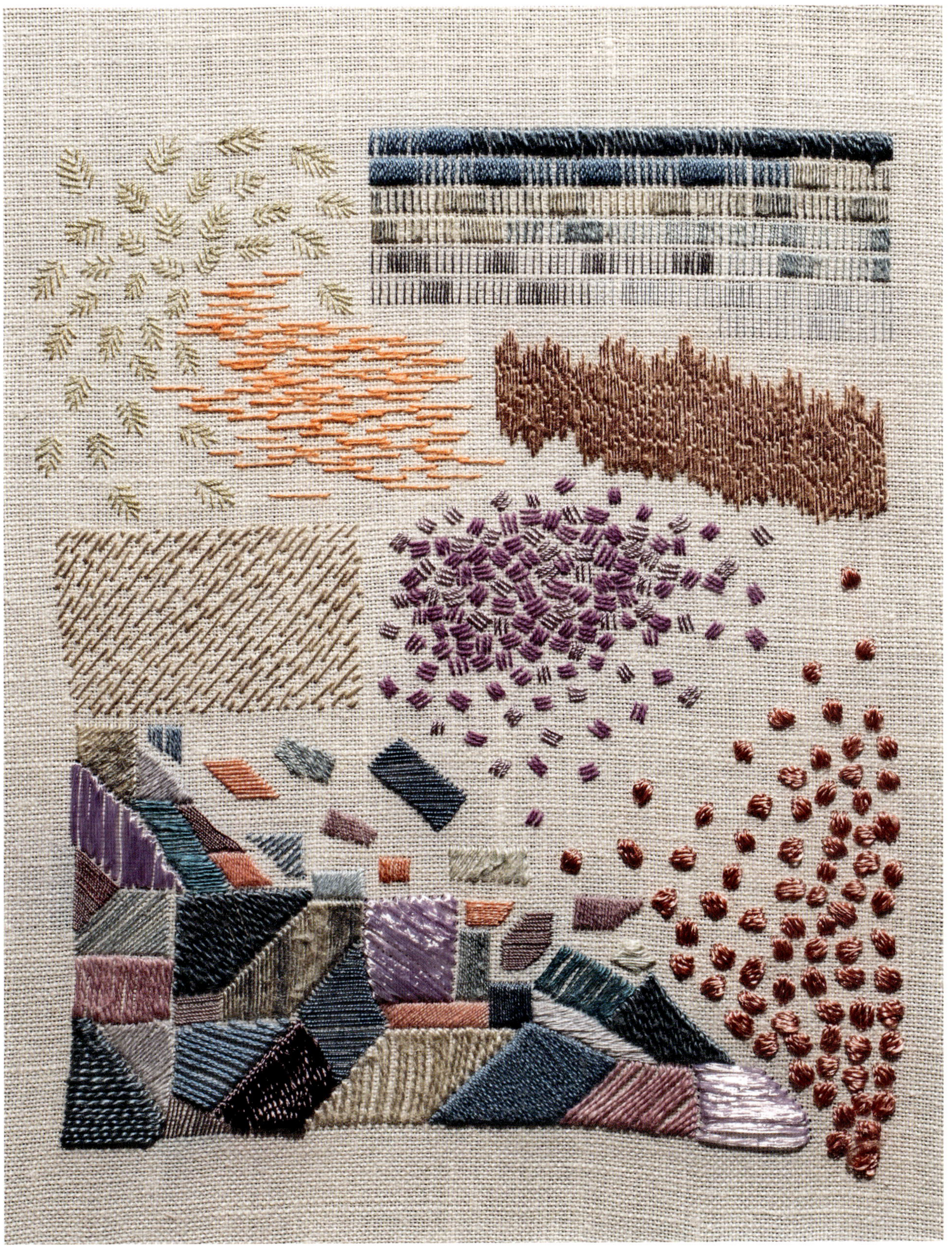

Garbenstich

Die senkrecht gestochenen Stiche dürfen nicht zu stark angezogen werden. Dadurch können sie problemlos mit einem überfangenden Stich zusammengefasst werden.
Beim zusammenfassenden Stich kann in dasselbe Loch ein- und wieder ausgestochen werden. So fügen sich die senkrechten Stiche eng zusammen.
Die senkrechten Stiche können etwas weiter auseinandergehalten werden, indem beim Überfangen breiter gestochen wird.

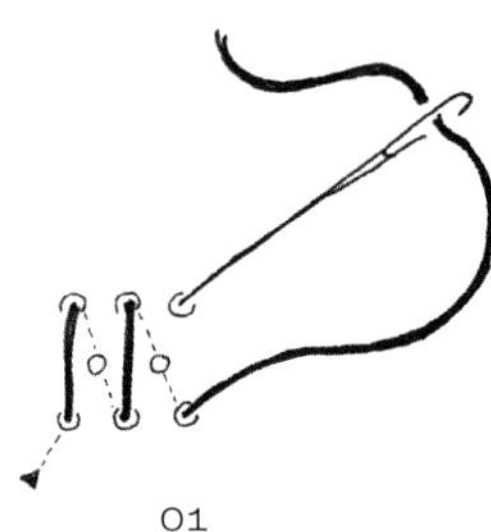

01

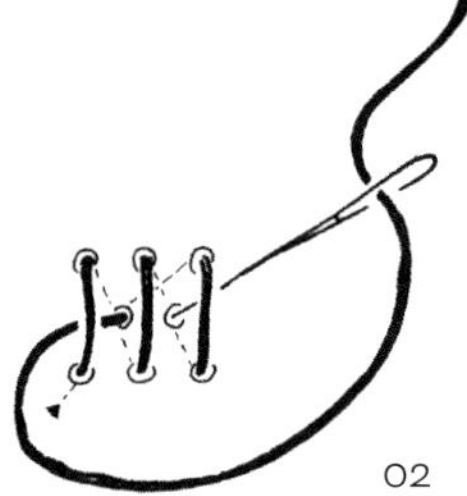

02

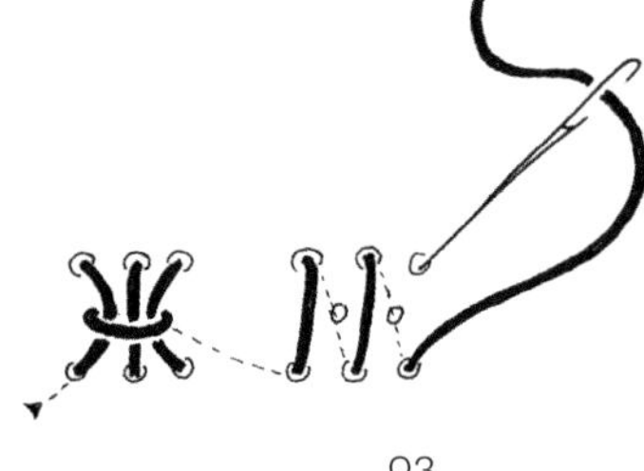

03

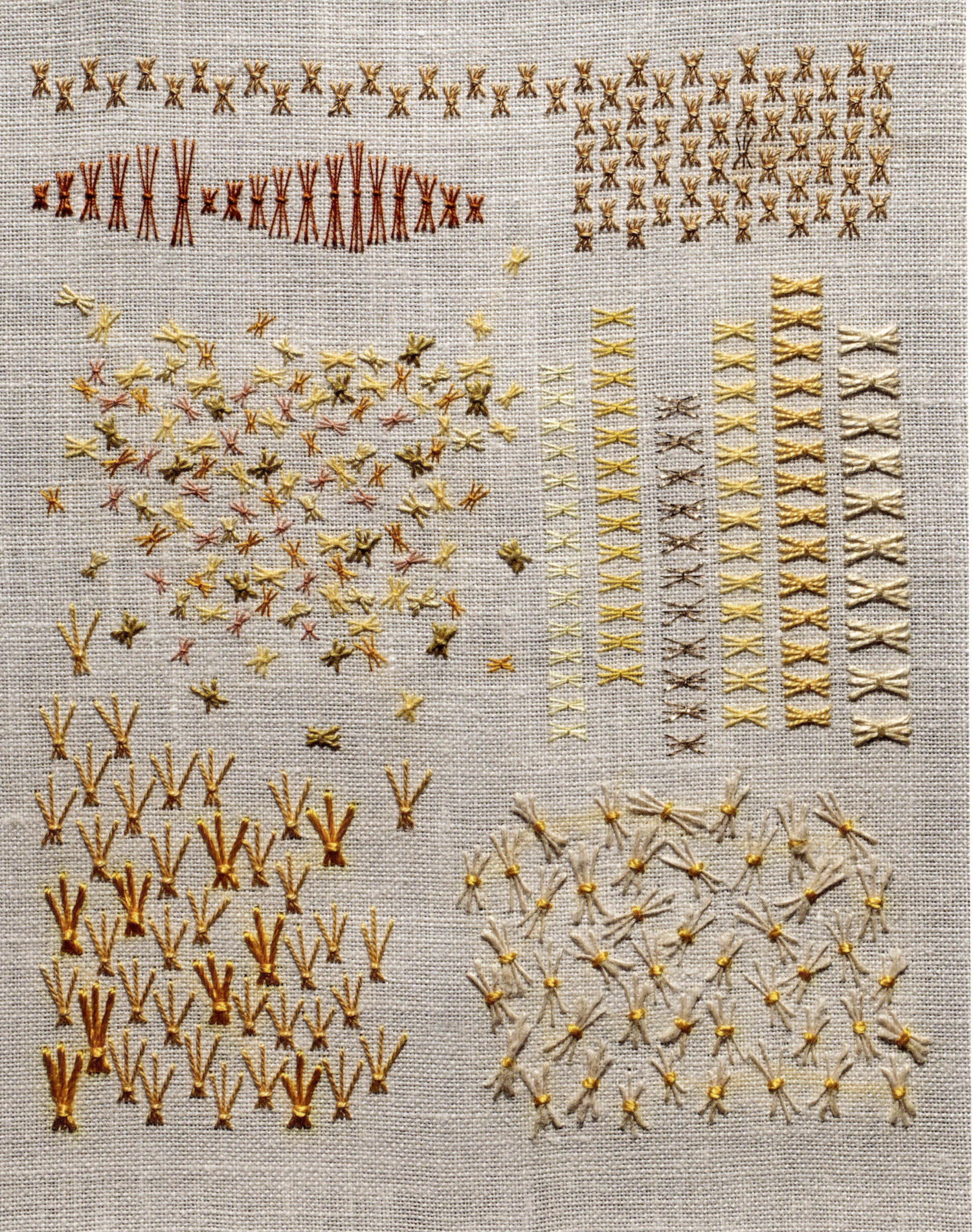

Strahlenstich

Der Strahlenstich ist ein im Kreis gestickter Plattstich. Schöne Effekte können erzielt werden, wenn nicht eine ganze Runde ausgeführt wird. Wichtig ist, dass von außen nach innen ins Zentrum gestochen wird. Sonst wird das Zentrum nicht schön rund.

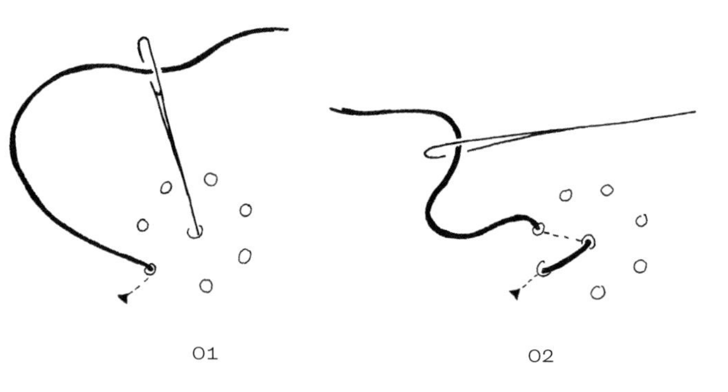

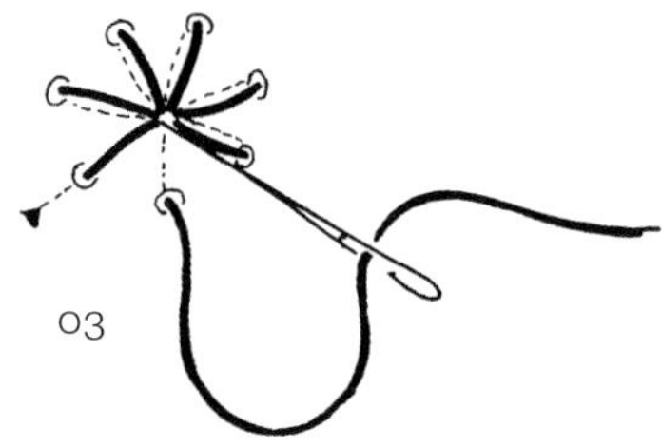

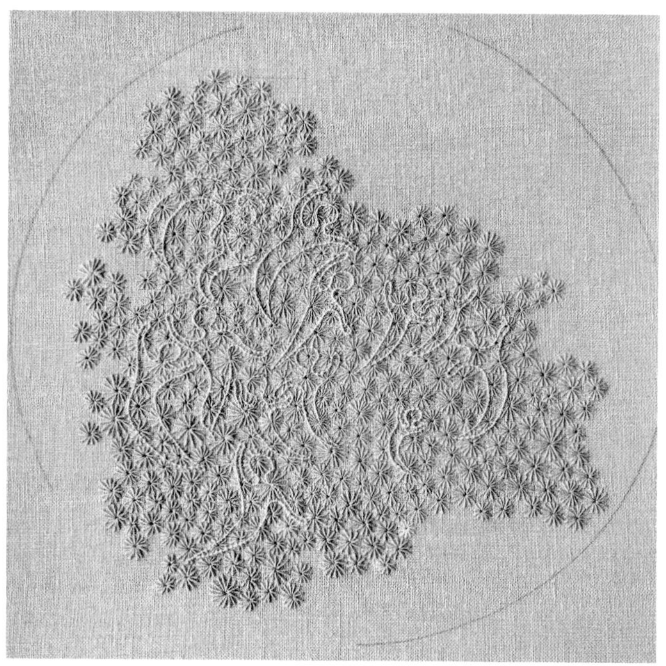

Diese mit Strahlenstich bestickte Fläche habe ich mit kleinen Geistern überstickt. Schwierig war dabei, die Stiche der Klosterstichlinien so anzuordnen, dass sie schön obenauf liegen bleiben.

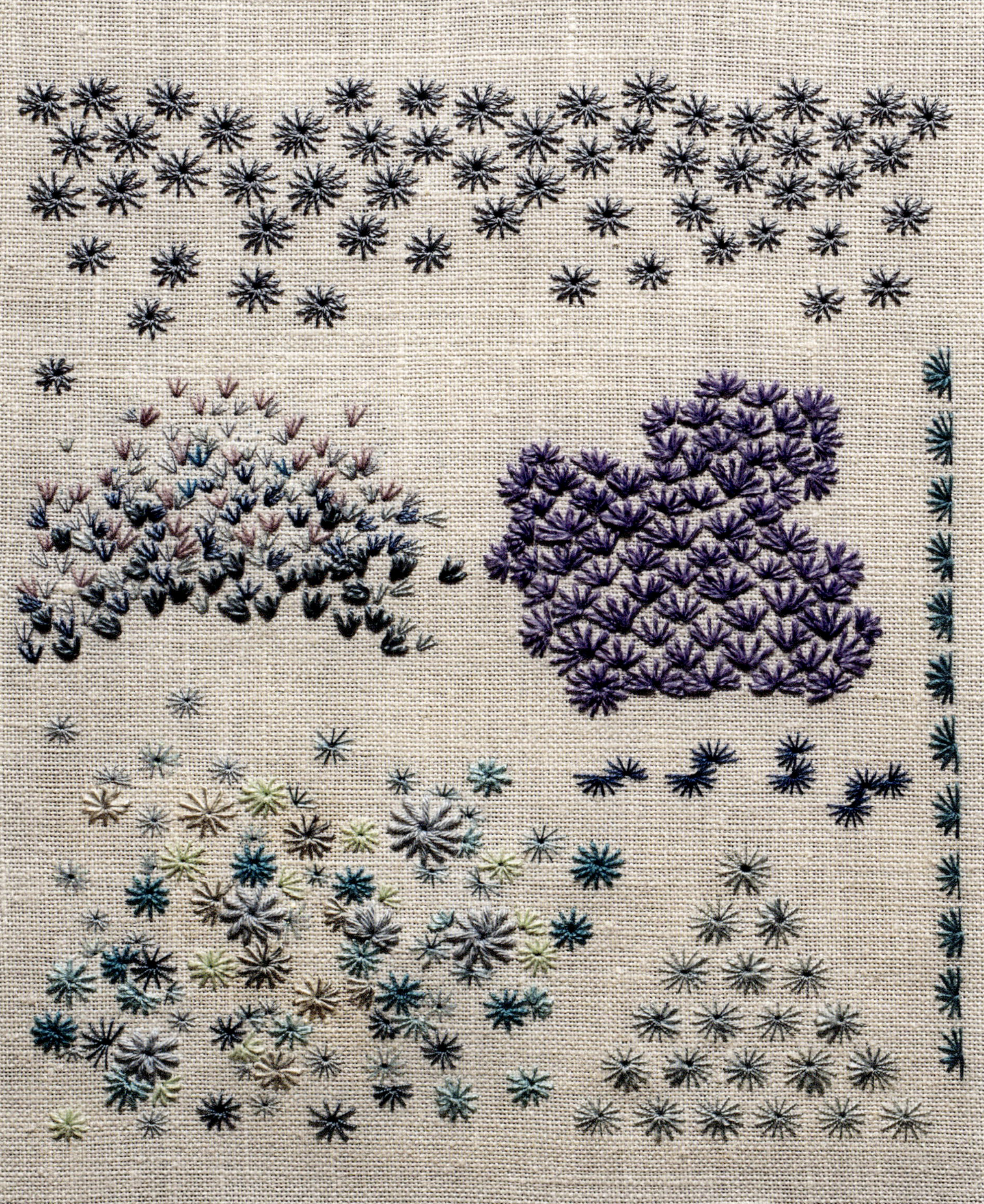

Sternchenstich

Wenn der Strahlenstich mit seinem markanten Zentrum zu stark wirkt, kann der feinere Sternchenstich gestickt werden.

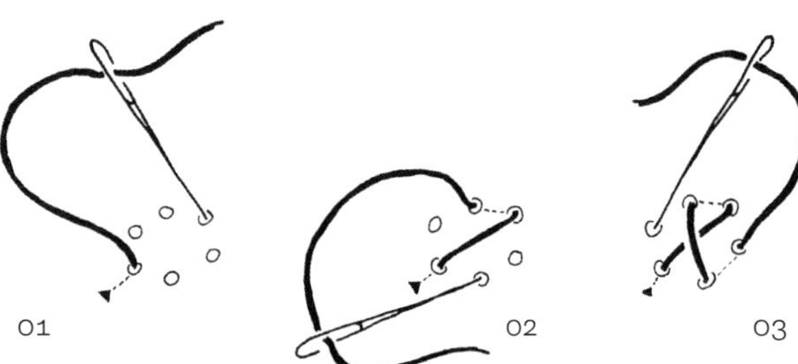

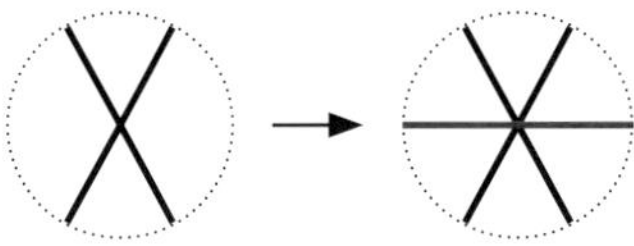

Um ein X wird ein Kreis gedacht. Dieser Kreis definiert die Länge des horizontalen dritten Stiches.

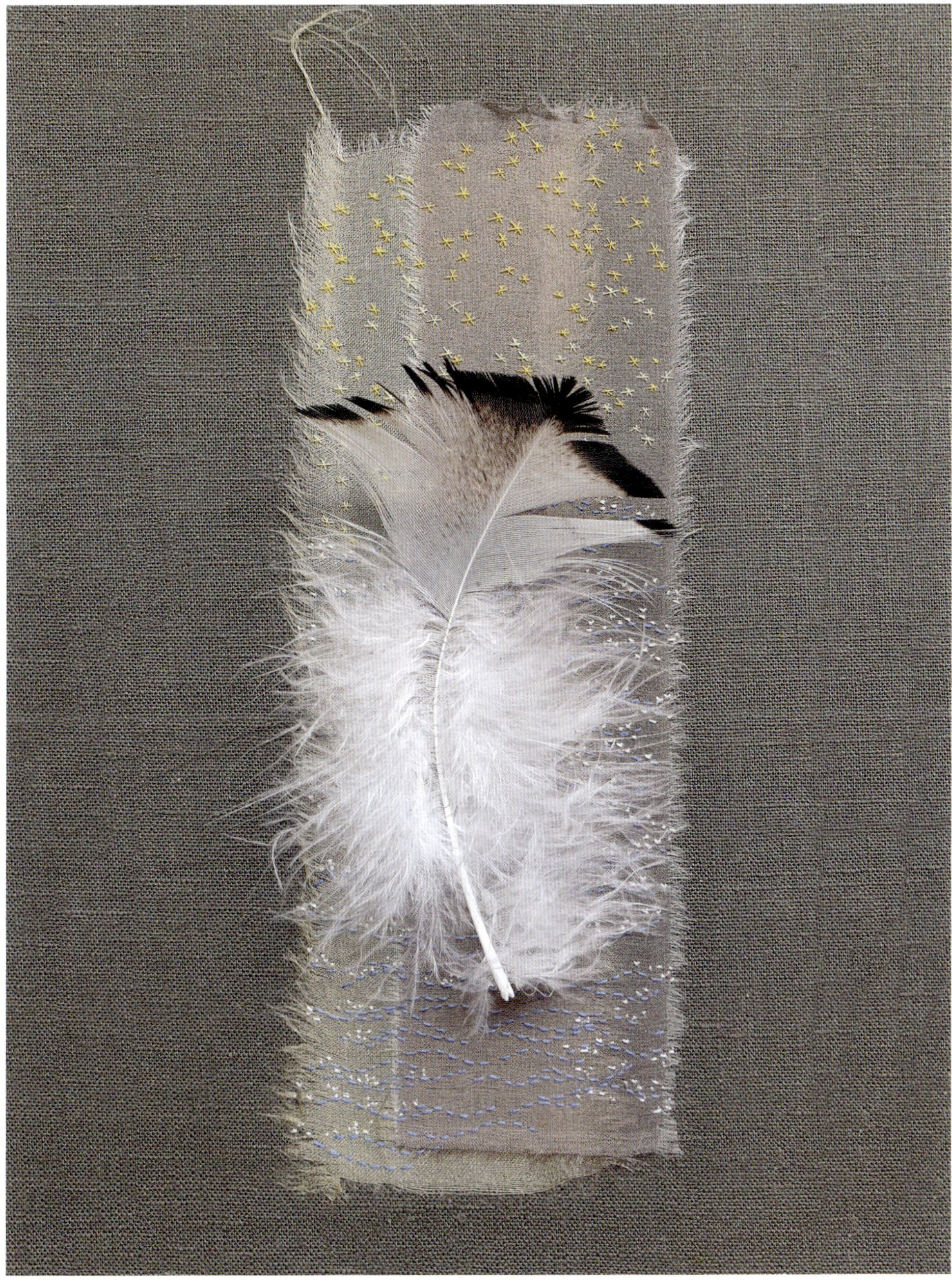

Eine Stickerin arrangierte in einem meiner Kurse transparente Stoffstreifen zu einem luftigen Hintergrund, den sie mit dem Sternchenstich bestickte. Die Feder wurde am Kiel mit Klosterstich aufgestickt. Die Feder selbst schwebt über Wasser, das mit Vorstich und Pünktchen aus kleinen Kreuzchen (Seite 69) gearbeitet wurde.

Klosterstich / Überfangstich

Ein aufgelegter Faden wird mit einem zweiten Faden »überfangend« aufgestickt.

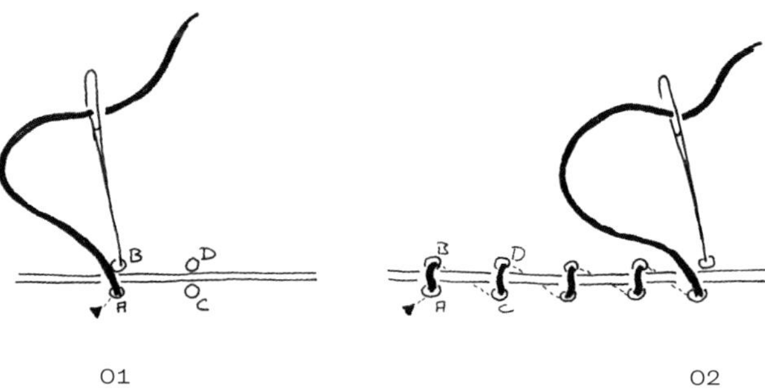

01

02

Für die gestalterische Darstellung können die beiden Fäden unterschiedliche Eigenschaften aufweisen:

- gleich dick – unterschiedlich dick
- von gleicher Farbe – unterschiedlich farbig
- aus gleichem Material – aus unterschiedlichen Materialien

Auch kann der umfangende Stich unterschiedlich ausgeführt werden:

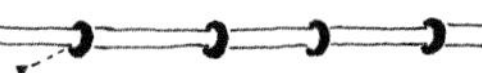

In dasselbe Loch ein- und wieder ausstechen.

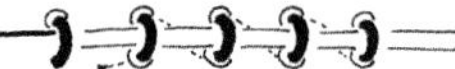

Auf der einen Seite des gelegten Fadens einstechen, den Faden überfangen und auf der anderen Seite des gelegten Fadens wieder ausstechen.

Den umfangenden Faden schräg über den gelegten Faden sticken, dabei genau unter dem gelegten Faden ein- und wieder ausstechen.

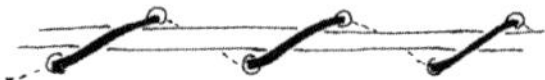

Den umfangenden Faden schräg über den gelegten Faden sticken. Dabei auf der einen Seite des gelegten Fadens ein- und auf der anderen Seite wieder ausstechen.

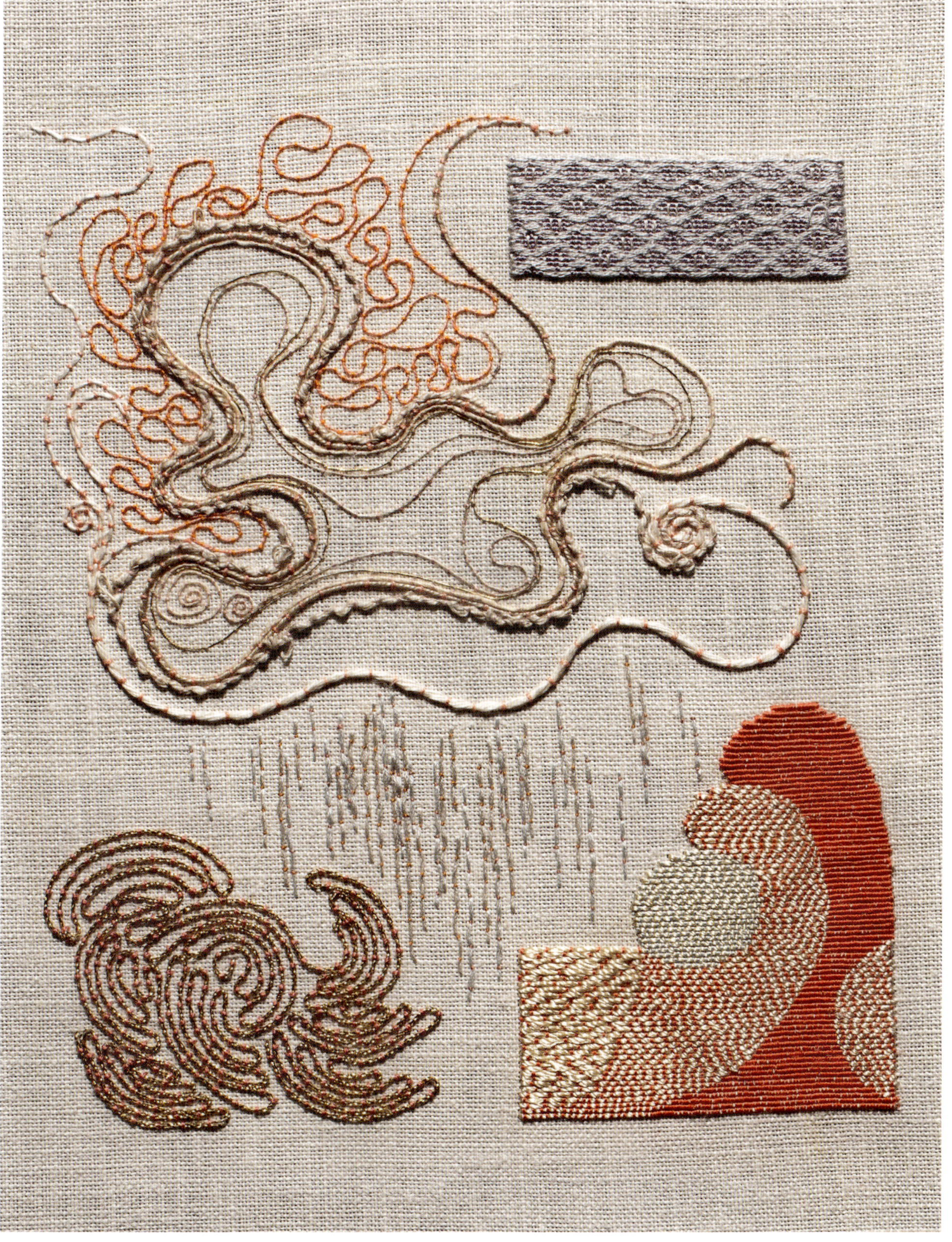

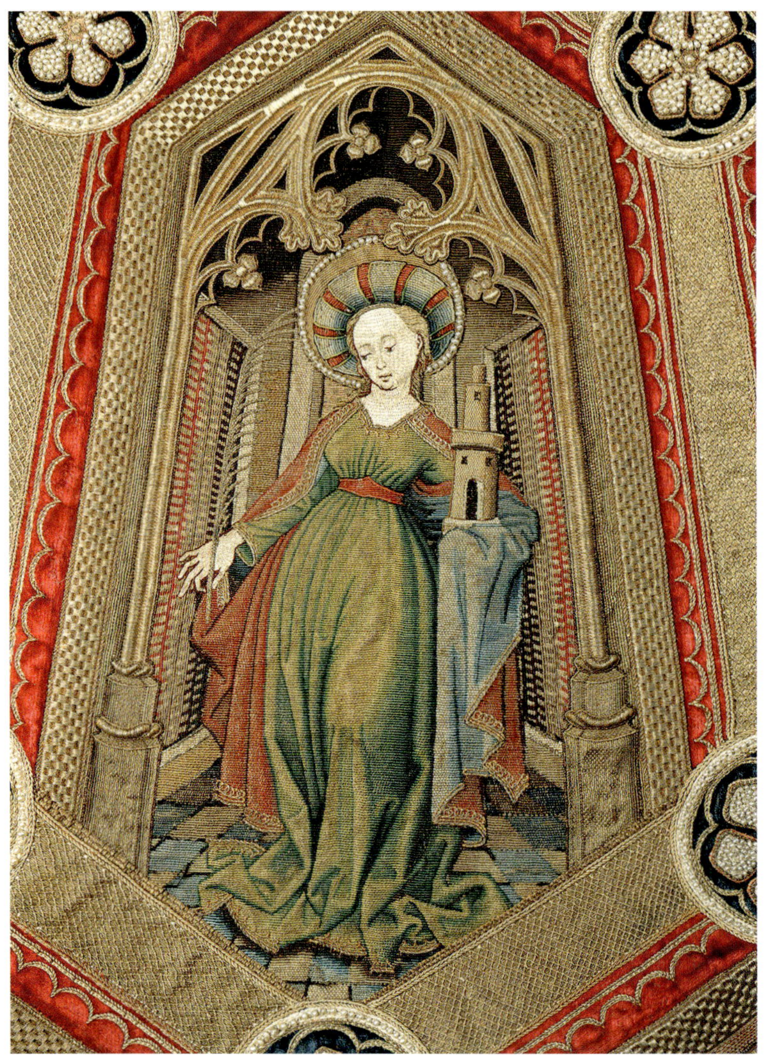

Lasurstickerei
Bereits im Mittelalter wurden ganze Szenerien in Lasurstickerei dargestellt. Vor allem die wallenden Falten der Kleider bekamen ihr voluminöses Aussehen dank dieser Technik. Meistens wurden gelegte Goldfäden mit unterschiedlich farbigen Seidenfäden aufgestickt. Durch Vergrößern und Verringern der Abstände zwischen den einzelnen Überfangstichen (von sehr dicht bis sehr locker) wurden wunderbare Licht- und Schattenwirkungen erzielt (siehe Beispiel unten rechts auf der Tafel Seite 45).

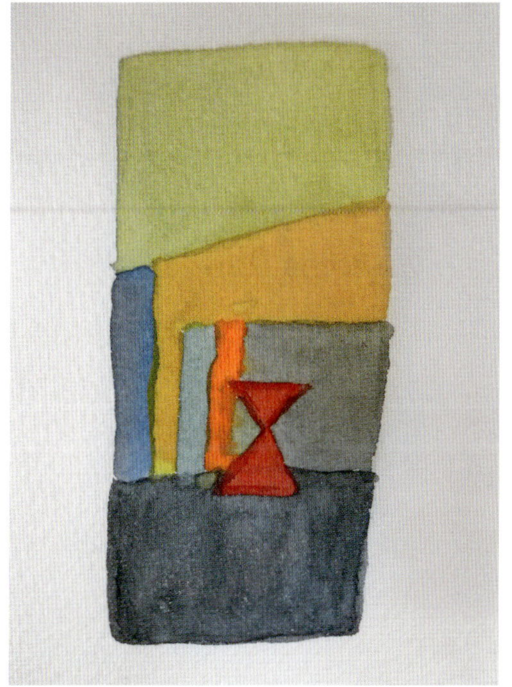

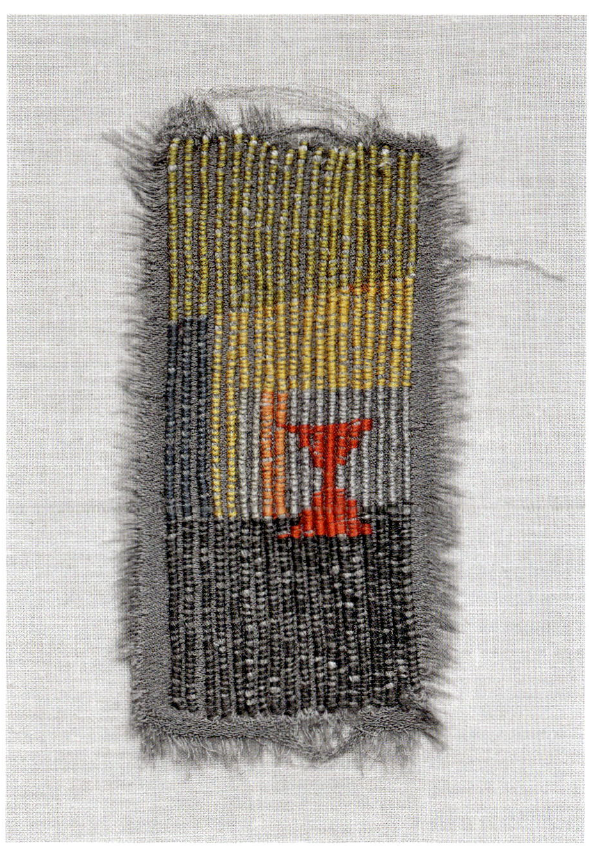

Die Umsetzung dieses Entwurfs wurde von der Technik der Lasurstickerei inspiriert.

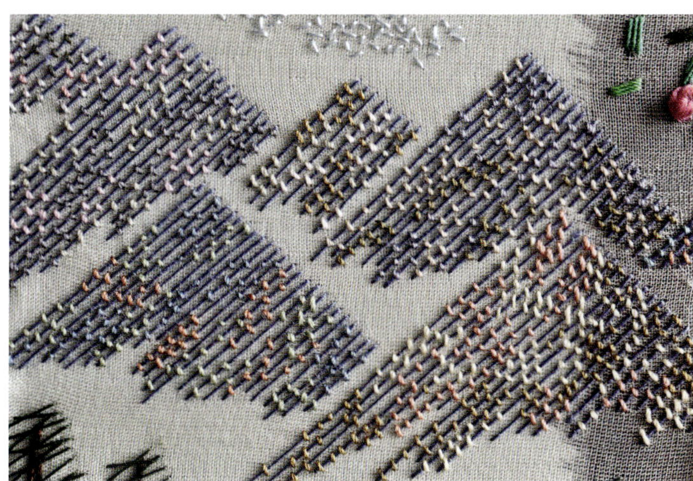

Auch hier diente die Lasurstickerei als Ideengeberin. Im ersten Schritt wurden die langen Fäden über den Stoff gespannt, und anschließend – der Farbgebung entsprechend – mit Überfangstichen aufgestickt.

Einfacher Überfangstich, gerade gestickt

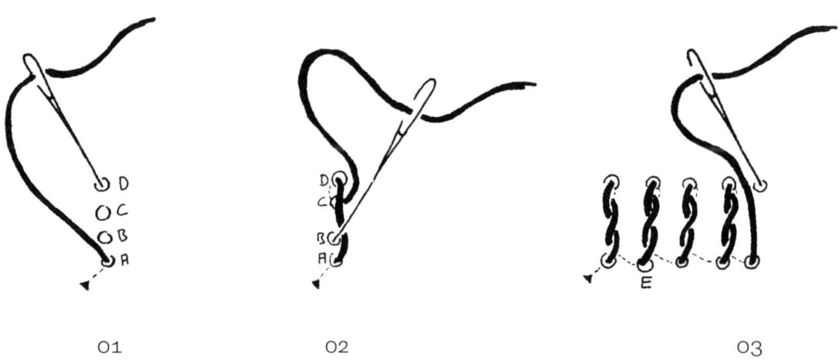

Ein- und Ausstiche des überfangenden Stiches sind in einer Flucht mit dem gelegten Stich.

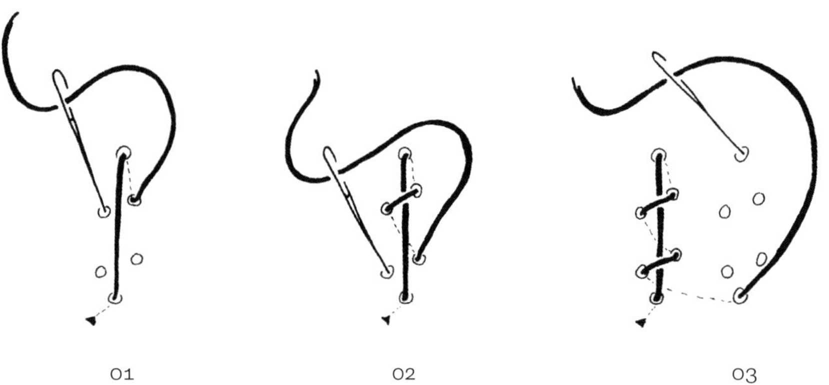

Ein- und Ausstiche des zu überfangenden Stiches liegen diagonal, im rechten Winkel oder wild angeordnet, den gelegten Stich überlappend.

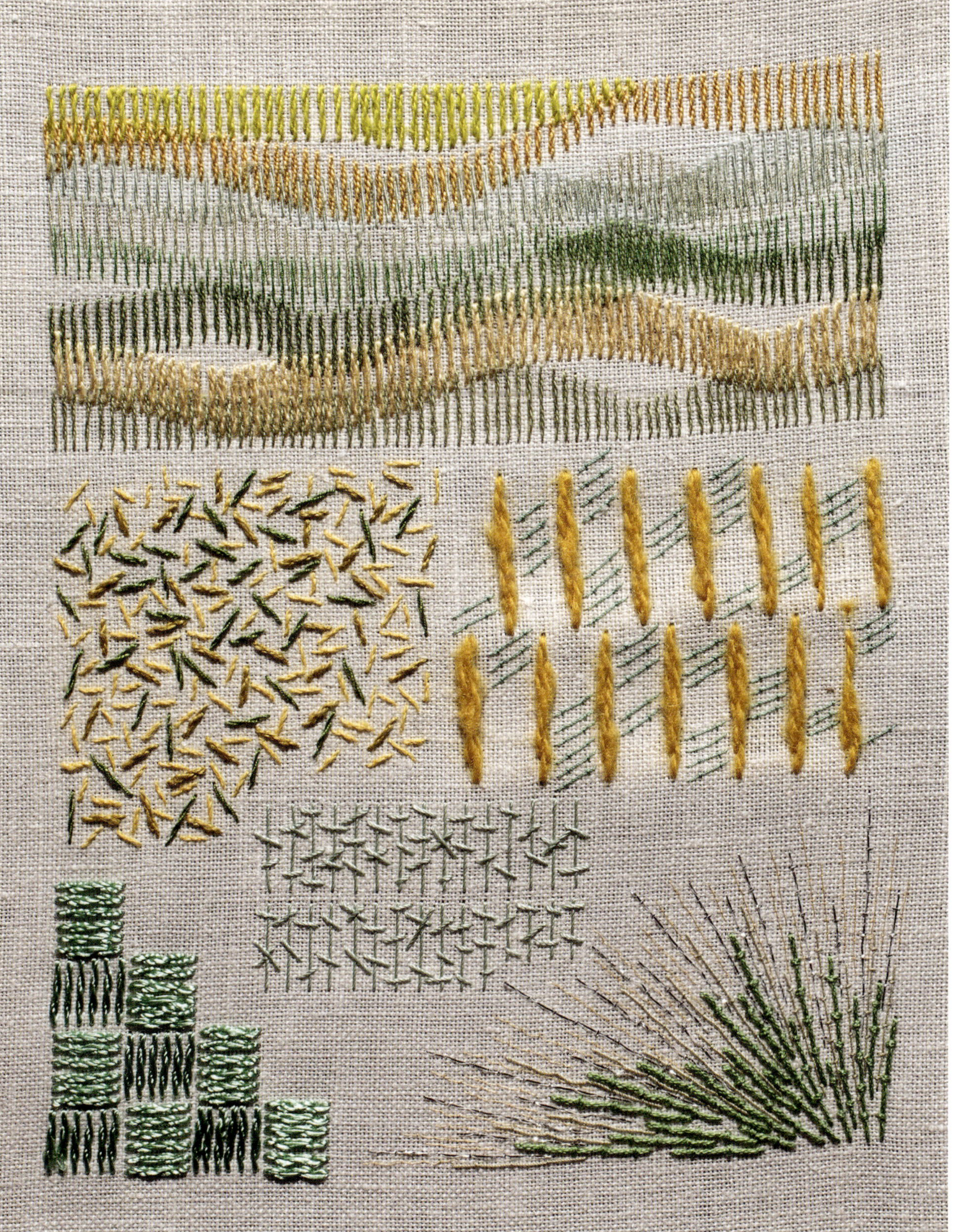

Renaissancestich

Der Renaissancestich kann als eine Weiterentwicklung des einfachen Überfangstiches verstanden werden.

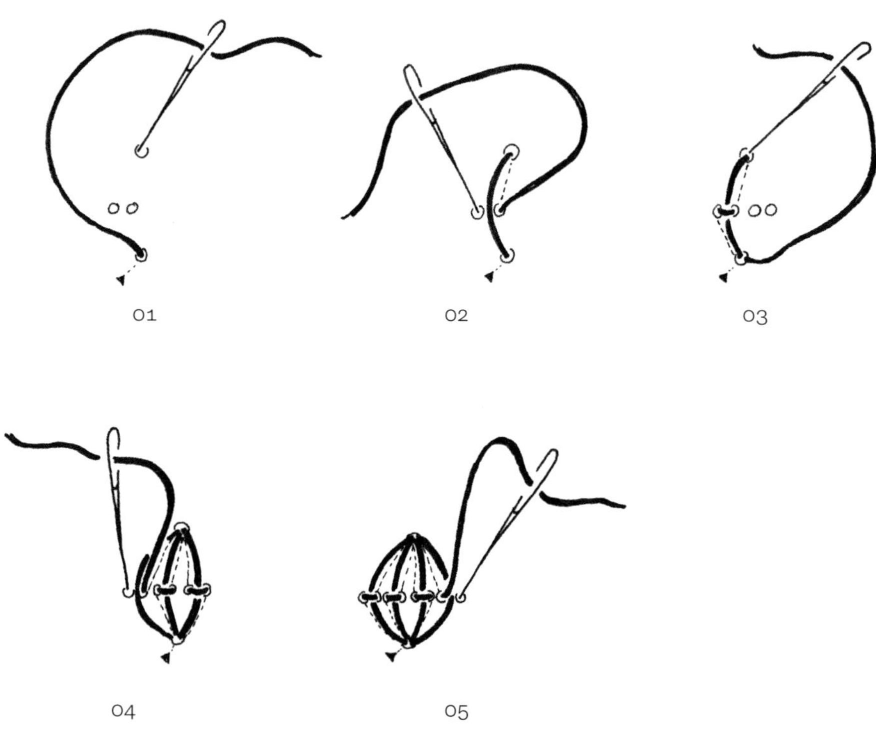

Damit jeder gelegte Faden eine schöne Form bekommt, wird er von innen nach außen gearbeitet. Die äußeren Bögen können so den Bewegungen der inneren Bögen angepasst werden.

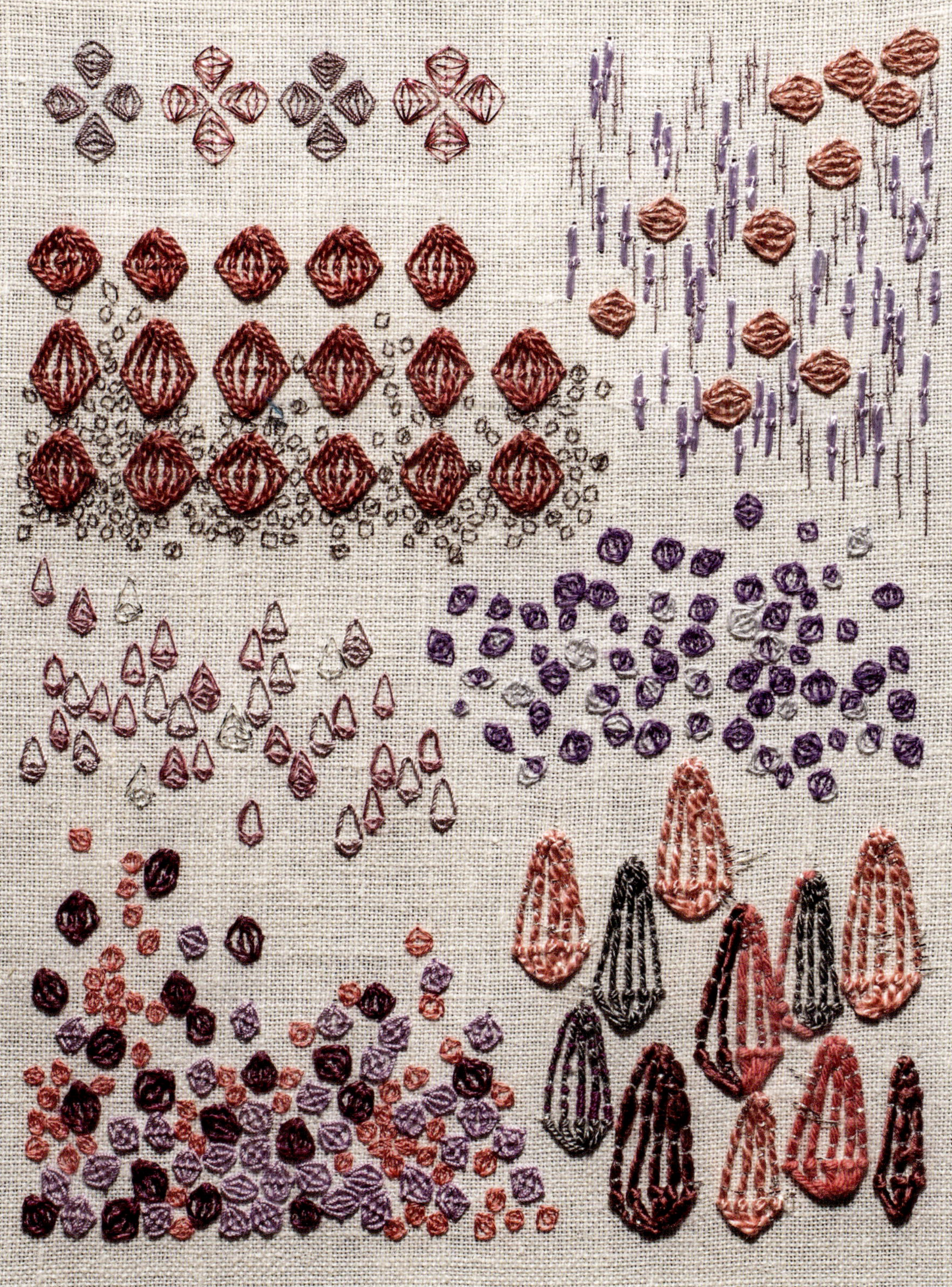

Knötchenstich

Der Faden wird einmal um die Nadel geschlungen (Nadelrichtung beachten), ohne jedoch die Nadel durch die entstandene Schlinge zu ziehen. Erst wenn wieder neben dem Ausstich eingestochen wird, kann der um die Nadel geschlungene Faden mit der linken Hand straff angezogen werden. So entstehen feste Knötchen.

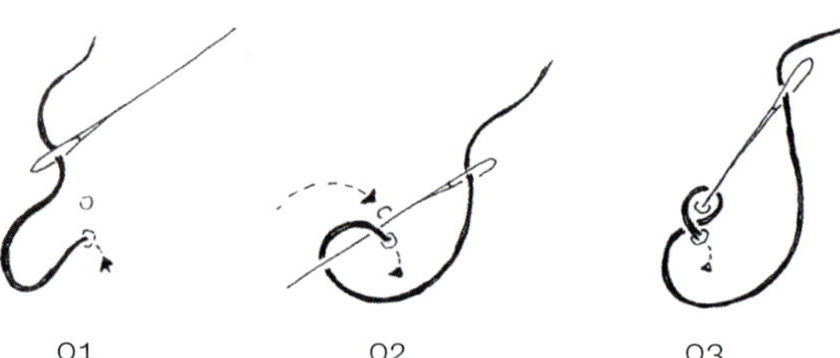

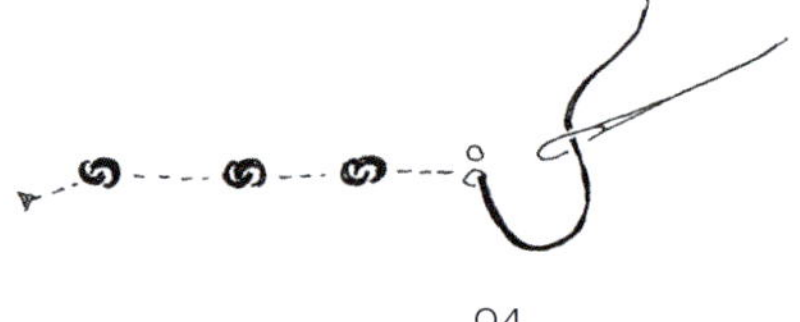

Es ist von Vorteil, die Fäden des Gewebes anzustechen, so bleiben sie schön auf der Oberfläche liegen.

Wenn die Distanz zwischen Ein- und Ausstich vergrößert wird, entstehen »Stielknötchen« (siehe Muster Seite 53 unten rechts).

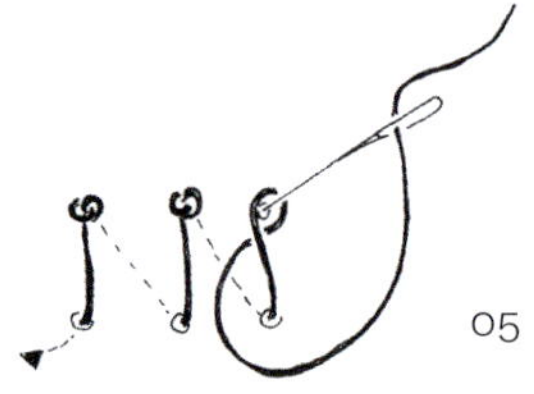

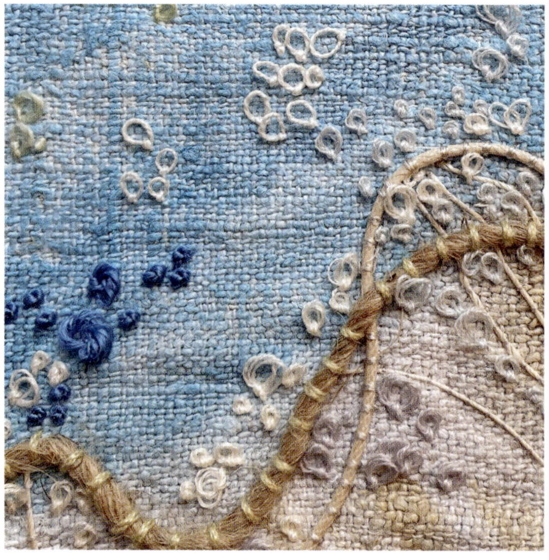

Der Reiz der »wüsten Knötchen«
Wenn die Knötchen vor dem Durchstechen mit der Nadel nicht schön straff um die Nadel gespannt werden, entstehen mehr oder weniger große Schlingen. Besonders spannend wird es, wenn dieser Stich mit mehreren Fäden gleichzeitig gearbeitet wird. Dabei empfiehlt es sich, steife, hart gedrehte Fäden (Leinen allgemein, Cordonnet- oder Nähseide) zu wählen, da sich diese schöner aufwerfen als weiche, schlaffe Baumwolle. Dieser Stich ist jedoch nicht sehr solide und sollte deshalb nicht für Gebrauchsgegenstände verwendet werden.

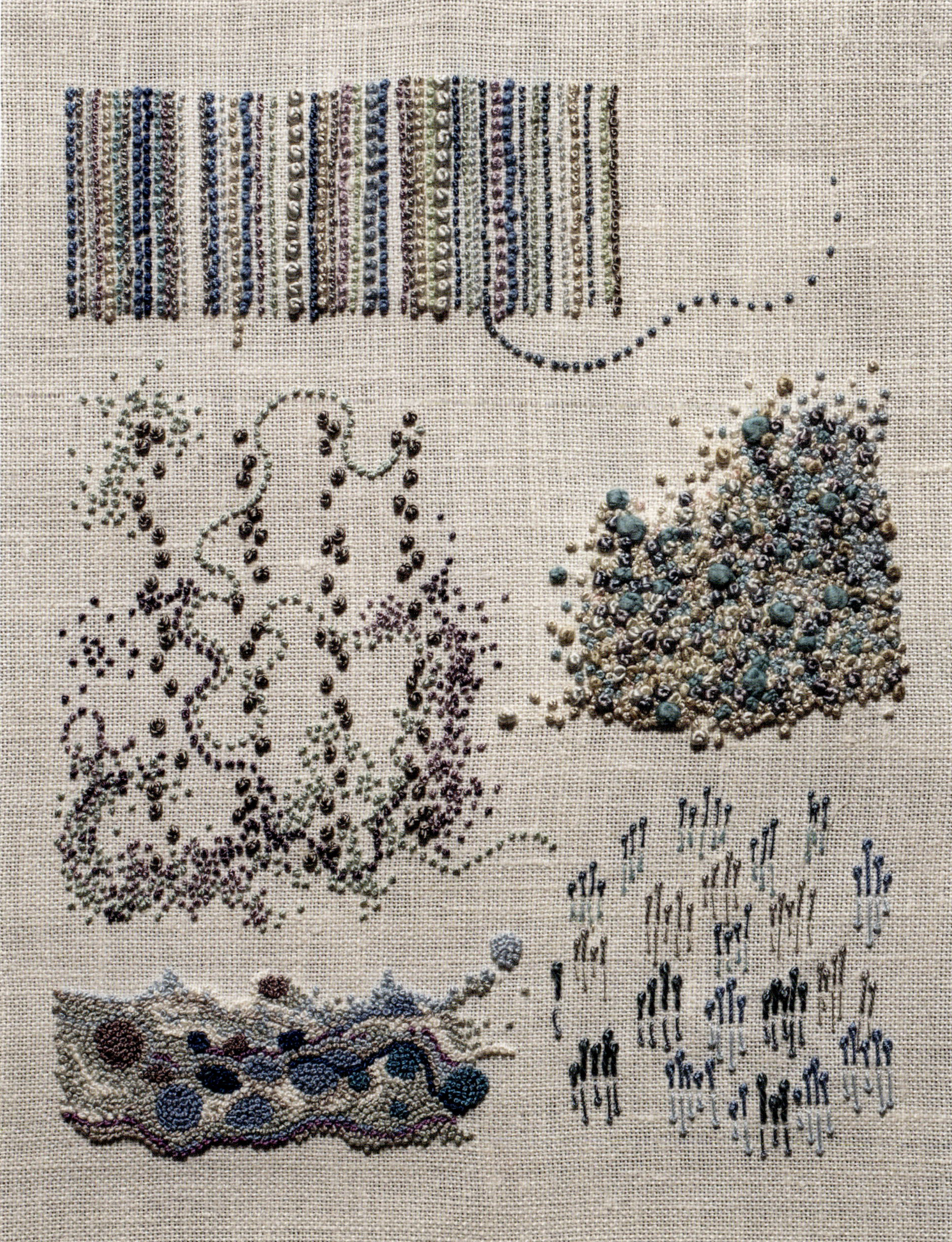

Maschenstich

Es mag vielleicht befremden, dass der Maschenstich von links nach rechts gestickt wird. Ist man doch vom Strümpfeflicken her gewohnt, diesen Stich von rechts nach links zu sticken. Es sei aber einmal mehr darauf hingewiesen, dass beim Sticken am Stickrahmen in jede Richtung gestickt werden kann (siehe Seite 22).

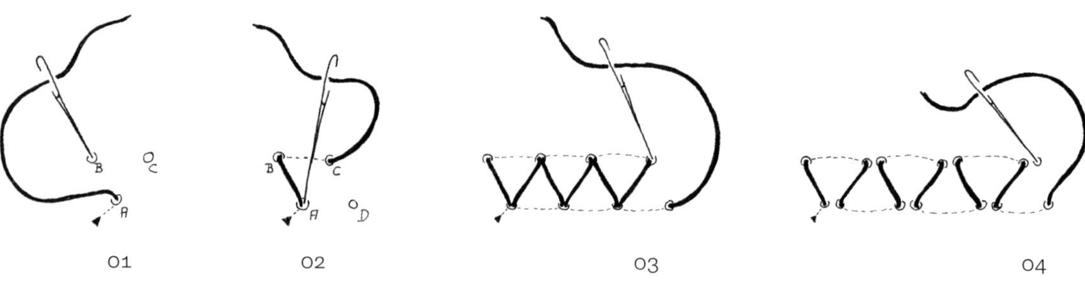

Die einzelnen Stiche können sich berühren, oder aber mehr oder weniger weit auseinander gestickt werden.

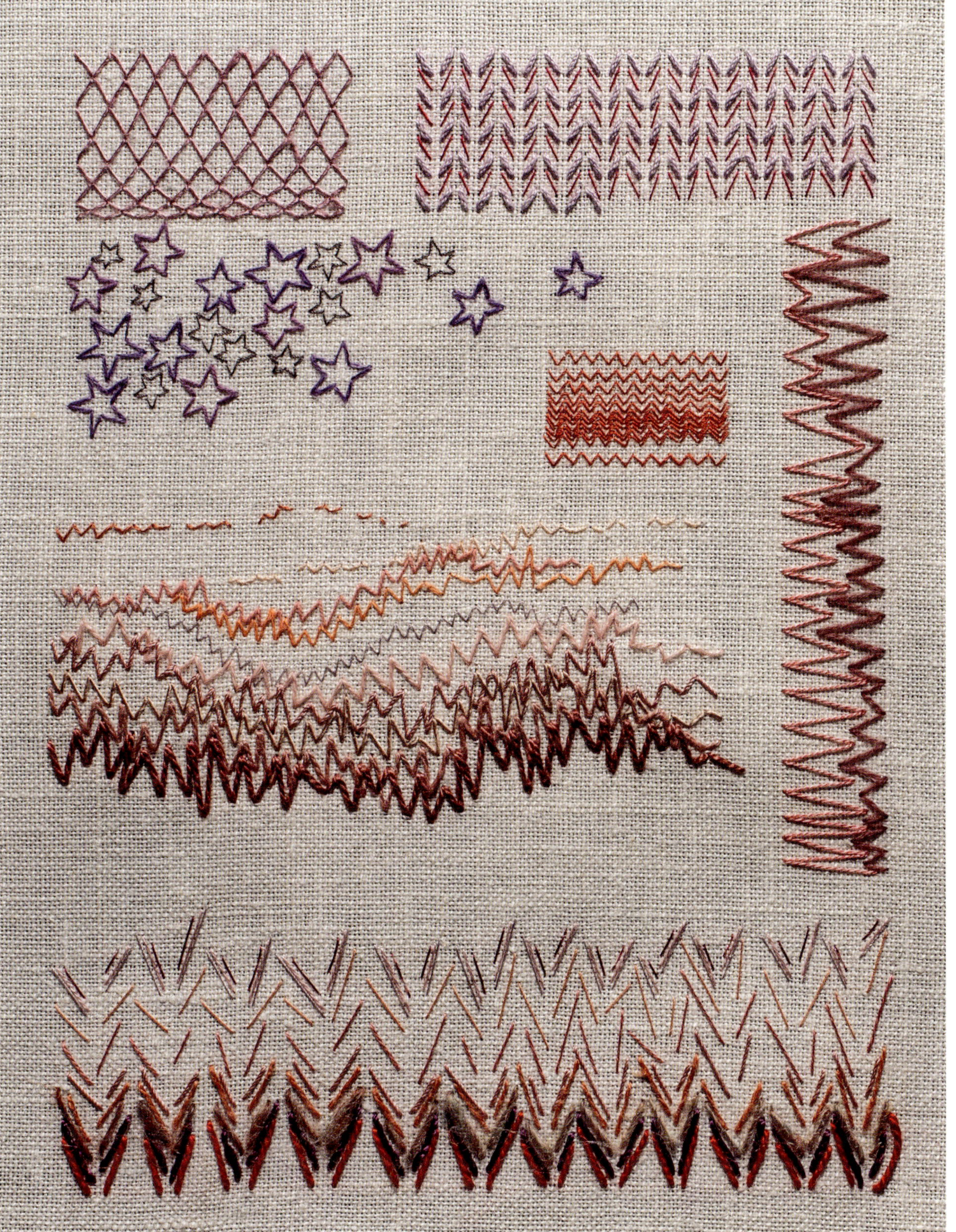

Hexenstich

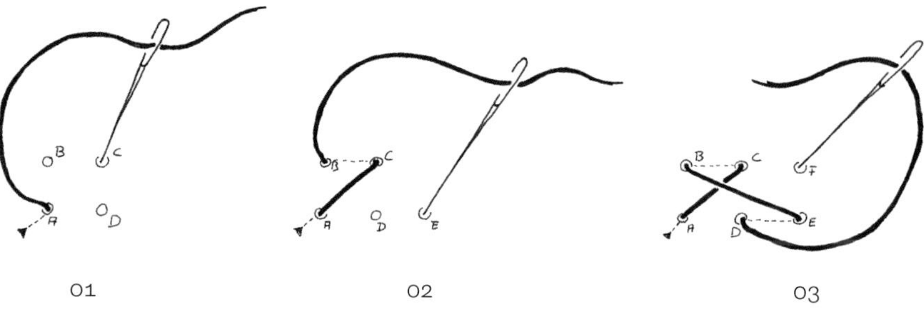

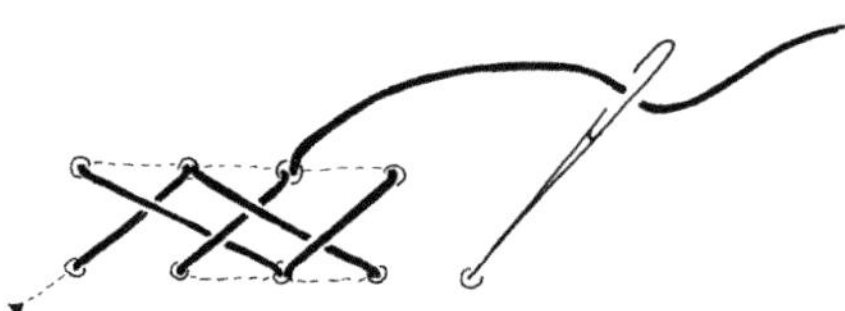

Für die Ein- und Ausstiche kann dasselbe Loch benützt werden.

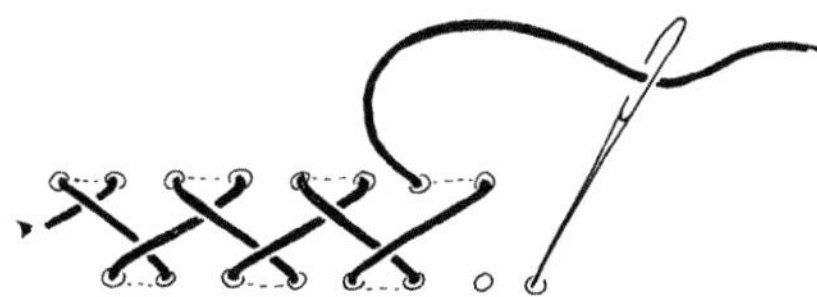

Die einzelnen Stiche können auch auseinandergezogen werden.

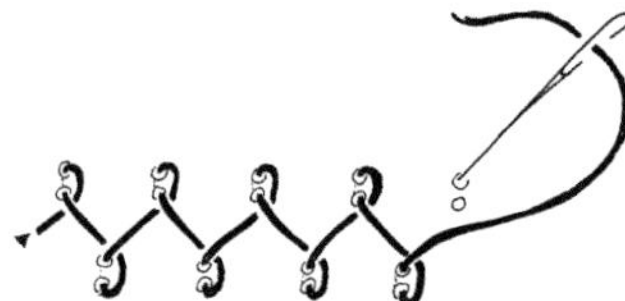

Senkrecht gestochener Hexenstich.

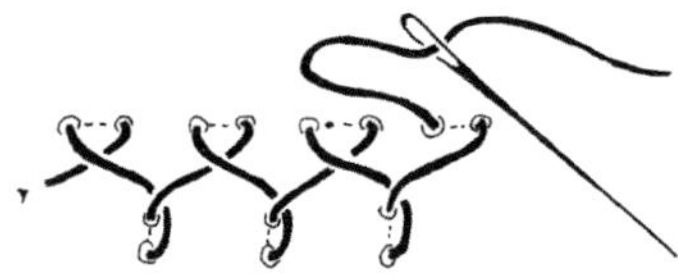

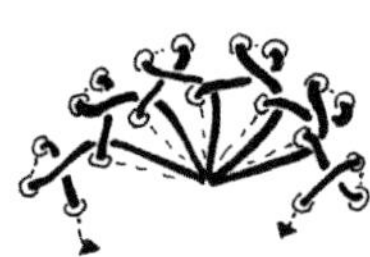

Die Kombination von offenem und senkrechtem Hexenstich schafft interessante Möglichkeiten.

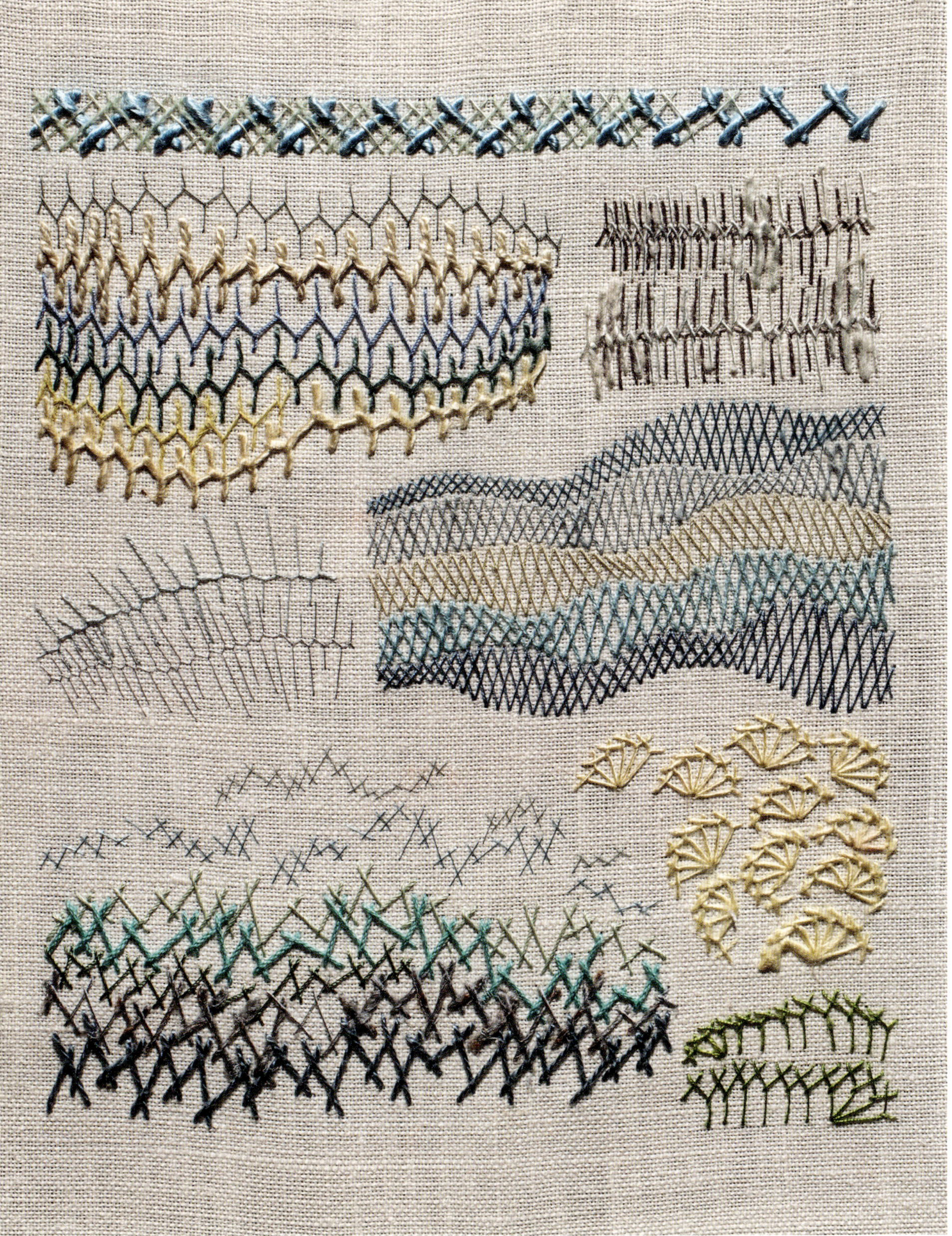

Kettenstich

Der Kettenstich wirkt immer etwas steif.
Aber er bietet viele Variationsmöglichkeiten.

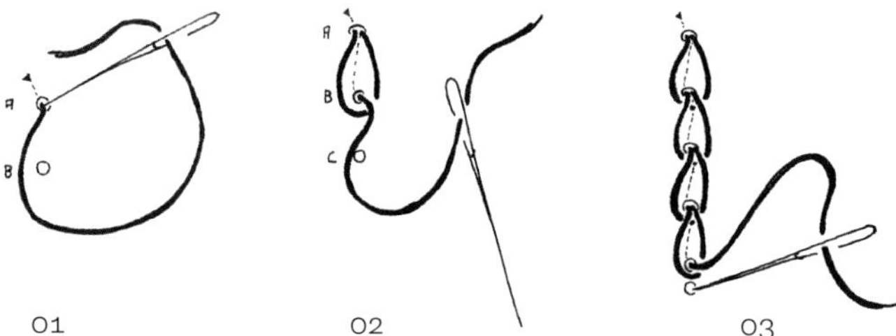

Die Länge jeder Schlinge des Kettenstiches wird erst beim zweiten Mal Ausstechen bestimmt und angezogen.

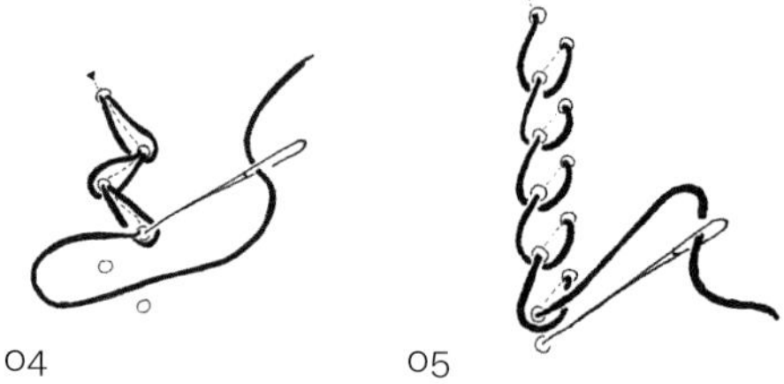

Die letzte Schlinge einer Kettlinie wird mit einem kleinen Stich fixiert.

Beim breiten Kettenstich wird nicht an demselben Ort ausgestochen, an dem eingestochen wurde. Das Anziehen der Schlinge ist aber recht anspruchsvoll. Damit der Abschluss des breiten Kettenstiches schön wird, muss die Schlinge an zwei Stellen mit kleinen Stichen fixiert werden.

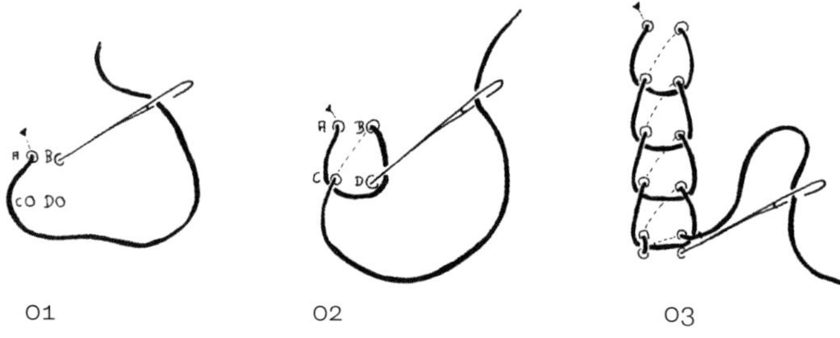

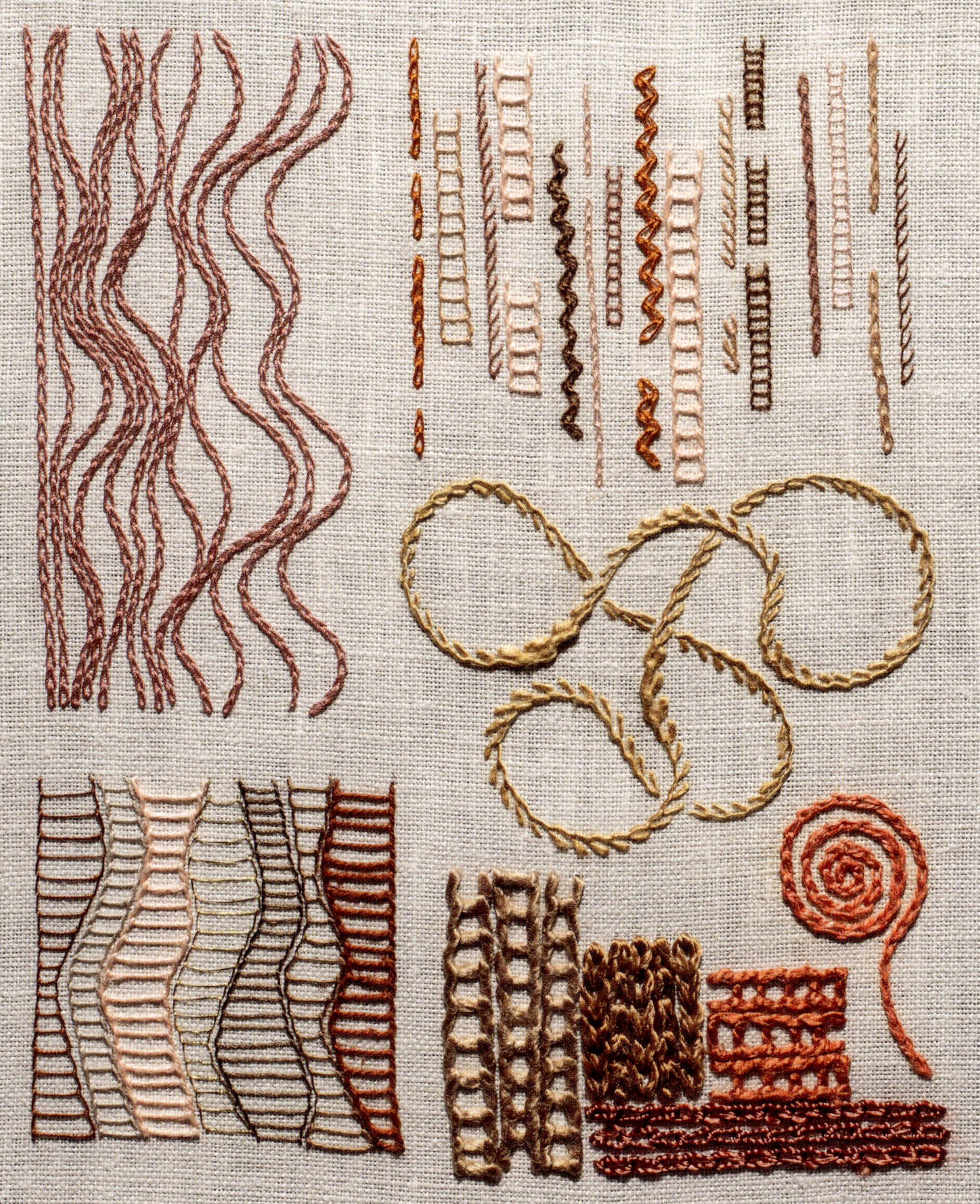

Margeriten- und Fliegenstich

Wenn beim Kettenstich jede einzelne Schlinge fixiert wird, ergeben sich interessante Mustermöglichkeiten. Dann wird vom Margeritenstich gesprochen.
Wichtig ist, dass die einzelnen Schlingen jeder Art von Kettenstich sorgfältig angezogen werden, weder zu straff noch zu lose. Es muss auf die Beschaffenheit des gewählten Stickfadens Rücksicht genommen werden.

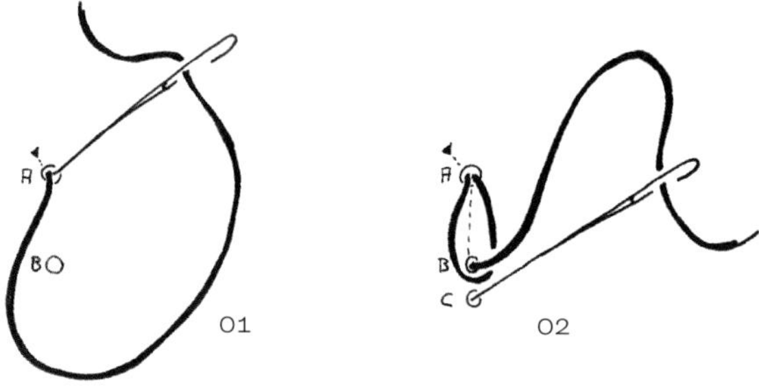

Beim Margeritenstich wird jede einzelne Schlinge fixiert.

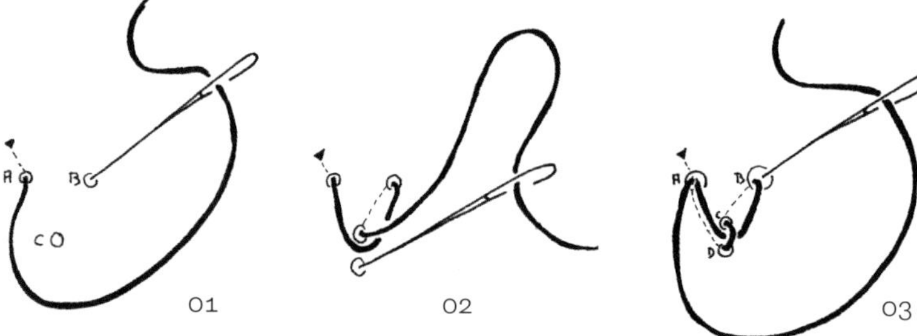

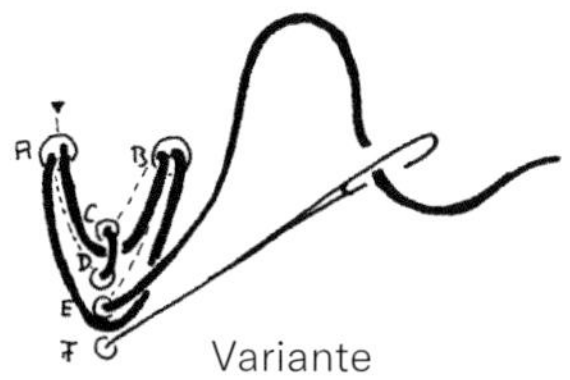

Beim Fliegenstich wird jede einzelne Schlinge eines oben offenen Kettenstiches fixiert.

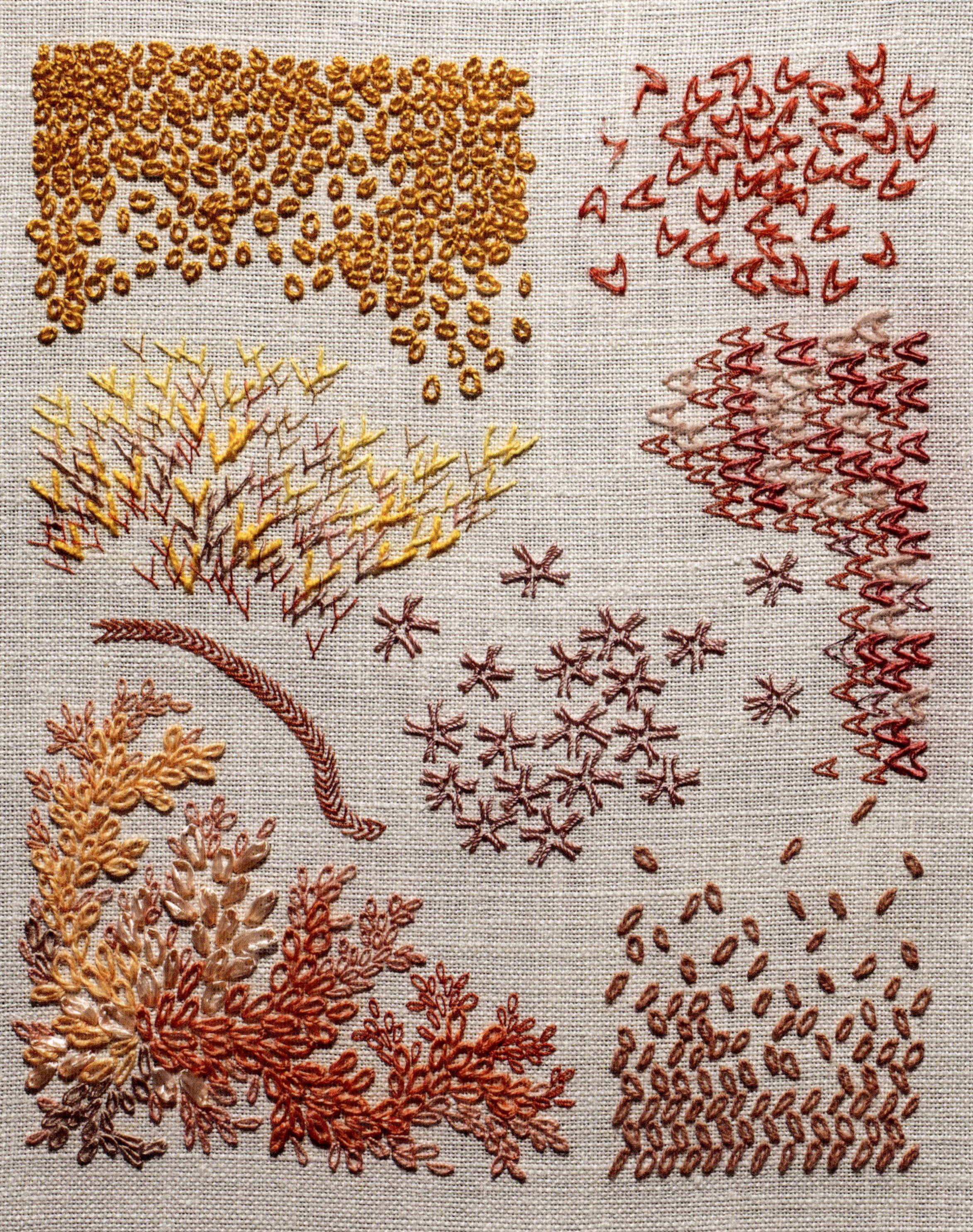

Festonstich

Der Festonstich ist vor allem bekannt für das Einfassen von Schnittkanten. Als Stickstich bietet seine Anwendung jedoch zahlreiche Variationsmöglichkeiten.

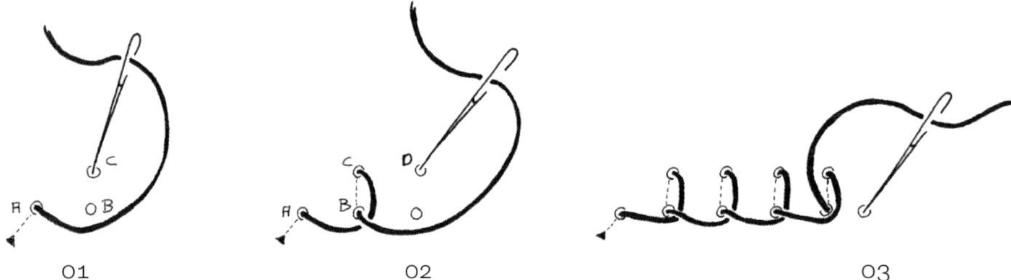

Sollen alle Reihen des Festonstichs gleich aussehen, sollte jede Reihe von derselben Seite begonnen werden – es sei denn, man ist schon so geübt, dass man etwas kompliziert rückwärts arbeiten kann.

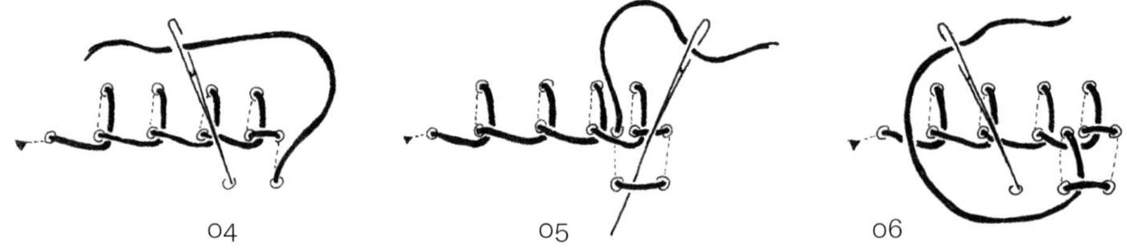

Ein zum Kreis gestickter Festonstich ist sehr empfindlich, er verhält sich fast wie eine fleischfressende Pflanze: Bei einer unvorsichtigen Berührung schließt sich der Außenrand nach innen.

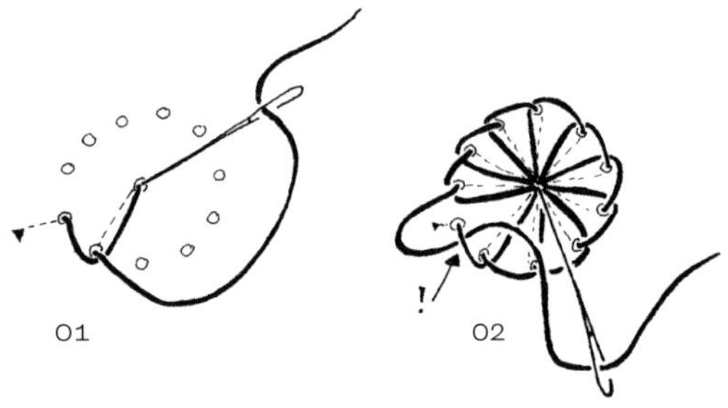

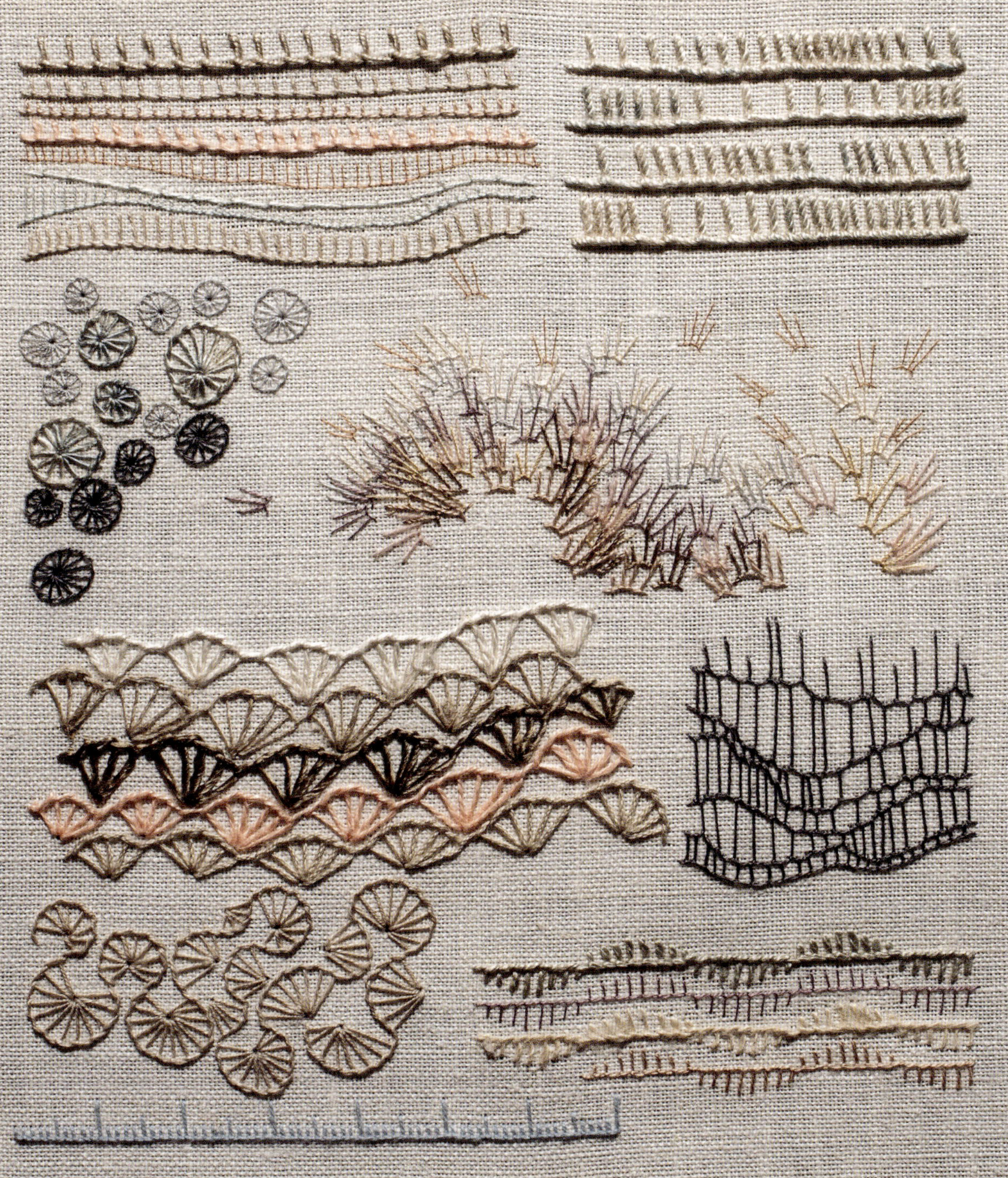

Flächen – Linien – Streumuster

Für bestimmte Darstellungen eignen sich bestimmte Stiche besser als andere. Wichtige Gestaltungselemente sind Flächen, Linien und Streumuster. Einige Bespiele werden hier vorgestellt, ohne aber Anspruch auf Vollständigkeit zu haben. Denn auch hier gibt es noch weit mehr individuelle und persönliche Interpretationsmöglichkeiten.

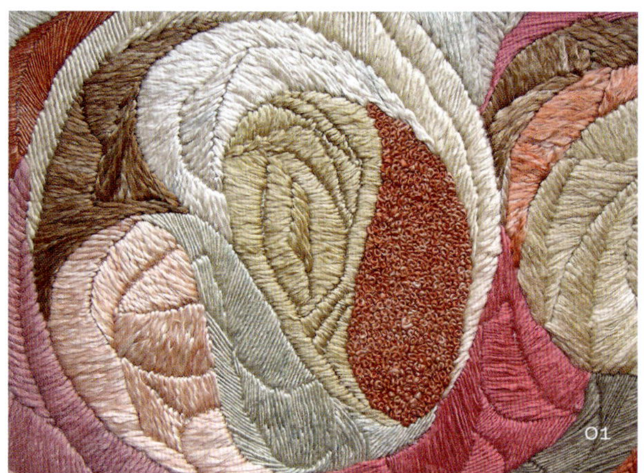

01

Flächen

Folgende Stiche eignen sich besonders für Flächendarstellungen:

Kompakte Flächen

- 01 Plattstich
- 02 Knötchenstich
- 03 Klosterstich

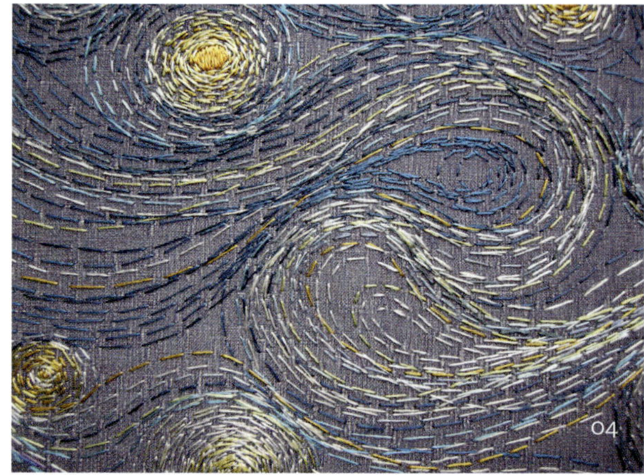

04

Flächen, die den Stickgrund immer durchscheinen lassen

- 04 Vorstich
- 05 Sandstich
- 06 Maschenstich

Stiche für kompakte Flächen, locker angeordnet

- 07 Plattstich
- 08 Knötchenstich

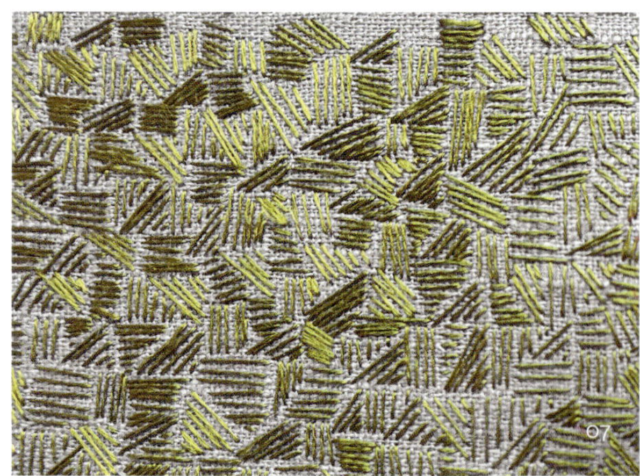

07

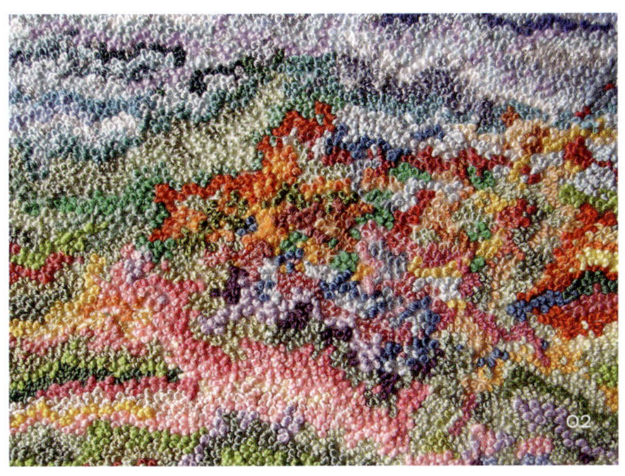

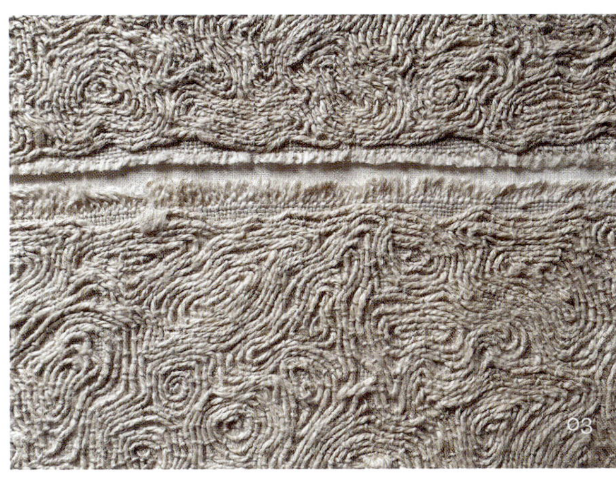

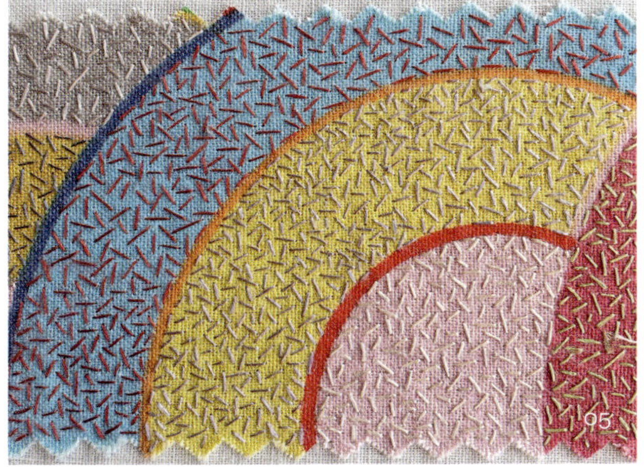

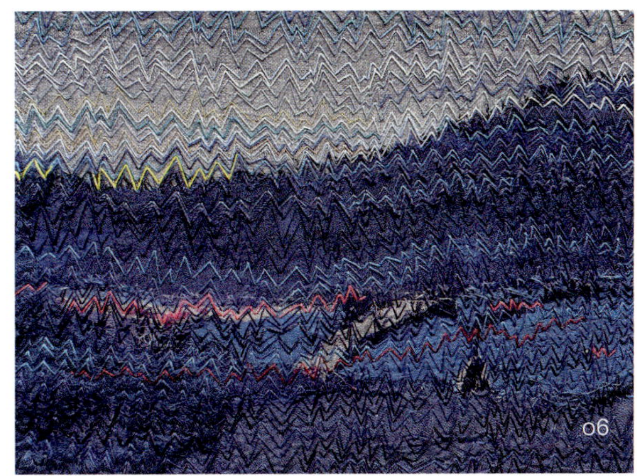

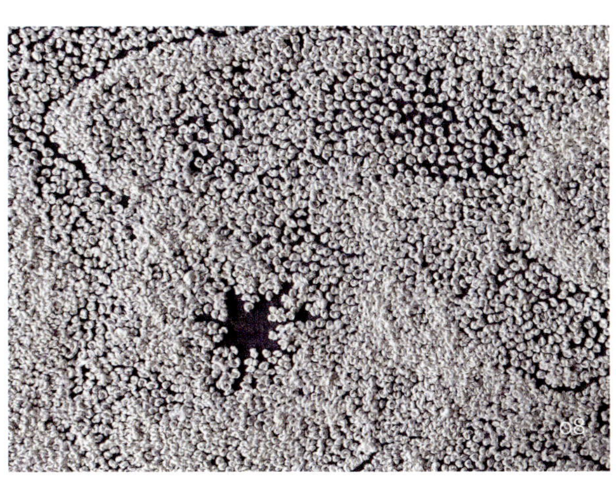

Alle Stiche, mit denen man eine kompakte Fläche sticken kann, können auch lockerer angeordnet werden.

Dem Schneebild (08) wurde ein dunkler Stoff unterlegt. Dadurch kommen die lockerer und dichter gestickten Flächen intensiver zur Geltung.

Linien

Es gibt einige Stiche, die – gestickt – so aussagekräftig sind, dass es oft gar nicht mehr braucht.

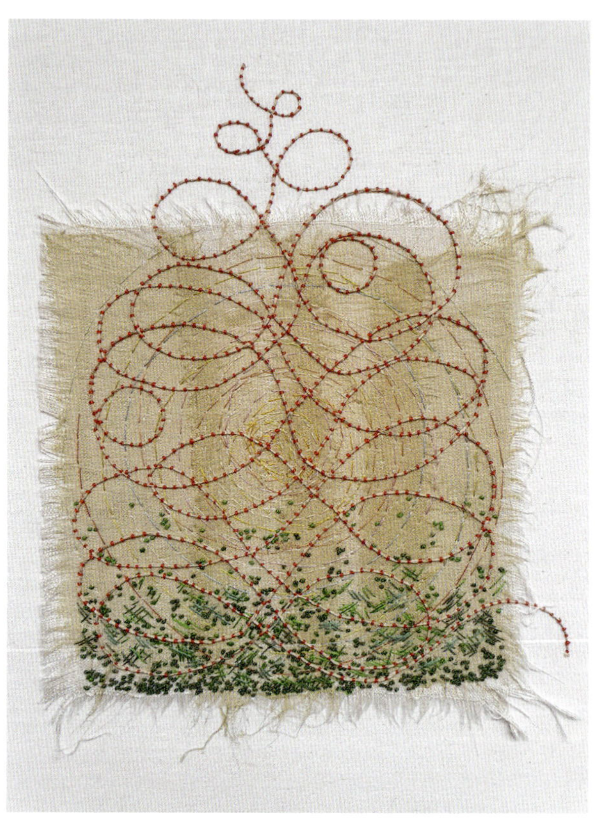

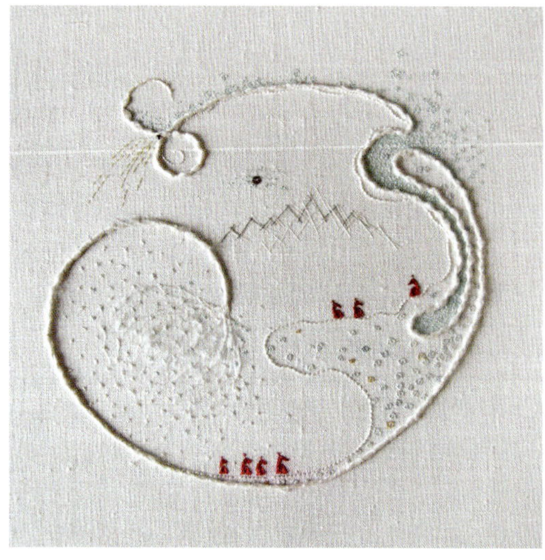

02

01 Gegenüber dieser Linie in Klosterstich spielen die weiteren Stiche (Plattstich, Knötchenstich und Vorstich) nur noch eine Nebenrolle.

02 Die markante Hauptlinie ist in Klosterstich gestickt. Weitere Stiche sind Vorstich, Hexenstich, Sternchenstich, Steppstich, Margeritenstich, Sandstich und Fliegenstich.

In meinen Anfängen als Kursleiterin beschwerte sich einmal eine Kursteilnehmerin bei meinem damaligen Chef: »Diese nichtsnutzige Lehrerin kann nichts anderes als den banalen Vorstich. Das ist doch keine Kunst.« Dieses Bild zeigt, wie schön gestickte Vorstich-Linien sein können. Sie zu sticken, war alles andere als einfach. Um diese harmonische Linienführung zu erreichen, musste die Stickerin immer wieder Teile öffnen und einen neuen Anlauf nehmen.

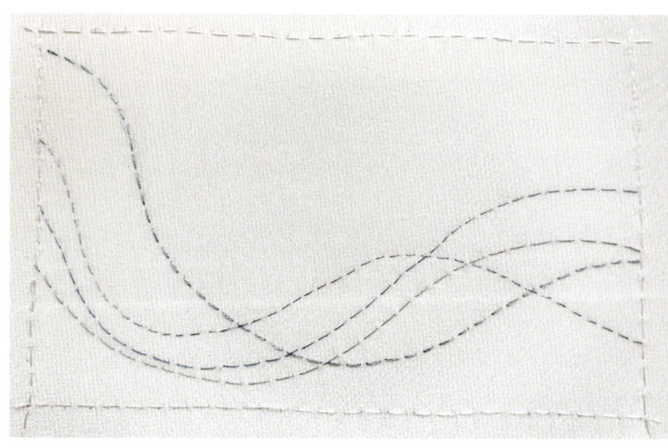

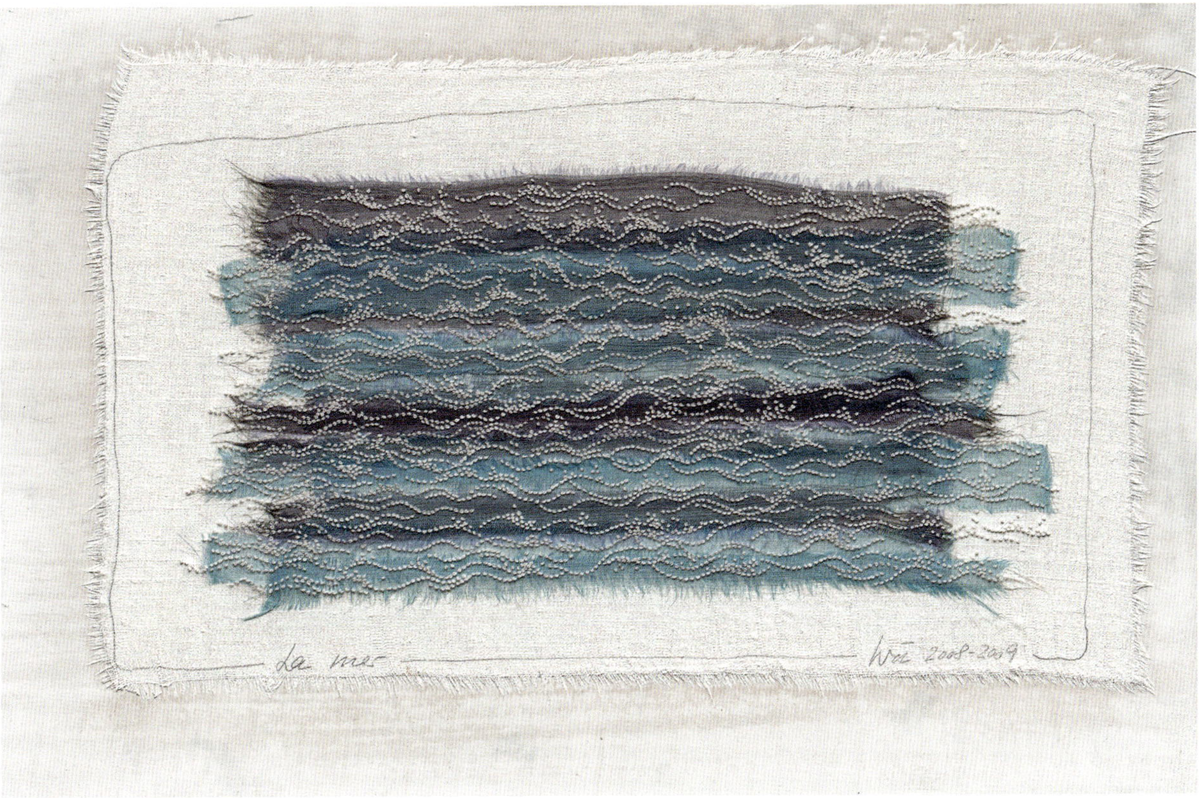

Möchte man Linien mit Knötchenstich sticken, ist eine spezielle technische Lösung erforderlich: Es empfiehlt sich, die Linie von oben nach unten zu sticken. Dabei wird der Knötchenstich rückwärts gestochen. Den Zwischenraum zwischen dem fertigen Knötchen und dem Ausstich für das nächste Knötchen setzt sich aus dem Volumen des zu stickenden Knötchens und dem geplanten Zwischenraum zusammen.

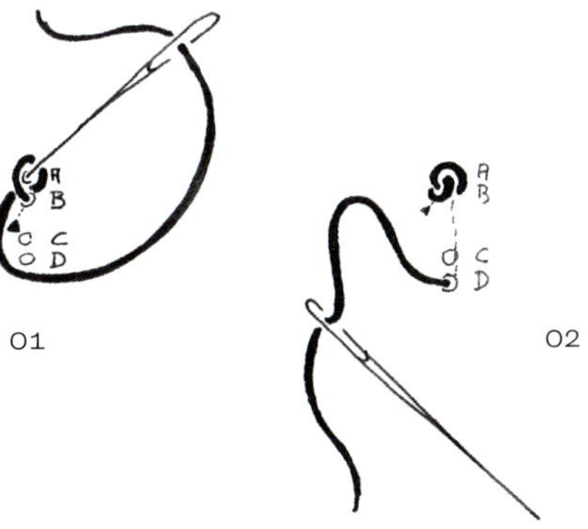

Der Linienknötchenstich ist fortlaufend gearbeitet. Es entsteht eine zusammenhängende Linie. Die knötchenähnlichen Erhebungen sind aber nicht sehr ausgeprägt.

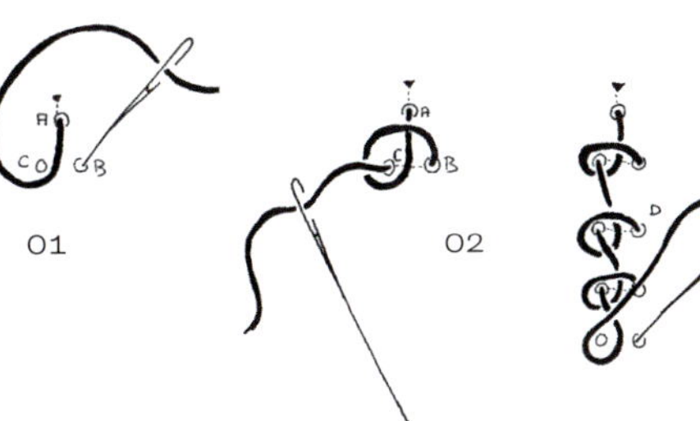

Streumuster

Die Natur und der Zufall machen es uns vor. Blumen, Blätter, Schneeflocken, ja sogar Sonnenschirme, zufällig entstanden, bilden Muster, die von selbst eine spannungsvolle Flächenaufteilung zeigen. Wollen wir diese Zufälligkeit der Natur sticken, wird es zu einer mühsamen Prozedur. Was im Garten beim Säen von Feldsalat locker gelingt, müssen wir beim Sticken Stich um Stich sorgfältig aufbauen. Sehr schön lassen sich Streumuster mit Knötchenstich darstellen.

Das Bild einer Wiese voller Löwenzahn inspirierte mich zu folgendem Experiment: Zunächst versuchte ich, dieses Bild möglichst genau nachzusticken. Ich wählte, ähnlich wie die Vorlage, einen grünen Hintergrund und einen gelben Seidenfaden für die Knötchen. Die ganze Zeit hatte ich das Bild über der Stickerei auf den Stoff geheftet, sodass ich die Vorlage genau nachsticken konnte. Danach wiederholte ich das Muster unabhängig vom ersten, wählte aber eine Farbgebung, die keinen Bezug mehr zu Wiese und Löwenzahn hatte. Auch jetzt hielt ich mich an die fotografierte Vorlage. Obwohl ich dasselbe Bild nachstickte, sah ich nun ganz andere Punktkombinationen. Ich sah Linien und Zwischenräume, die ich vorher nicht beachtet hatte.

Fazit des Experiments ist, dass mir ohne die Vorlage wohl kein solches Streumuster gelungen wäre. Dabei muss das Muster nicht mit der Vorlage übereinstimmen. Die erste Studie hat noch einen starken Bezug zum Löwenzahn in der Wiese, die zweite Studie ist durch die Farbwahl schon weit davon entfernt. Relevant ist, dass das Blumenfeld als Basis für ein schönes Streumuster diente.

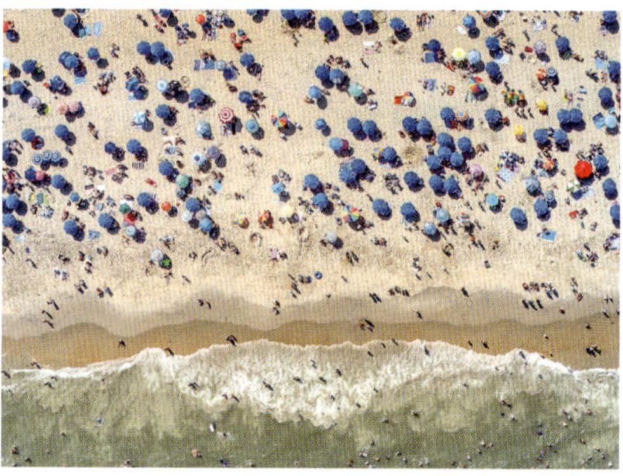

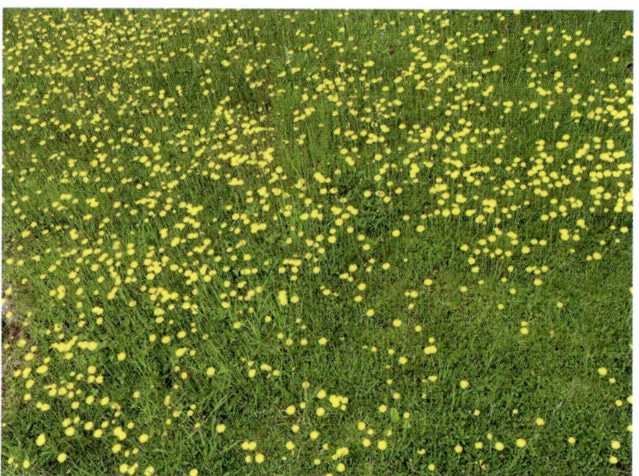

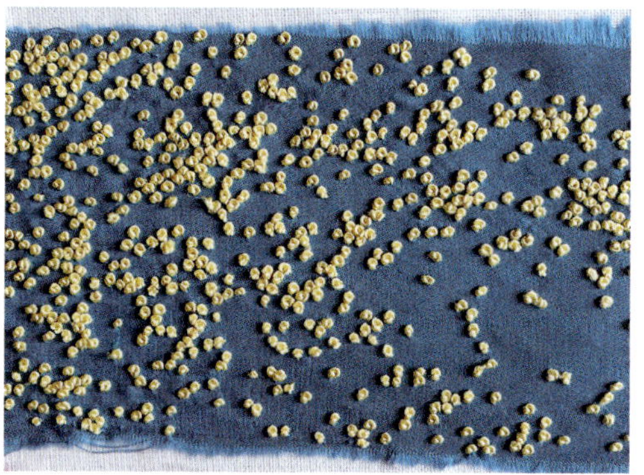

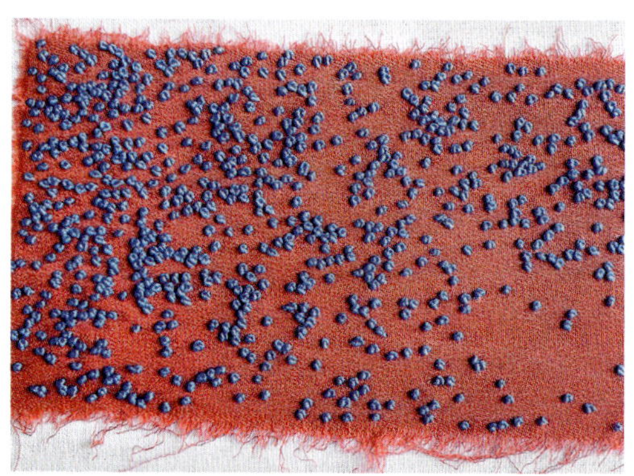

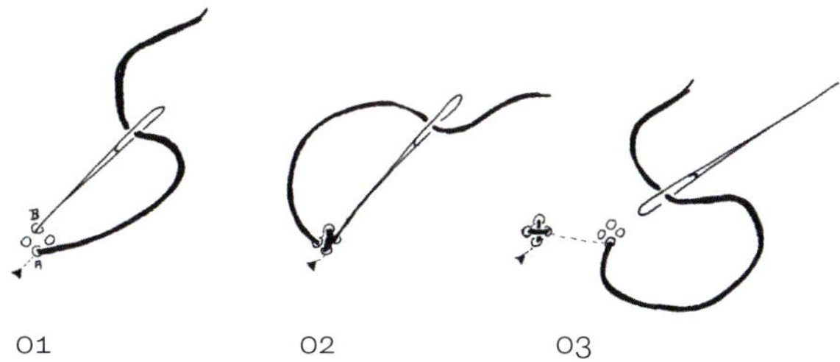

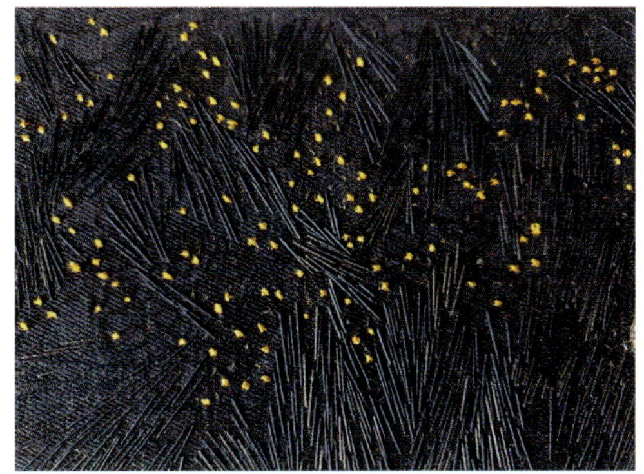

Will man lediglich Punkte setzen, ist der Knötchenstich oft zu dominant. Indem man winzig kleine Kreuzchen, die als solche nicht mehr erkennbar sind, stickt, erhält man sehr schöne, flache Pünktchen.

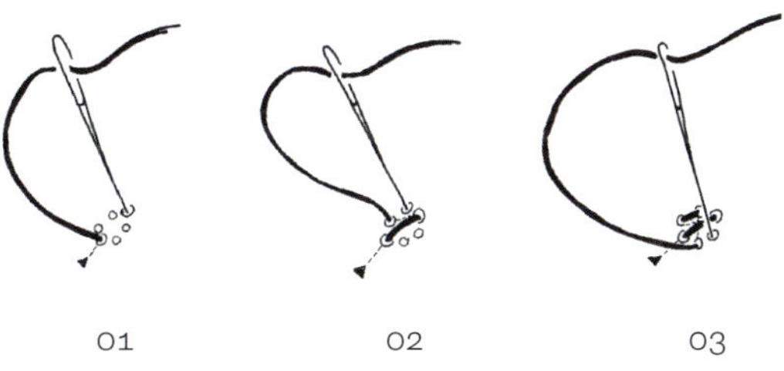

Sehr schön, aber etwas schwieriger zu sticken, sind drei kurze Plattstiche nebeneinander. Man fängt mit dem mittleren Stich an und stickt die beiden Stiche links und rechts etwas kürzer.

Diese beiden Stickereien haben ein ähnliches Thema und verwenden die gleichen Stiche, nämlich Plattstich und Knötchenstich. Trotzdem streuten die Stickerinnen ihre Blumen ganz unterschiedlich.

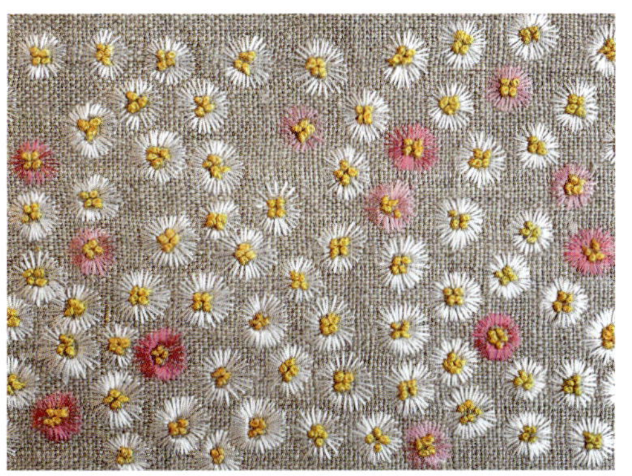

01

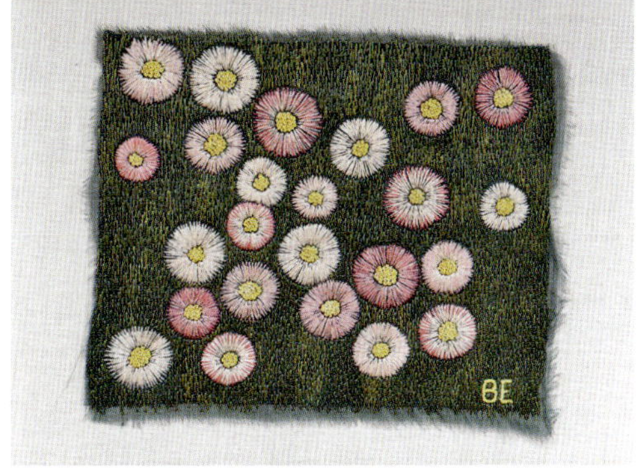

02

01 Bei dieser Arbeit ist die Streuung der Blumen eher gleichmäßig. Aber gerade die kargen Zwischenräume machen die Spannung im Bild aus, und die einzeln gestreuten rosa Blüten setzen Akzente.

02 Hier dagegen wurde der Hintergrund stärker mit einbezogen und gibt dem Bildrand eine gestalterische Rolle.

Das allerletzte Finish

Stickerei auf einem Gebrauchsgegenstand

Wenn eine Stickerei einen Gebrauchsgegenstand ziert, muss dieser sorgfältig gebügelt werden: Der bestickte Stoff wird mit der Oberfläche nach unten auf eine dicke weiche Unterlage, bestehend aus mehreren Schichten einer Wolldecke oder Molton gelegt. Nun breitet man entweder ein feuchtes Tuch darauf und dämpft so die Stickerei mit leichtem Druck, oder man verwendet ein Dampfbügeleisen, wobei man auch da nicht auf ein Tuch zum Schutz der Stickerei verzichten sollte.

Spannen eines gestickten Bildes

Eine Bildstickerei wird nass gespannt. Zunächst besprüht man sie mit Wasser und heftet sie anschließend mit Stecknadeln auf ein Brett. Der Stoff muss sehr stark gespannt werden. Während des Trocknens zieht er sich zusammen und wird schön glatt. Die gestickten Fäden werden so nicht zerdrückt – wie beim Bügeln – und legen sich locker und leicht auf den Stoff.

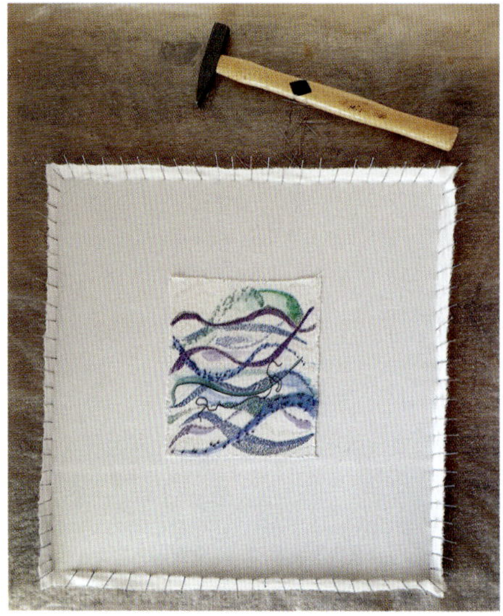

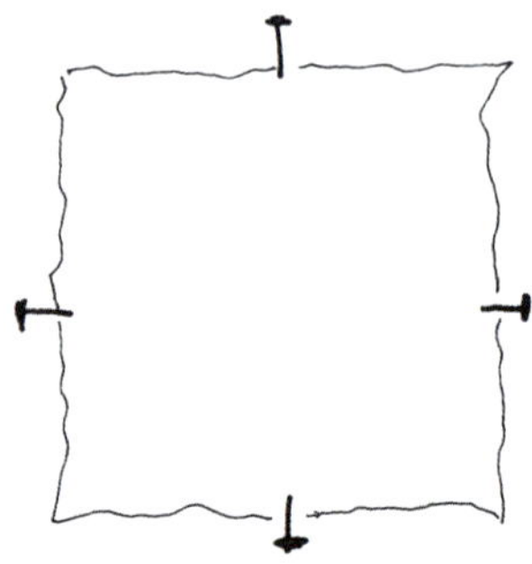

Zuerst das Gewebe im rechten Winkel fixieren, Anhaltspunkt ist das Fadenkreuz im Zentrum der Arbeit.

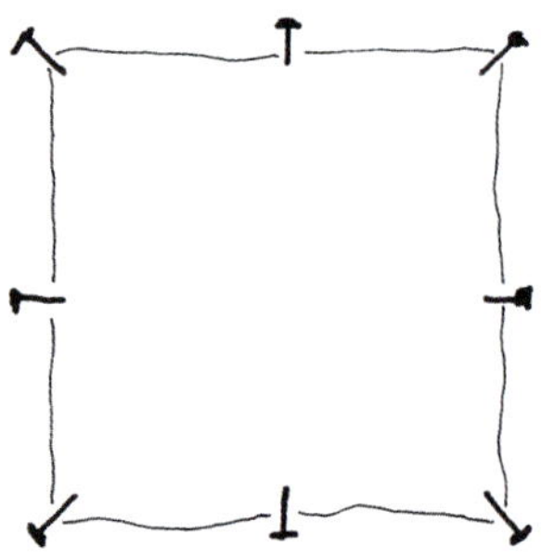

Anschließend die Ecken fadengerade spannen.

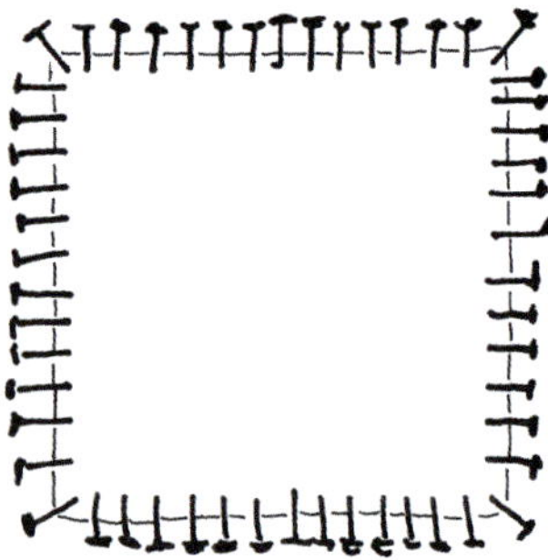

Dann den Stoff rundum fadengerade spannen, wobei die Nadeln nach und nach gegenseitig eingeschlagen werden. Distanz zwischen den Stecknadeln max. 2 cm.

Die Stickerei sollte mindestens 24 Stunden zum Trocknen flach liegend – auf keinen Fall aufrecht hingestellt – gespannt bleiben.

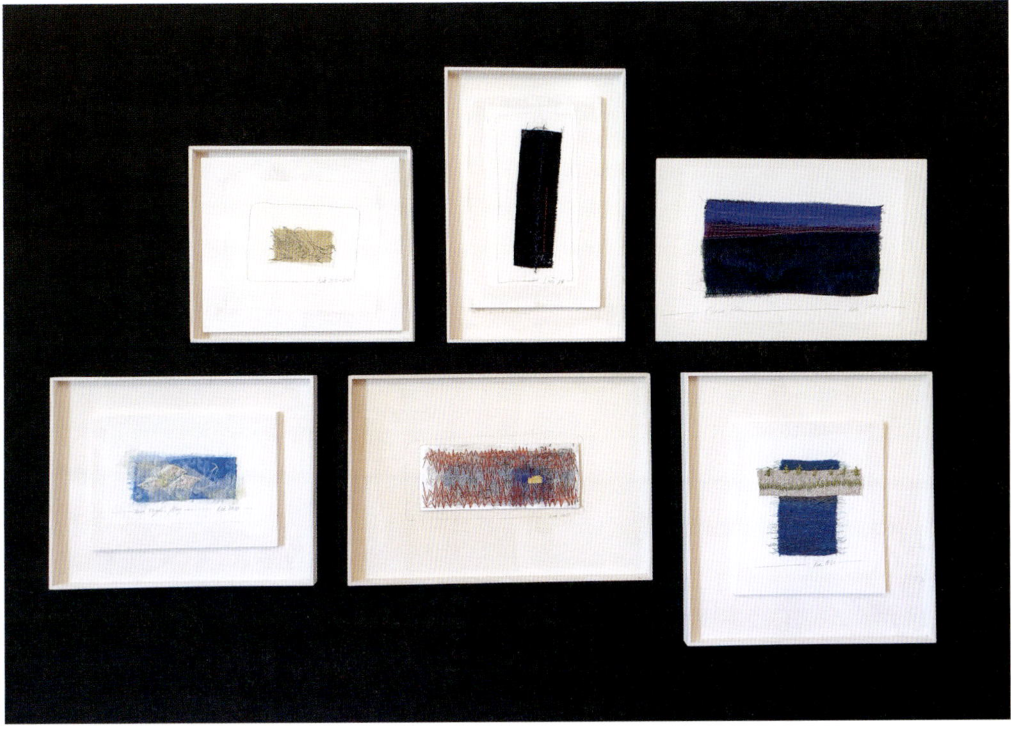

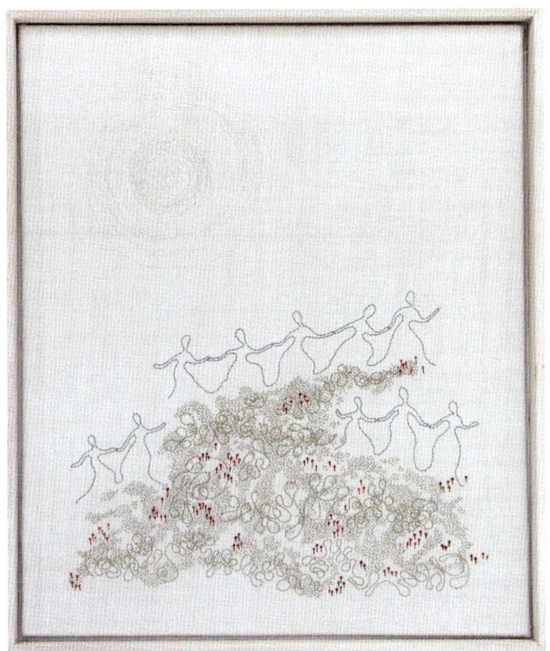

Präsentation

Wenn ein gesticktes Bild schließlich ganz fertig ist, sollte es präsentiert werden. Da gibt es unendlich viele Möglichkeiten. Ich bin der Meinung, dass jede Stickerin ihre eigene Art finden muss. Wichtig ist, dass bei jeder Präsentation die gestickte Arbeit im Vordergrund steht. Denn ein auf dem Flohmarkt entdeckter alter Bilderrahmen kann der kostbaren Stickerei die Show stehlen. Eine meiner Stickereien hatte ich deshalb an die Wand gepinnt. Dort blieb sie mehrere Monate hängen, bis ich endlich eine Idee hatte, wie ich sie zur Geltung bringen konnte.
Für meine Kursteilnehmerinnen habe ich eine einfache, aber klassische Lösung gefunden: Mein Schreiner stellt nach Maß »Kistchen-Rahmen« her, die ich mit stark verdünnter Dispersion grundierte. Die Stickerei wird über einen Karton gespannt und in das Kistchen geklebt.
Bei meinen Stickereien wende ich unterschiedliche Möglichkeiten an, immer dem jeweiligen Bild angepasst.

Der Kampf gegen das Weiß

Auch wenn eine weiße Umgebung für ein Bild oft ideal ist, als Hintergrund für eine Stickerei ist es das nicht immer. Denn wenn man eine farbige Fläche auf weißem Hintergrund sticken will, ohne dass das Weiß durchschimmert, muss sehr dicht gestickt und viel Garn aufgewendet werden. Deshalb empfehle ich den Kursteilnehmerinnen oft, für den Hintergrund einer Stickerei einen farblich passenden Stoff zu suchen.

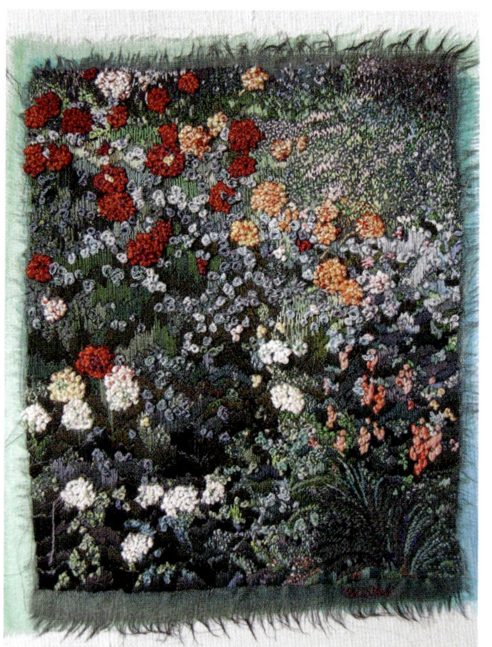

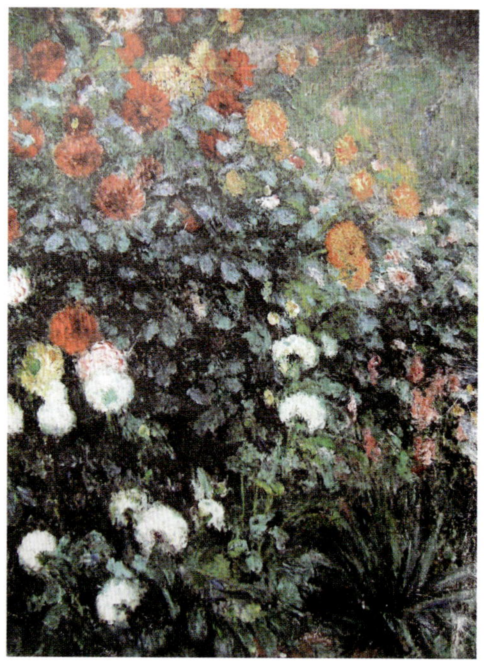

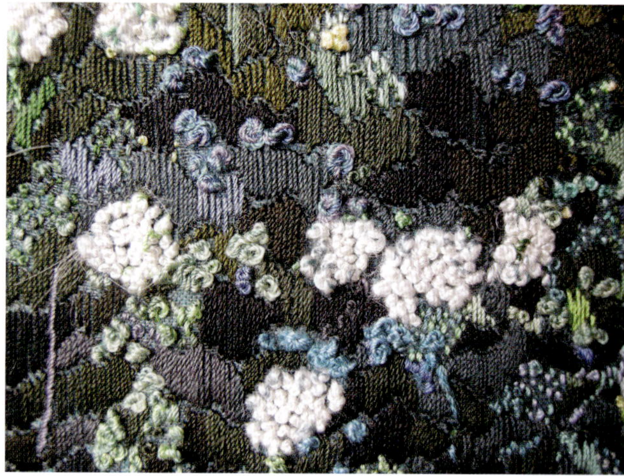

Bei der Interpretation dieses Blumengemäldes von Claude Monet als Stickerei wählte die Kursteilnehmerin mehrere Lagen farbigen Organzas, um die gewünschte Hintergrundfarbe aufzubauen. So konnte sie die einzelnen Stiche (Sandstich, Knötchenstich, Plattstich) locker anordnen, denn es blitzte kein Weiß hervor.

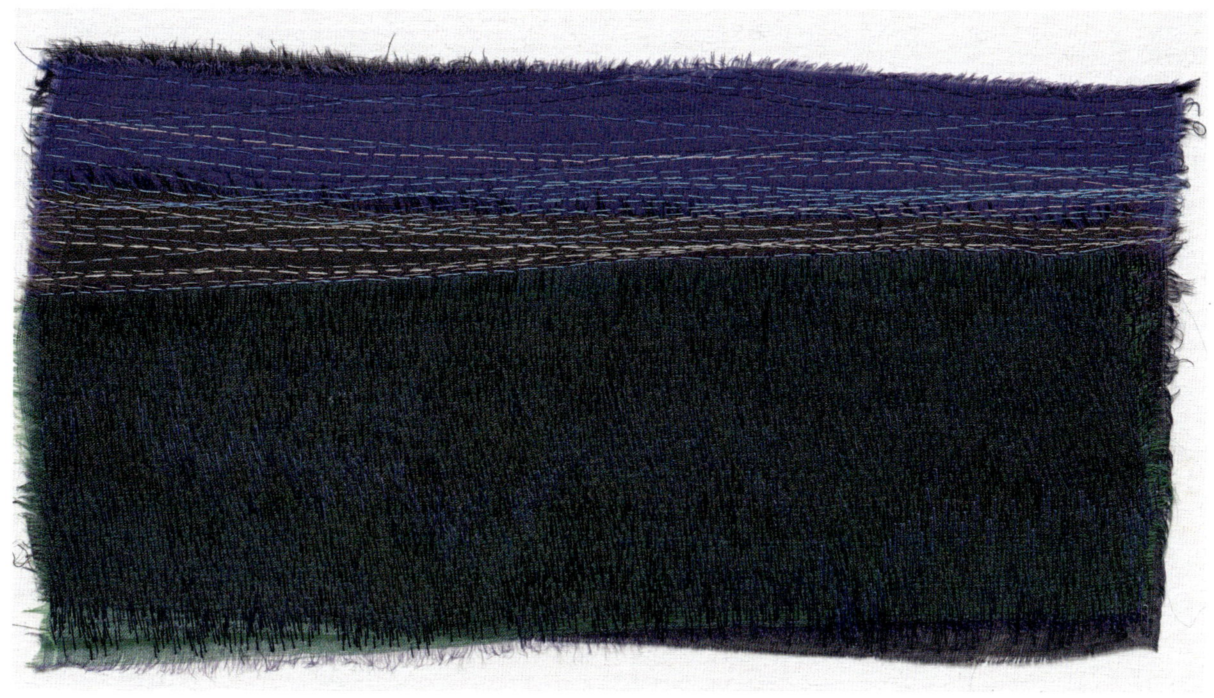

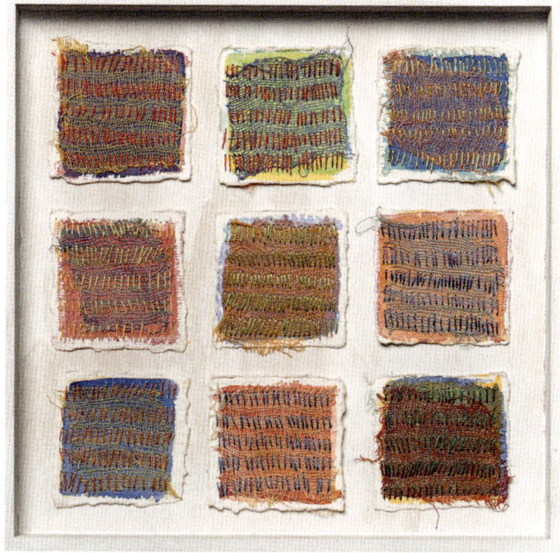

In der oberen, mit Vorstich bestickten Fläche, wirkt die Farbe des unterlegten Stoffes an der Flächengestaltung mit.

Beim unteren Bildteil hingegen diente mir der unterlegte Stoff einerseits dazu, zu vermeiden, dass es zwischen den Plattstichen weiß hervorblitzt. So musste ich die einzelnen Stiche nicht deckend sticken. Jeder Stich bekam genügend Platz, um sich wirksam ausdehnen zu können. Zudem ergänzt die Farbe des unterlegten Stoffes die Farbe der Stiche, die auf diese Weise eine intensive dunkle Leuchtkraft entfalten.

Für das Bild links habe ich zuerst Büttenpapier mit Aquarellfarbe eingefärbt, danach über jedes Quadrat eingefärbte Verbandsgaze gelegt. Die dritte Lage bilden die mit glänzenden Seidenfäden gestickten Plattstiche. Durch dieses Zusammenspiel ergeben sich die finalen Farbkombinationen.

Das Leben auf den Punkt gebracht

Für eine Ausstellung wollte ich eine lange Bahn mit einem großen roten Punkt sticken. Oben und unten sollte er noch etwas ausgefranst bleiben, weil das Leben ja – hoffentlich – noch nicht ganz abgeschlossen ist. Rot wählte ich, weil für mich keine andere Farbe der Intensität eines Lebens näherkommt. Innerhalb des Punktes finden sich verschiedene Lebensstationen und in meinem Leben wichtige Bezugspersonen.

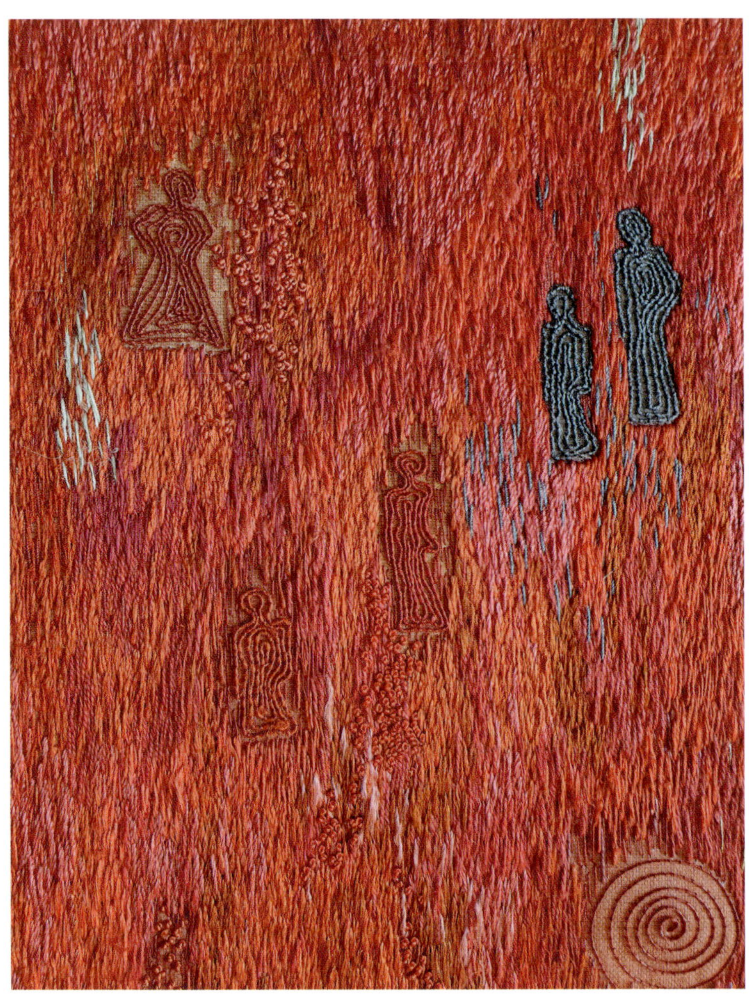

Den Leinenstoff fand ich schnell. Auch die vielen unterschiedlichen roten Fäden waren in meinem großen Fundus leicht zu finden. Das größte Problem war aber, den Punkt so zu sticken, dass die graue Leinenqualität rundum unberührt bleibt. Ich konnte die Fläche nicht ganz mit rotem Stoff unterlegen, da dieser sonst am Rande sichtbar geblieben wäre. Die Fläche rot einzufärben, war aus verschieden Gründen ebenfalls keine Lösung. Es blieb mir also nichts anderes übrig, als intensiv dicht zu sticken, was Unmengen von Stichen erforderte.
Als Stiche verwendete ich hin und her gestickten Plattstich, Knötchenstich und für die Figuren und Symbole Klosterstich. Die Symbole unterlegte ich mit passenden farbigen Stoffstücken, damit ich sie nicht deckend sticken musste.
Die fertige Stoffbahn konnte ich nicht nass spannen, da sie viel zu groß war. Mit sorgfältigem Bügeln wurde der stark zerknitterte Stoff flach, ohne dass die Stickerei in Mitleidenschaft gezogen wurde.

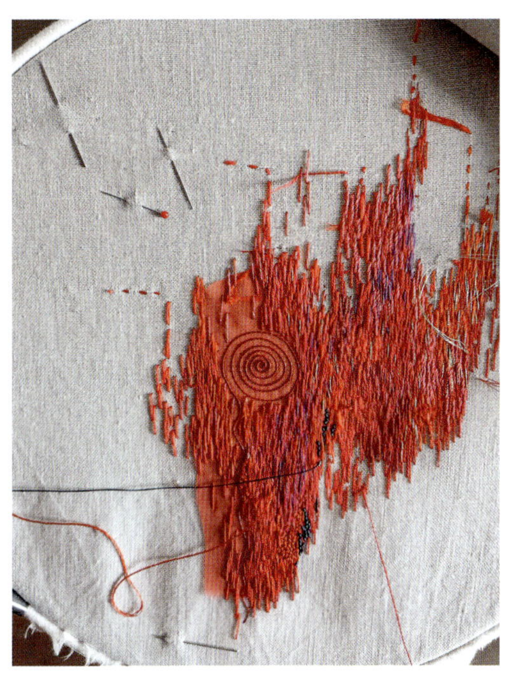

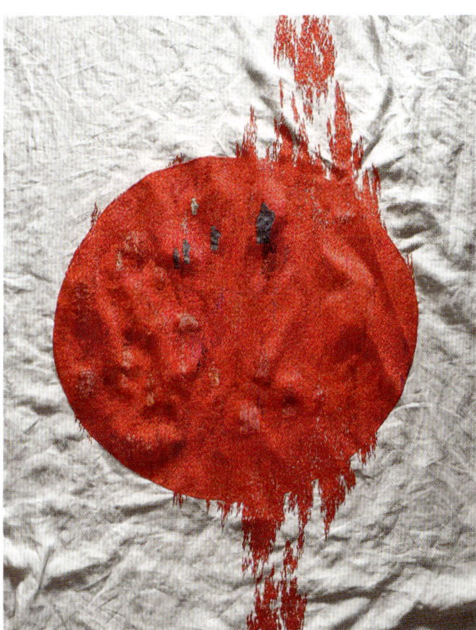

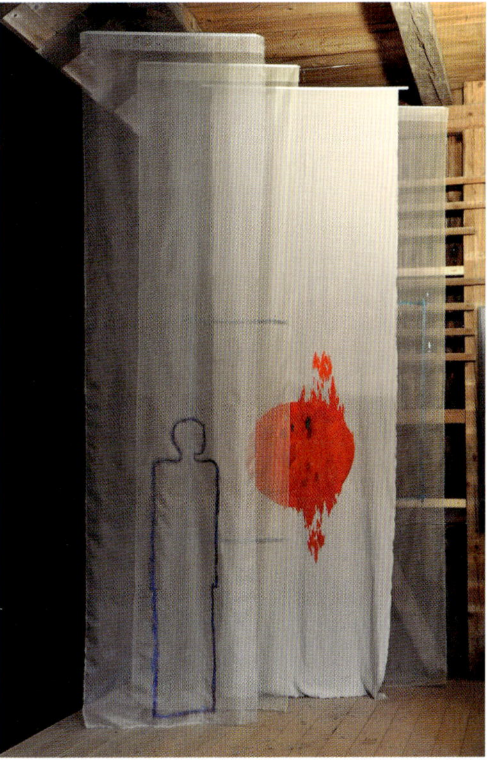

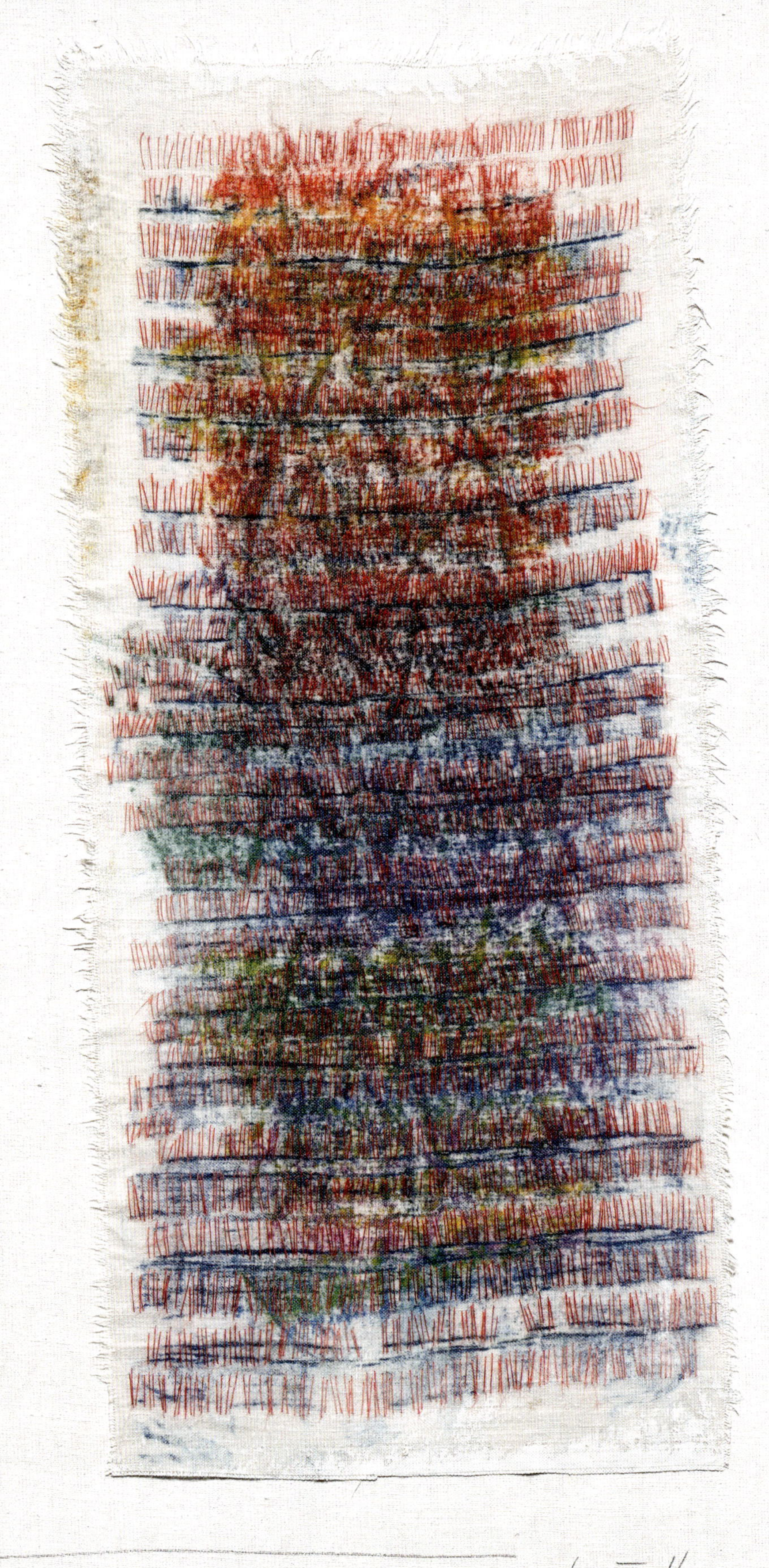

Von der Idee zum Bild

Oft werde ich gefragt, woher all meine Ideen kommen. Da halte ich es mit Pippi Langstrumpf: Ich suche nicht, ich finde. In diesem Punkt geht es wohl allen Künstlerinnen und Künstlern ähnlich: sie wollen nicht – sie müssen. Die Ideen sind einfach da.
Es gehört aber auch dazu, seine Umwelt mit einem speziellen Blick zu betrachten, geradezu durch einen Filter wahrzunehmen.
Das Umsetzen der Ideen erfordert dann eine intensive Auseinandersetzung mit dem Thema. Denn es ist alles andere als einfach, in der Realität Gestalt annehmen zu lassen, was zuvor nur als abstrakte Idee im Kopf existierte.

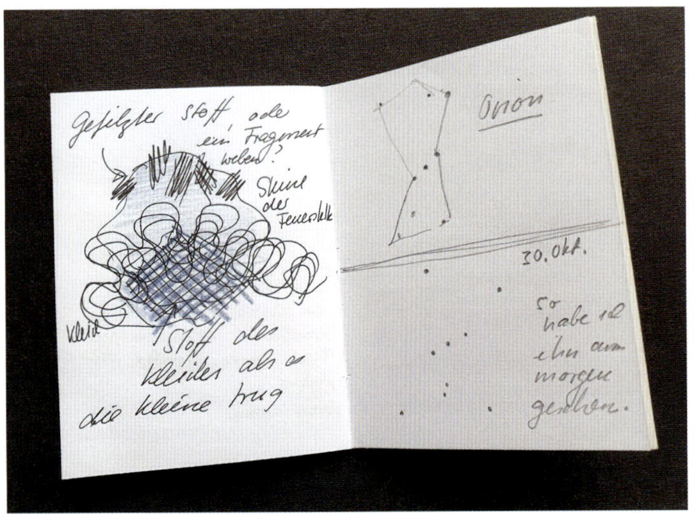

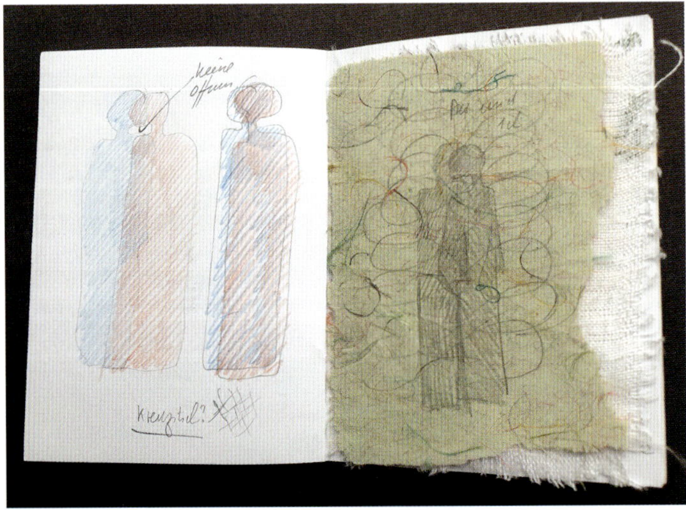

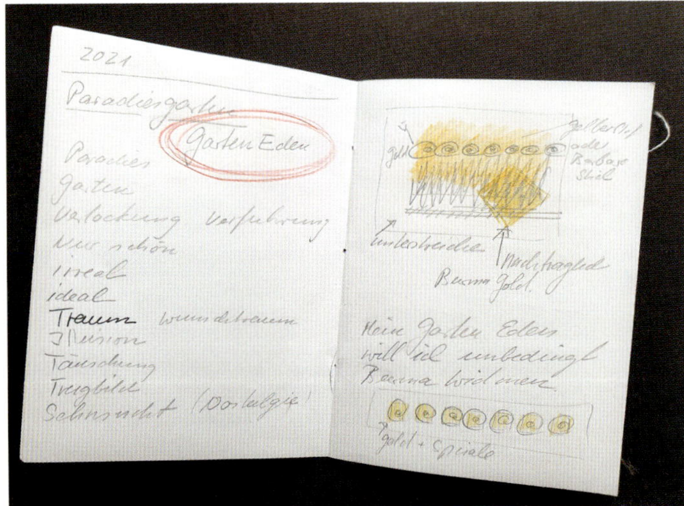

Seiten meines Skizzenheftes

Entwerfen und entwickeln einer Stickerei

Idee / Einstieg

Als Ausgangslage können unter anderem folgende Möglichkeiten dienen:

- ein vorgegebenes Thema, zum Beispiel für eine Gruppenarbeit oder eine thematische Ausstellung
- eine Inspiration aus der Natur, der Architektur, der Kunst, der Musik oder dem Theater
- persönliche Erlebnisse
- Inspirationen durch spezielles Material wie, Stoffe, Fäden oder Fundstücke

Und am besten sind diejenigen Ideen, die plötzlich einfach da sind.

Entwerfen

Meistens beginnt ein Entwurf auf dem Papier. Entweder notiert man schriftlich eine Idee oder man zeichnet, malt, klebt einige Skizzen. Ich selbst trage zu jedem Thema, das mich gerade beschäftigt, ein kleines selbstgemachtes Heft mit mir herum. Darin sammle ich laufend alle Ideen. Wichtig ist für mich, dass ich dieses Heft wirklich immer zur Hand habe, sonst verfliegen meine Ideen wie Blätter im Wind.
Wurde ein Thema für eine Stickerei gefunden, sollte man sich nie mit der ersten Skizze zufriedengeben. Der erste Entwurf ist nicht unbedingt der beste. Und falls doch, erfährt man das, nachdem mehrere Entwürfe einander gegenübergestellt und miteinander verglichen wurden. Nach und nach konkretisieren sich die Ideen im Heft. Oft gibt es aber auch ein »Zurück zum Start«, und die Grundidee entwickelt sich in eine ganz andere, neue Richtung. Und dann, irgendwann, ist es plötzlich ganz klar, und man kann zum nächsten Schritt übergehen.

Vorbereitung

Die Suche nach dem geeigneten Material ist ein wichtiger, nicht zu unterschätzender Bestandteil der Arbeit. Es braucht geeignete Stickgarne (Farbe, Fadendicke, Struktur, Qualität, Glanz usw.), einen Stickgrund (Farbe, Qualität, Material usw.), und es dauert, bis die idealen Kombinationen von Materialien und Farben gefunden sind, die der Idee wirklich entsprechen.
Nun wird der Stickgrund sorgfältig vorbereitet (Seite 20). Es ist von Vorteil, zusätzlich ein kleines Probierstück vorzubereiten, auf dem Stiche, Farben und deren Wirkungen in Kombination ausprobiert werden können. Das Schöne beim Sticken ist, dass man praktisch bei jedem Stich neue Entscheidungen treffen und den Fortgang der Stickerei ändern kann. Solche Entscheidungen halte ich jeweils in meinem Heft fest, für den Fall, dass die Idee doch nicht so gut war, oder, weil ich einfach den ganzen Prozess zurückverfolgen möchte. Manchmal fange ich aber auch eine Stickerei ohne Entwurf an, indem ich einfach drauflos sticke. Eine sorgfältige Vorbereitung braucht es aber immer. Dies ist für mich eigentlich die vollkommene künstlerische Art sich auszudrücken.

Übertragen der Ideen auf den Stoff

Grundsätzlich liebe ich es, spontan zu sticken. Allerdings geht es nur selten ganz ohne Skizzen und Notizen zur Ideenfindung. Oft sind es Details, die mir so wichtig sind, dass ich sie genau zeichne und danach vorskizziere, bevor ich sie sorgfältig auf den Stoff übertrage. Dazu gibt es allerlei »Zauberstifte«, deren Linien, so sagt man, spurlos wieder verschwinden. Meine Erfahrungen mit solchen Hilfen waren jedoch nicht immer positiv. Entweder verschwinden sie zu schnell, oder es bleiben unliebsame Rückstände. Was ich aber an Vorzeichnungen direkt auf dem Stickgrund überhaupt nicht mag, ist, dass ich nicht spontan die Idee ändern und einen anderen, dem Faden gerechteren Weg einschlagen kann.
Die Methode, mit der ich am liebsten Linien auf den Stoff übertrage, ist zwar aufwendig und vielleicht auch altmodisch, aber sie ist zuverlässig und lässt mir während des Stickens die größtmöglichen Freiheiten.

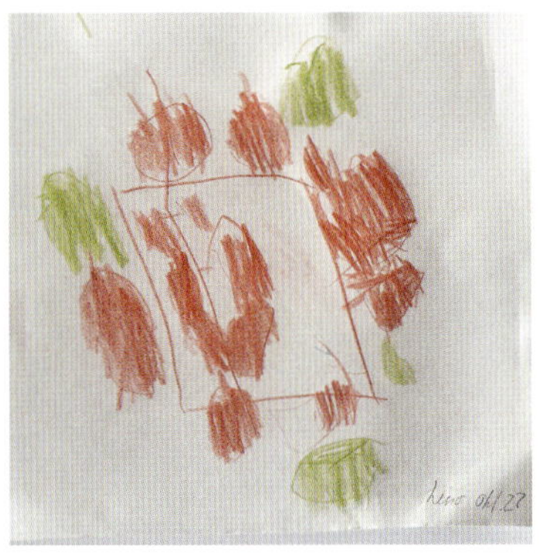
01

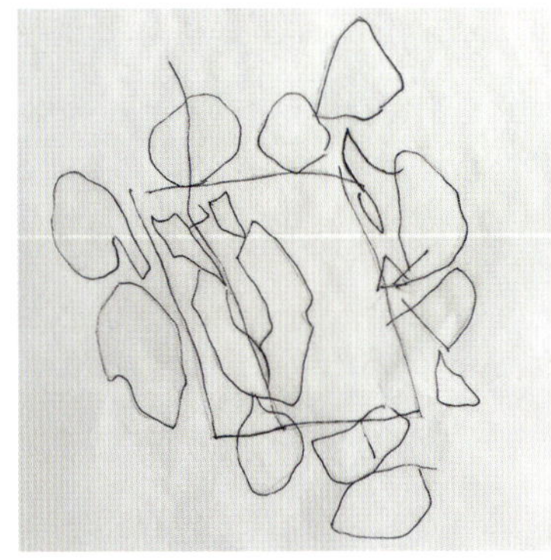
02

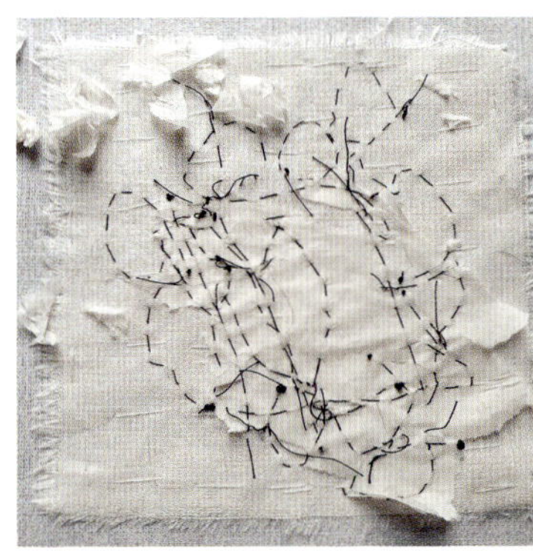
03

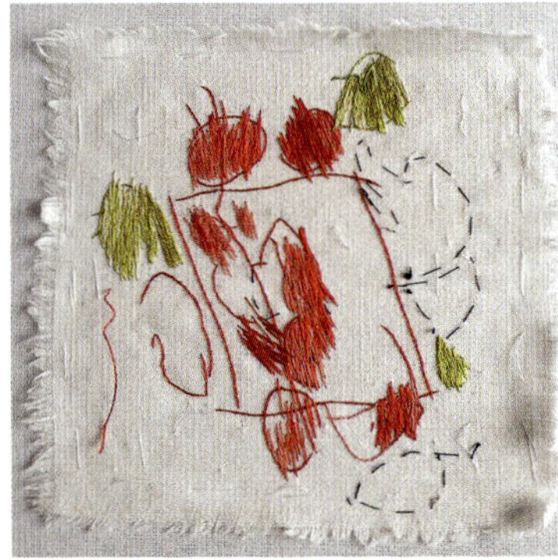
04

01 Gezeichneter Entwurf

02 Die wichtigsten Linien und Formen werden auf Transparentpapier übertragen.

03 Die Linienzeichnung wird noch einmal auf Seidenpapier übertragen und auf den vorbereiteten Stickgrund gelegt. Mit einem Nähfaden in einer Kontrastfarbe werden sämtliche Linien mit Vorstich durch Papier und Stoff gestickt. Anschließend wird das Seidenpapier sorgfältig weggerissen. Zurück bleiben die mit Vorstichen markierten Linien.

04 Auf dem Bild sieht man die schwarzen Markierlinien, bereits nachgestickte Linien, angefangene Flächen, bereits fertig gestickte Flächen.

Beispiel der Entwicklung einer Idee

Ich bin der Meinung, dass das direkte Vorzeichnen auf den Stoff die Spontaneität beim Sticken hemmt. Die Teilnehmerin eines meiner Kurse beschäftigte sich mit der Darstellung von Skeletten und Totenköpfen. Sie brachte ein Beispiel mit in den Kurs, das sie aus einem Buch abgepaust hatte. In ihrem ersten Versuch stickte sie einfach die Linien mit Steppstich nach. Es entstand ein Skelett, das fast schon im Anatomieunterricht hätte verwendet werden können, aber es fehlte ihm an Spannung und – vor allem – an textiler Aussage. Gemeinsam suchten wir dann nach geeigneten Fäden und Stichen. Sie verzichtete nun auf Vorzeichnungen. Das erste frei gestickte Skelett war noch etwas steif, vor allem fehlten ihm die Rippen. Nach und nach entstand dann eine Horde lustig tanzender und allerlei Schabernack treibender Skelettchen. Die Arbeit ist noch nicht abgeschlossen, aber ich bin sicher, da ist ein fröhlicher Totentanz am Entstehen.

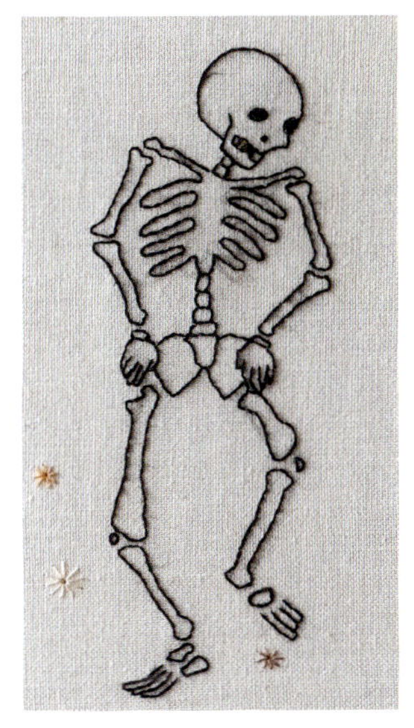

Gestickt genau nach Vorlage

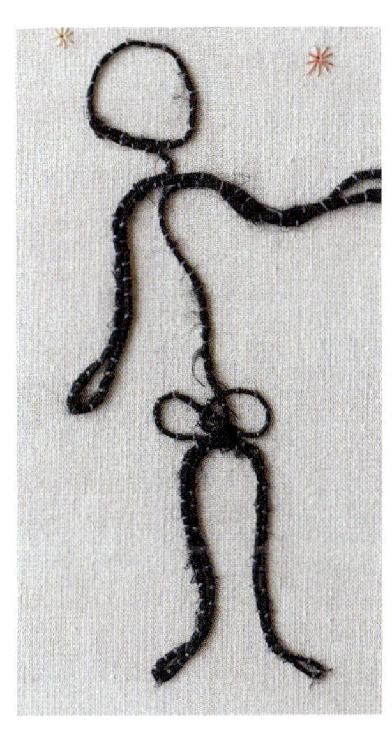

Der erste freie Versuch

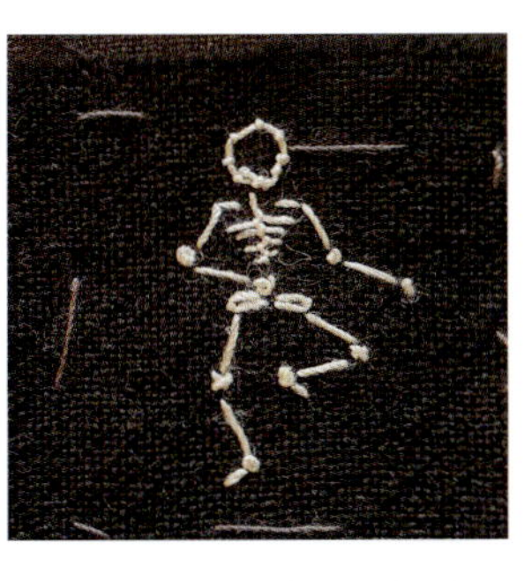

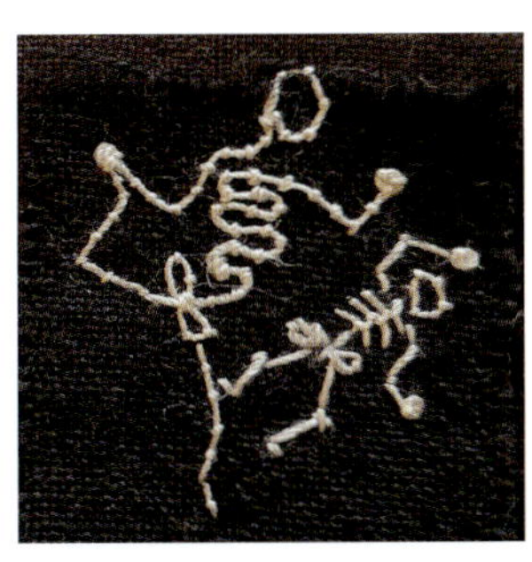

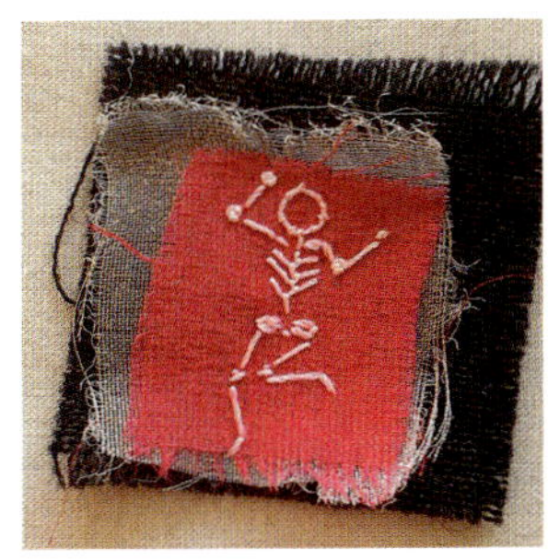

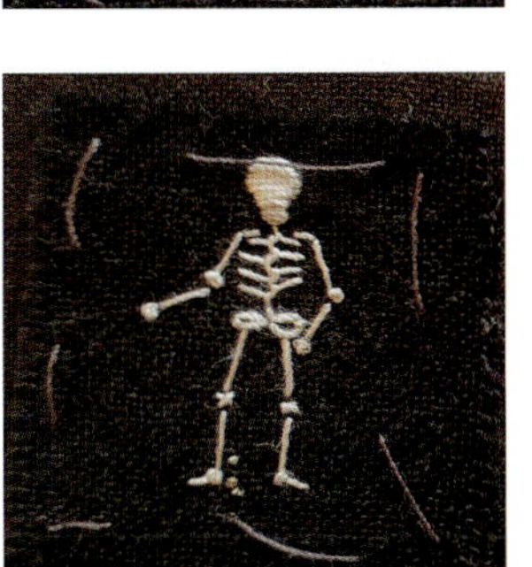

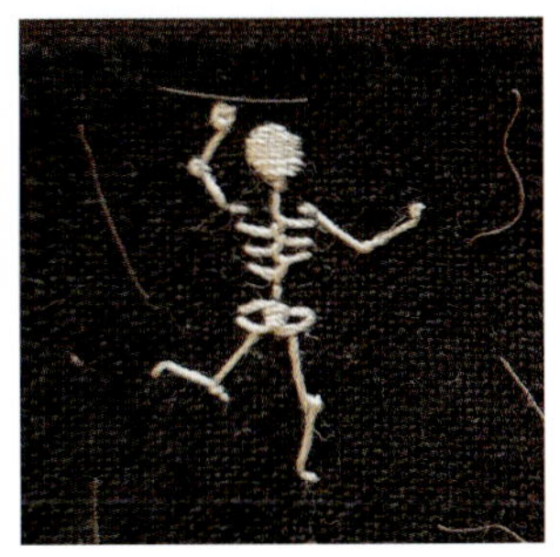

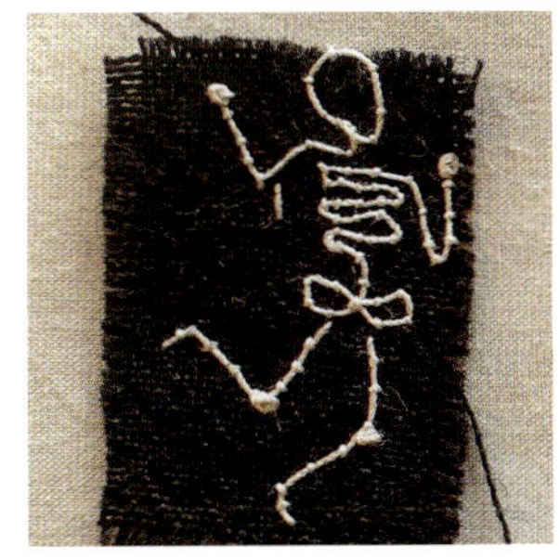

Totentanz

Gestickte Puzzles

Wenn man in größeren Gruppen arbeitet, ist das Sticken von Puzzles eine spannende gemeinsame Herausforderung.

Ich zerschnitt eine Postkarte des Bildes »Winter« aus der Serie »Werden und Vergehen« von Giovanni Segantini in 5 × 5 cm große Quadrate und legte sie verdeckt auf einem Tisch aus. Die Kursteilnehmerinnen zogen jeweils einen Ausschnitt, den sie dann interpretierten.

Das waren die Spielregeln: Erstens wird die Fläche in Originalgröße gestickt; zweitens dürfen die Flächenaufteilungen nicht geändert werden; drittens müssen die Anschlüsse an den Bildrändern übereinstimmen; und viertens sind Material, Farben und Stiche frei wählbar.

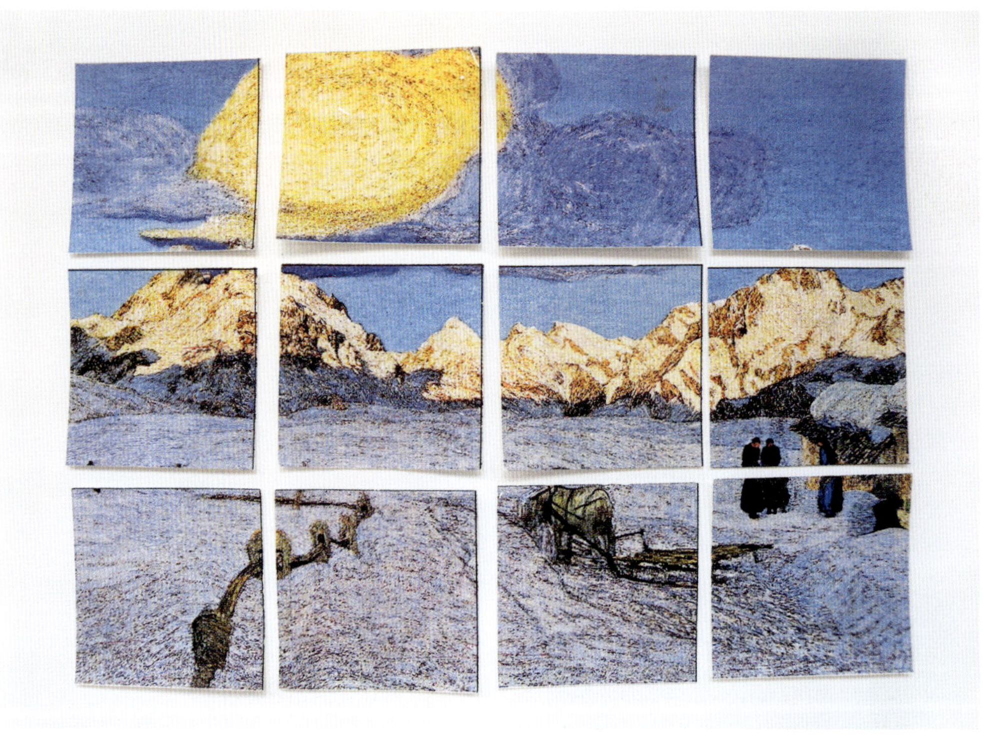

Die Postkarte in Quadrate geschnitten.

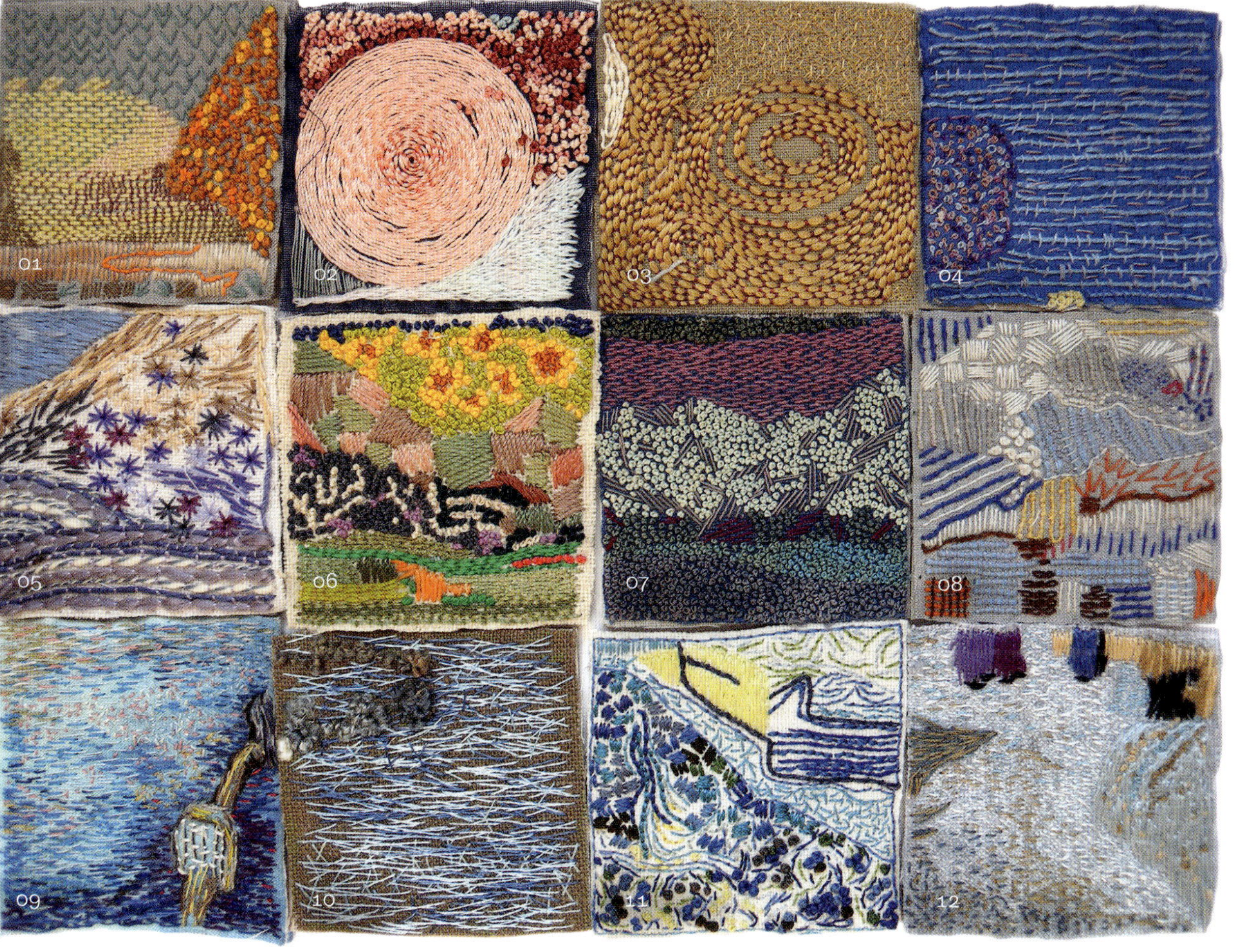

Das gestickte Puzzle

01 Knötchenstich / Fliegenstich / Klosterstich / Plattstich / Steppstich
02 Knötchenstich / Klosterstich / Plattstich
03 Klosterstich / Sandstich
04 Klosterstich / Vorstich / Knötchenstich
05 Klosterstich / Plattstich / Strahlenstich
06 Klosterstich / Plattstich / Knötchenstich
07 Plattstich / Knötchenstich
08 Plattstich / Knötchenstich / Klosterstich / Kettenstich / Fliegenstich
09 Plattstich / Sandstich / Klosterstich
10 Fantasiestich / Knötchenstich
11 Plattstich / Knötchenstich / Klosterstich / Sandstich / Steppstich
12 Plattstich / Knötchenstich / Sandstich

Flächengestaltung

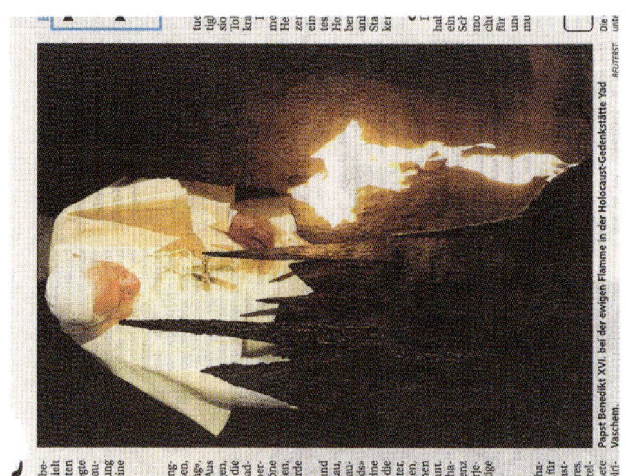

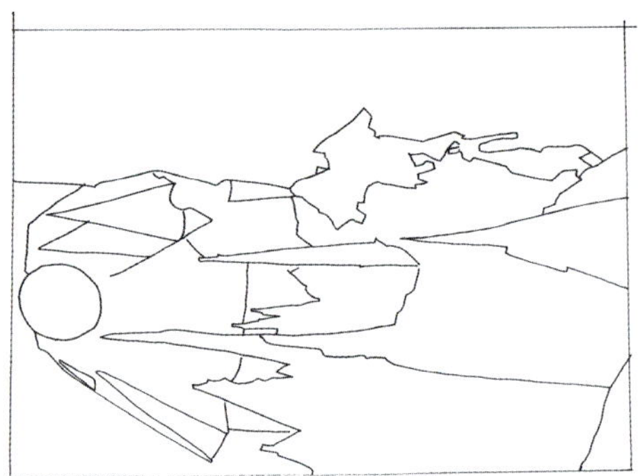

Mein Beruf ist stark vom Schauen geprägt. Beim Zeitunglesen, beim Hundespaziergang, beim Zugfahren, überall schaue ich. Eine Museumskuratorin hat einmal gesagt: »Der Mensch sieht in erster Linie, was er weiß.« Man kann seine Umgebung aber auch losgelöst vom Wissen anschauen. Das mache ich. In allem, was mich umgibt, sehe ich zuerst Linien, Farben, Formen, Bewegungen und manchmal auch die fantastischsten Fabelwesen.
Es ist nicht wichtig, *was* ich sehe, sondern was *ich* sehe.
Wer sich beim Schauen komplett vom *Wissen* lösen kann, ist vollkommen frei für neue, eigene Sichtweisen. Mit dem Gesehenen kann gestalterisch unvoreingenommen und frei umgegangen werden.
Meinen Kursteilnehmerinnen habe ich einmal die folgende Jahresaufgabe gestellt:

»Wenn man in Bildern in erster Linie Formen sieht und nicht einfach nur das, was man weiß, steht man mitten in einer Welt voller Inspirationen. Dieses Bild ist eine bereits abstrahierte Konturzeichnung einer Fotografie. Ihr wisst nicht, um was für ein Foto es sich in Wirklichkeit handelt. Aber ich verspreche euch, wenn ihr euer eigenes Bild fertig gestickt habt, zeige ich euch das Foto.«

Es handelt sich um ein Bild des Papstes aus einer Zeitung, das um 90 Grad gedreht wurde.

Aufgabe
Diese Zeichnung wird zu einem gestickten Bild weiterentwickelt.

Arbeitsschritte
Die Zeichnung wird auf Transparentpapier durchgepaust. Dabei kann die Zeichnung noch verändert werden, indem Linien beigefügt, entfernt oder verschoben werden. Es können aber auch ganze Teile weggelassen werden. Es empfiehlt sich, mehrere Variationen zur Auswahl zu zeichnen. Die ausgewählte Zeichnung wird auf die gewünschte Größe kopiert. Verschiedene Farbkombinationen werden gesucht. Bestimmen, mit welcher Sticktechnik das Bild gearbeitet werden soll. Stickgrund vorbereiten, Stickfäden aussuchen, das Bild sticken.

Der Ideenreichtum, den die Kursteilnehmerinnen an den Tag legten, freute mich enorm. Es sind interessante, individuelle Werke entstanden:

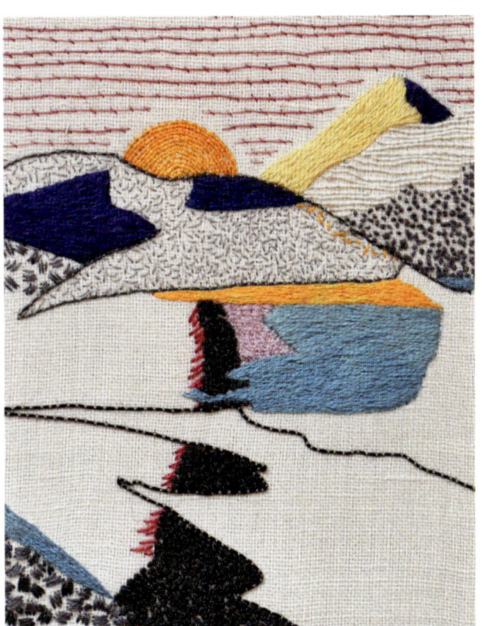

01

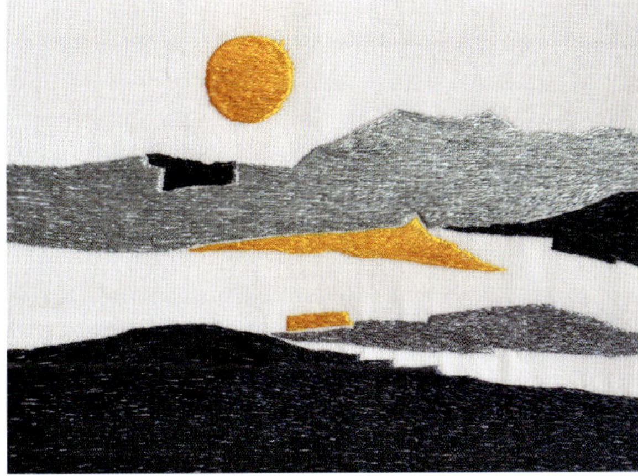

02

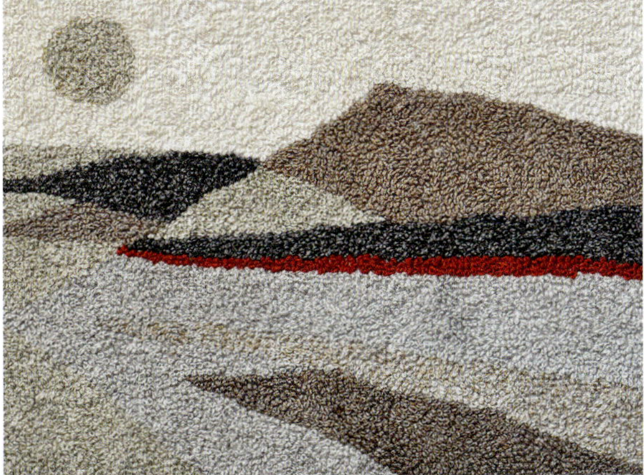

03

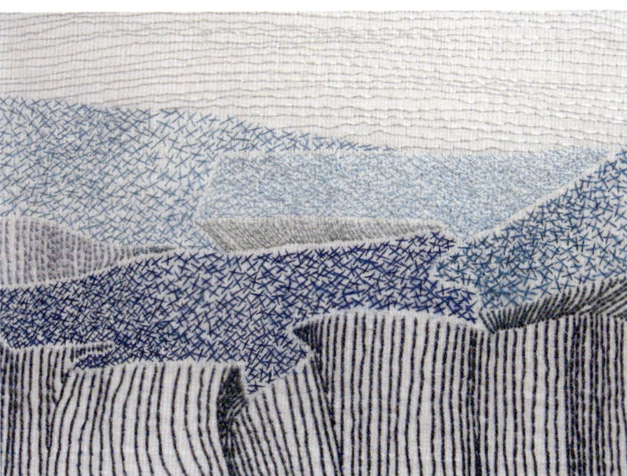
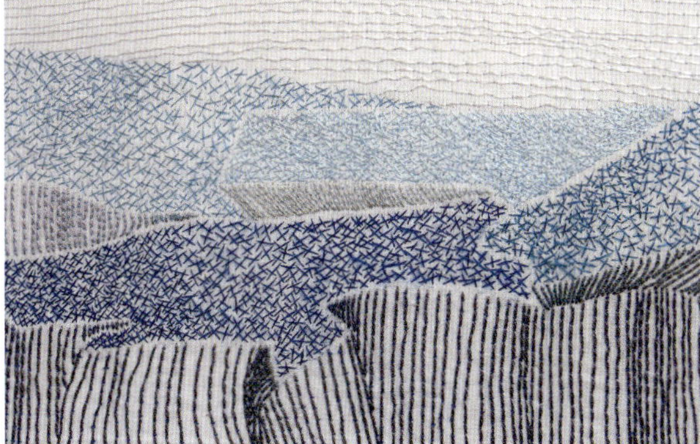

04

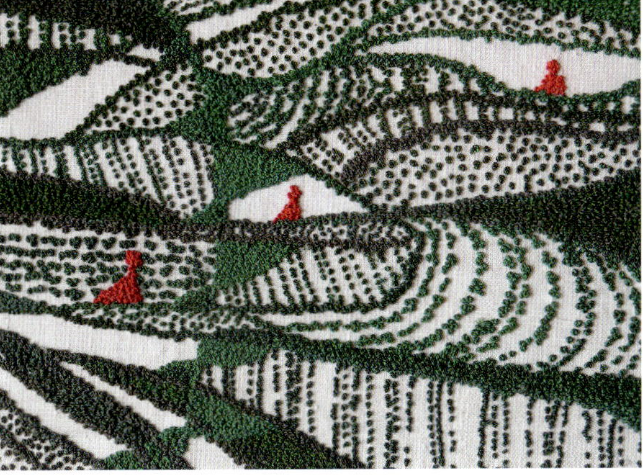

05

01 Knötchenstich/Plattstich (als Nadelmalerei)/Plattstich/Klosterstich/Sandstich
02 Plattstich (als Nadelmalerei)
03 Knötchenstich
04 Klosterstich/Kreuzstich
05 Klosterstich/Knötchenstich

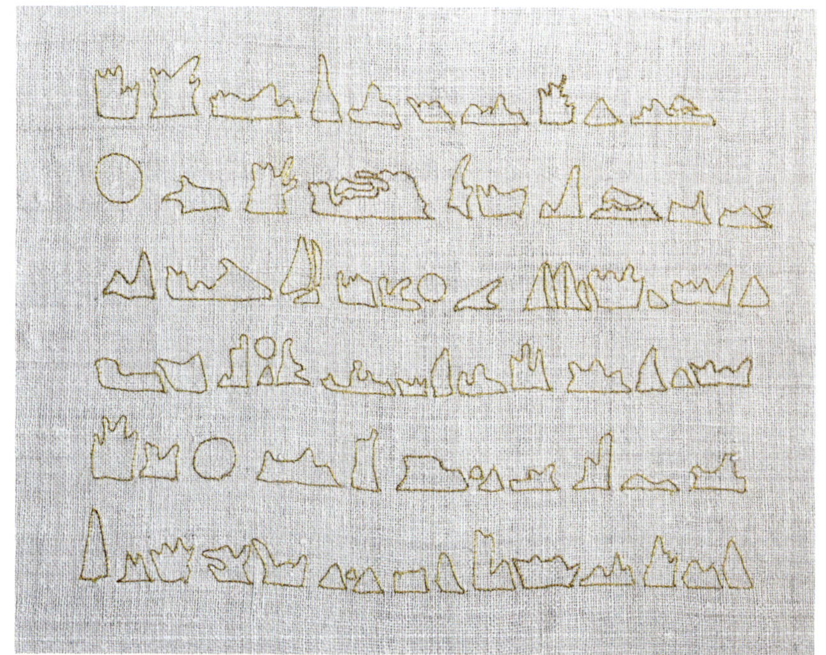

Diese Stickerin zerlegte die Vorlage in lauter Einzelteile und listete sie anschließend in Reih und Glied auf. Es ergab einen Hieroglyphen-ähnlichen Bildaufbau (Klosterstich).

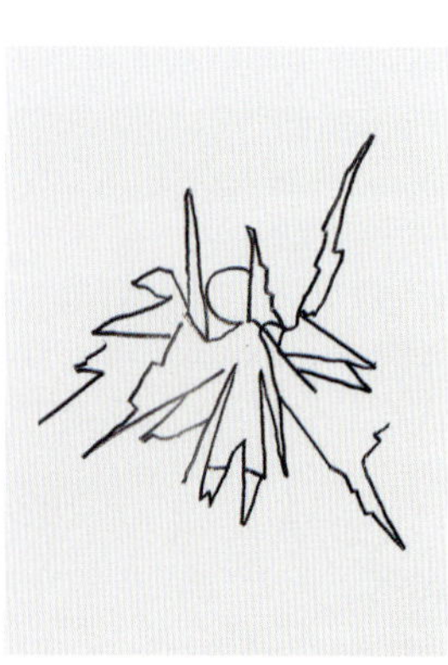

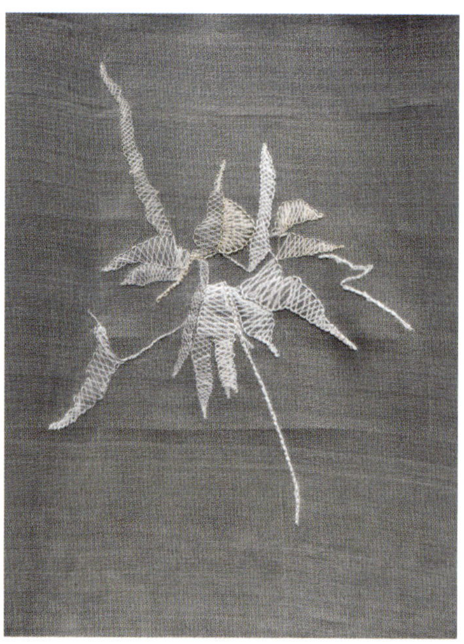

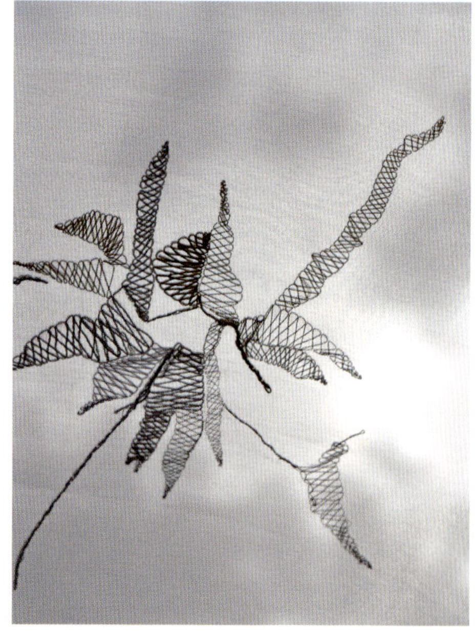

Die Umsetzung dieses Entwurfes hat die Kursteilnehmerin mit Vorstich und Schattenstich (Hexenstich von hinten) auf Organza gestickt. Dieselbe Stickerei, einmal auf weißem Hintergrund und einmal gegen den bewölkten Himmel aufgenommen.

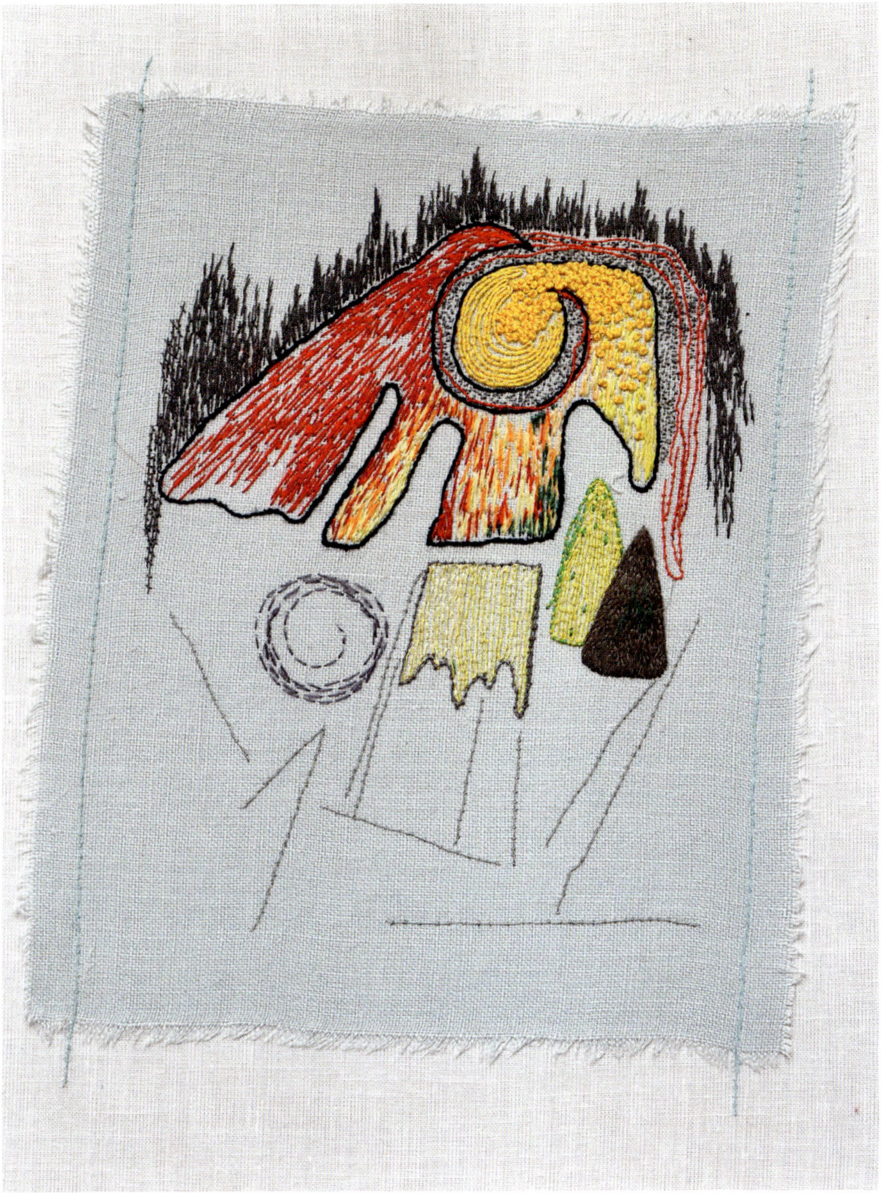

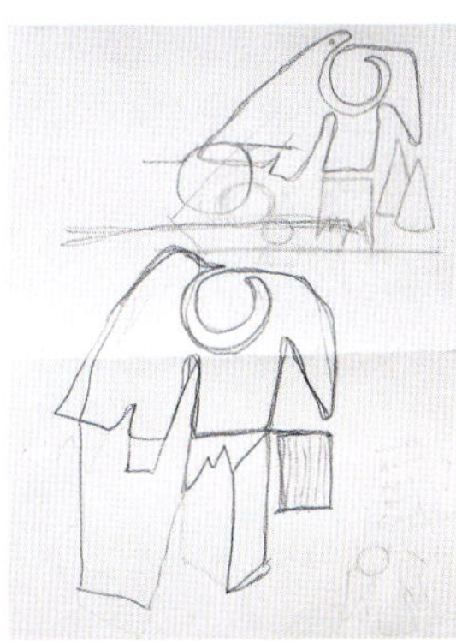

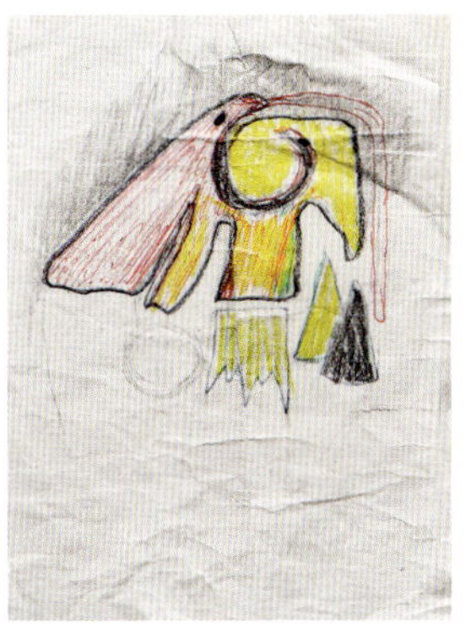

Hier wurde viel Zeit für das Entwerfen verwendet, indem die Vorlage abgezeichnet statt durchgepaust wurde. Entstanden sind spannende Variationen. Die Umsetzung stickte die Stickerin mit Klosterstich / Knötchenstich / Sandstich / Vorstich / Plattstich.

Spieglein, Spieglein an der Wand (Shisha-Stickerei)

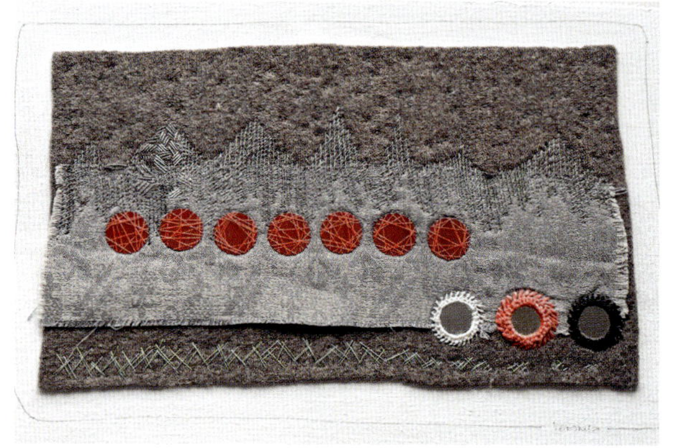

Beim Thema »Schneewittchen« ging es in erster Linie darum, die sogenannte Shisha-Stickerei, das Aufsticken der runden Spieglein, die man oft an indischen Kleidern sieht, zu erlernen. Die Aufgabe bestand darin, einerseits dem Thema »Schneewittchen« gerecht zu werden und mindestens einen Spiegel aufzusticken.
Zunächst muss der Spiegel mit gespannten Stichen fixiert werden, um im zweiten Arbeitsschritt mit einem Zierstich umstickt zu werden. Der Stich darf nicht zu stark angezogen werden, damit der Spiegel rundum gleichmäßig gehalten wird.

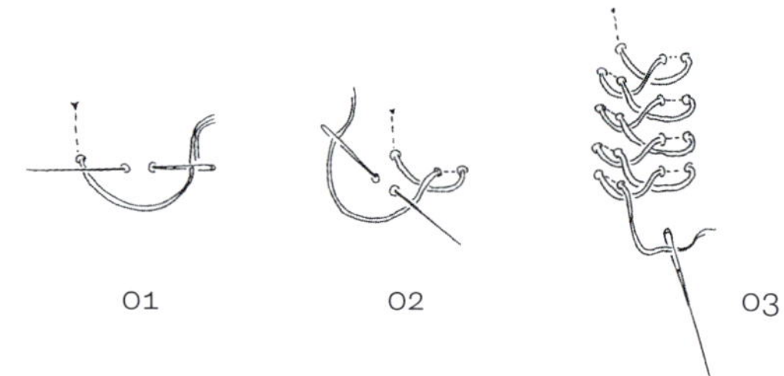

Der Zierstich, gerade durchgestickt.

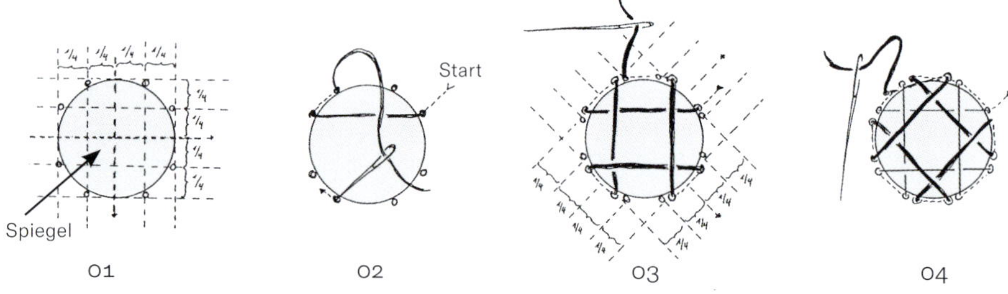

Fixieren des Spiegels.

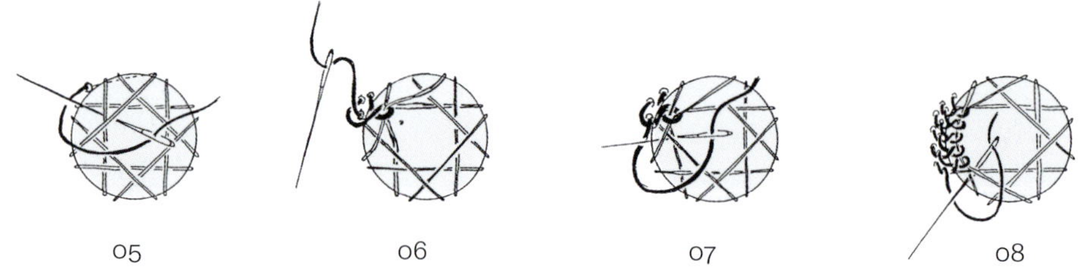

Mit dem Zierstich werden die gespannten Fixierfäden zum Spiegelrand hin gezogen.

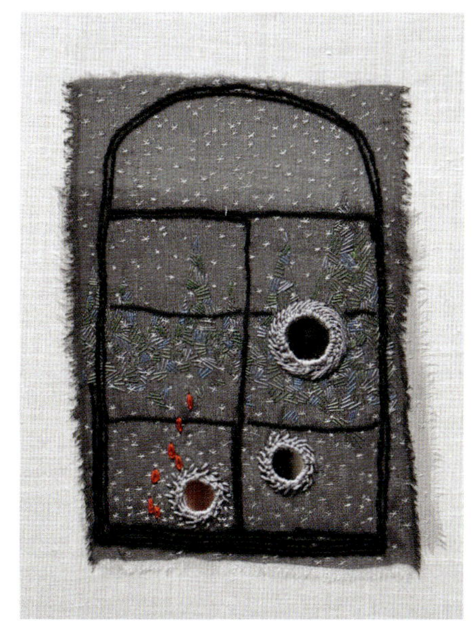

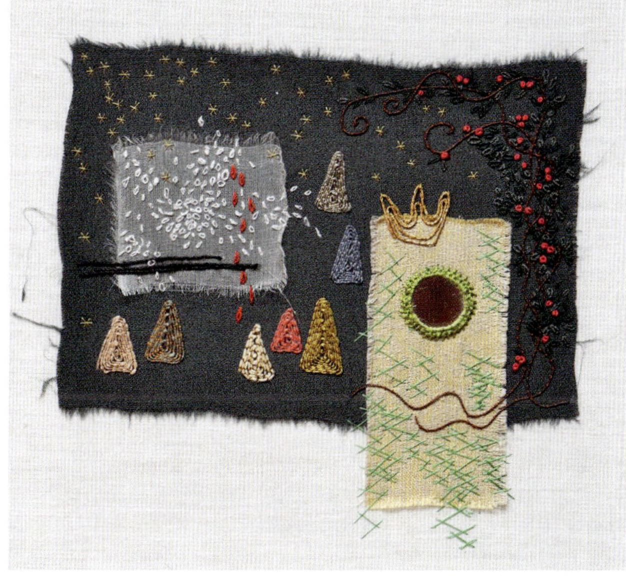

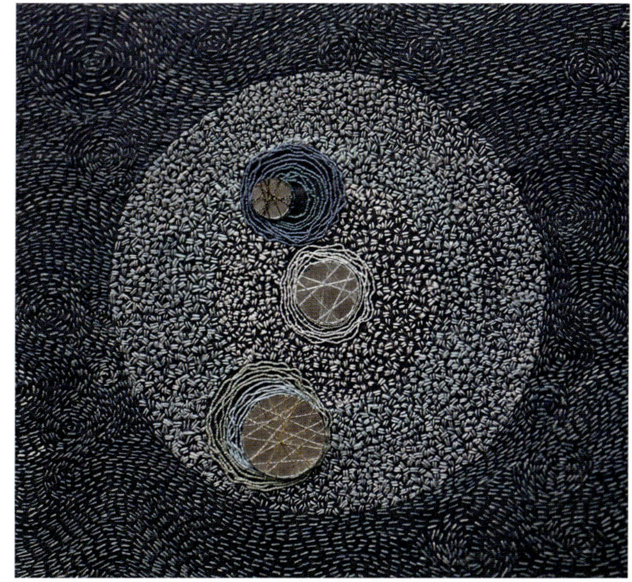

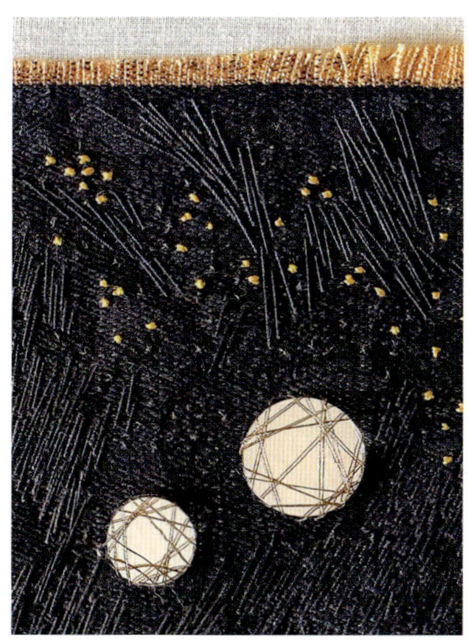

Beim Aufsticken der Spiegel besteht viel Freiheit für individuelle Interpretationen, auch wenn es sich hier um eine sehr traditionelle Technik handelt. So kann zum Beispiel nur der erste Teil gearbeitet werden: Die Spiegel werden, je nach gestalterischer Absicht, lediglich mit Fäden überspannt. Es braucht aber mindestens so viele Stiche, dass der Spiegel fixiert ist.

Tagebuch sticken

Als unsere Kinder noch klein waren, musste ich mir jede Minute zum Sticken mühsam freikämpfen. Als wir einmal gemeinsam mit Freunden nach England in die Ferien fuhren, beschlossen meine Freundin und ich, jeden Tag ein Bild zu sticken, quasi als Tagebuch. Um dies konsequent umsetzen zu können, gaben wir uns feste Spielregeln: Tagsüber sollten wir den Kopf frei haben für die Familie, erst ab 18:00 Uhr durfte mit dem Sticken begonnen werden. Die Arbeit musste zudem noch am gleichen Tag fertig werden. Am nächsten Tag durfte an dem Stück vom Vortag nicht mehr gearbeitet werden. Es wurde ein ziemlicher Stress. Wir hatten beide nicht genug Erfahrung, um die zur Verfügung stehende Zeit effizient zu nutzen. Einmal stickte ich bis weit nach Mitternacht, weil ich den Zeitaufwand, den der gewählte Stich erforderte, unterschätzt hatte.
Auch wenn wir öfter überfordert waren, machten wir wertvolle Erfahrungen. Und die Idee war so gut, dass ich seither in den Ferien immer wieder Tagebuch sticke. Aber ich definiere den jeweiligen Arbeitsaufwand und die Gestaltung realistischer.

↘ Tagebuch Paimpol
Auf ein zuhause vorbereitetes Band stickte ich jeden Tag zehn Zentimeter – das entsprach dem Durchmesser des mitgenommenen Handstickrähmchens. In der Mitte sieht man die Umrisse von zwei Personen. An diesem Tag stießen unsere Freunde zu uns. Die mir zum Sticken zur Verfügung stehende Zeit verringerte sich massiv. Ich musste nach schnelleren Ideen suchen.

↘↘ Tagebuch Audierne
Jeden Tag bemalte ich ein Büttenpapier und eine Verbandsgaze mit Aquarellfarben. Die Gaze stickte ich anschließend mit farbigen Seidenfäden auf das Büttenpapier. Die Farbkombination repräsentiert das Erlebte. Da wir mit Freunden zusammen in den Ferien waren, musste ich mir ein Konzept ausdenken, dessen Realisierung täglich nicht mehr als 15 Minuten erforderte.

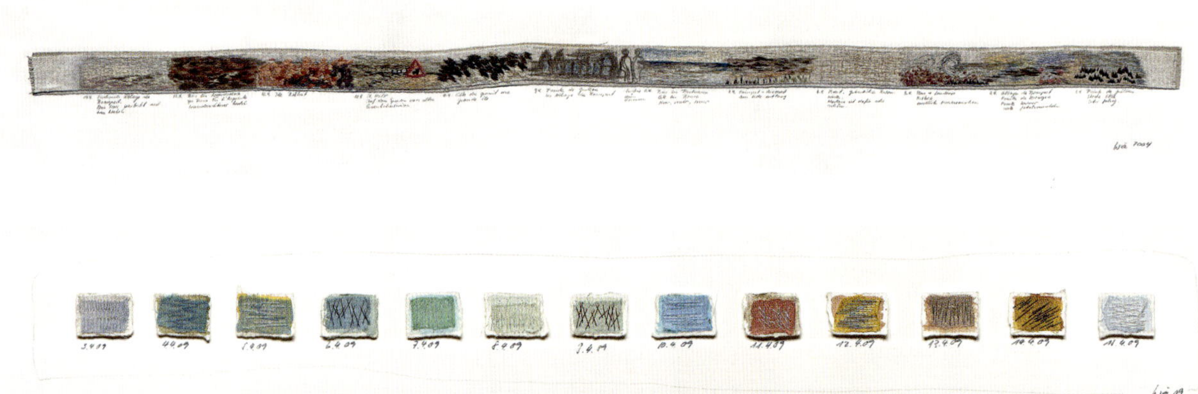

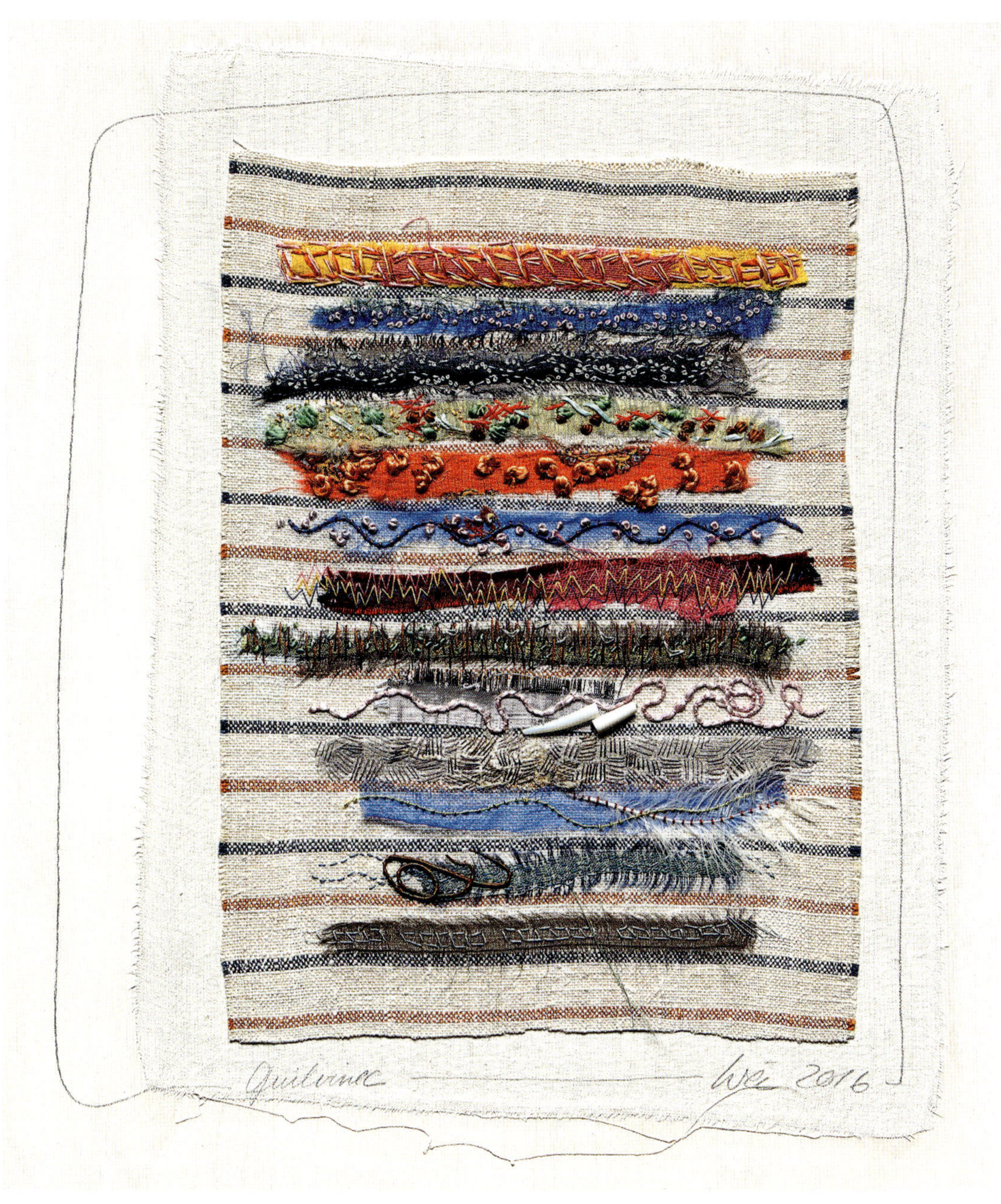

Tagebuch Guilvinec

Jeden Tag stickte ich eine Linie zwischen zwei Streifen, die zeigt, was ich an diesem Tag erlebt hatte.

↘ Tagebuch Brouennou (Landéda)
Mit einer Musterkarte voller sehr kurzen Fadenmuster bewaffnet, stickte ich jeden Tag ein paar Zentimeter »Wetter«. Leider regnete es die ganze Woche. Obwohl ich eine große Auswahl an Farben hatte, wurde es gegen Ende der Woche etwas eng, weil ich all die sonnigen Farben nicht versticken konnte.

↘↘ Tagebuch Granville
Auch hier lieferte mir eine alte Nähseiden-Musterkarte eine schier unbeschränkte Farbenpalette zur Auswahl. Mein Vorhaben war, mit Plattstich das Licht und die Spiegelungen im Meer festzuhalten. Jeden Tag eine Länge des kleinsten Handstickrahmens. Leider regnete es auch diesmal praktisch jeden Tag, so dass ich kaum Chancen hatte, all die wunderschönen Abstufungen von Lichtfarben zu verwenden.

↘↘↘ Mein aufwendigstes Tagebuch war das Jahrestagebuch. Von einer Bekannten bekam ich einen karierten Stoff. Jedes Karo maß 1,5 mal 1,5 Zentimeter. Ich gestaltete den Stoff so, dass es sieben Tage in der Breite und 52 Wochen in der Länge hatte. Das Stück Stoff war gerade klein genug, um ein Jahr lang überall hin mitgenommen zu werden. Nachdem mein Mann am Anfang meinte, dass ich dieses Vorhaben sicherlich nicht durchhalten würde, verstummte er nach ein paar Wochen. Ich hielt durch, vom ersten bis zum letzten Tag.

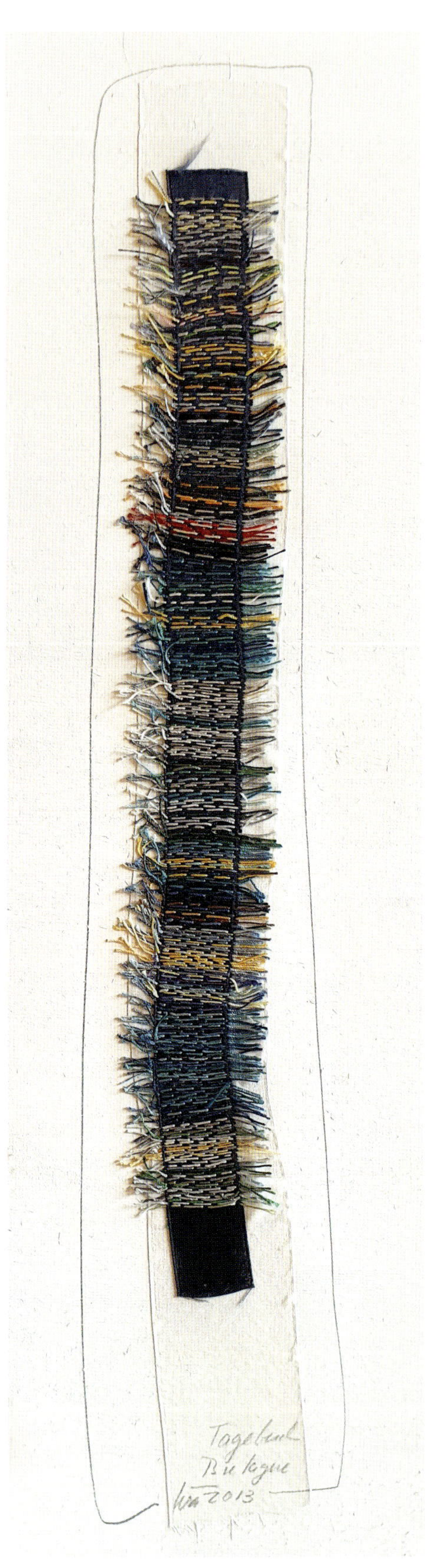

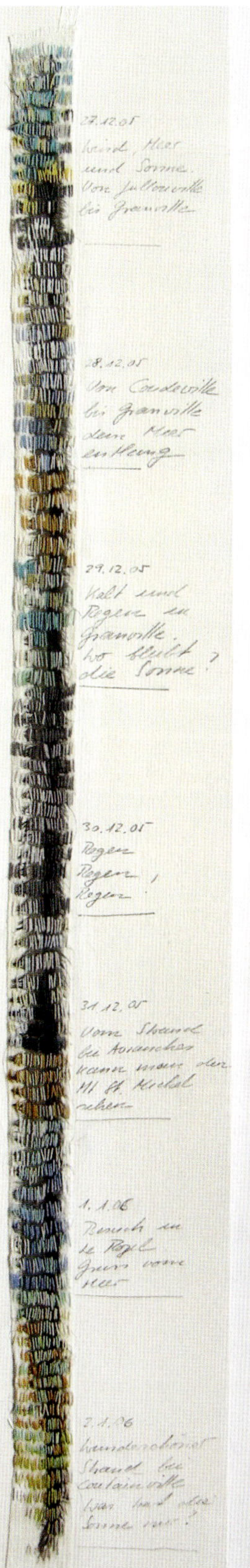
27.12.05
Wind, Meer
und Sonne.
Von Jullouville
bis Granville
28.12.05
Von Coudeville
bis Granville
dem Meer
entlang
29.12.05
Kalt und
Regen in
Granville.
Wo bleibt
die Sonne?
30.12.05
Regen
Regen,
Regen!
31.12.05
Vom Strand
bei Avranches
kann man den
Mt St. Michel
sehen
1.1.06
Besuch in
2.1.06
Wunderschöner
Strand bei
Coutainville

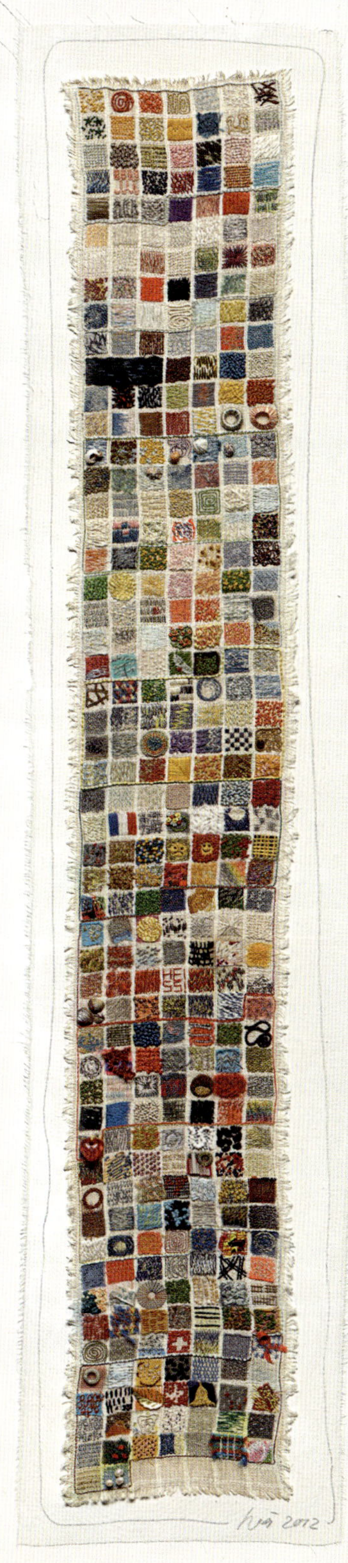

Wir haben mehr Inspiration in uns, als wir denken

Natur
Eine unerschöpfliche Inspirationsquelle ist die Natur. Aber das heißt nicht, dass wir die Natur kopieren müssten. Als Vorlage halte ich sie nämlich für ungeeignet, denn für mich ist sie das einzig existierende Gesamtkunstwerk. Es damit aufnehmen zu wollen, ist von vornherein zum Scheitern verurteilt. Aber wir könnten versuchen, die Natur auf unsere eigene Art zu interpretieren. Es gibt so viele Möglichkeiten, einen Vogel zu sticken. Wichtig dabei ist, dass die Technik des Stickens den Hauptfaktor bildet. Denn, will man explizit ein Rotkehlchen sticken, wird man entweder dem textilen Ausdrucksmittel oder aber dem Rotkehlchen nicht gerecht. Meines Erachtens würde die Fotografie dem Vögelchen viel gerechter. Nichtsdestotrotz kann uns die Natur Ideen und Inspirationen liefern. Indem wir das, was wir sehen, mit Fäden und Stoff, mit verschiedenen Stichen und unseren gestalterischen Fähigkeiten zu einer neuen Einheit kombinieren. Dadurch entstehen Darstellungen, die unsere ureigenste, ›fädige‹ Interpretation des Gesehenen ist und keine Kopie von etwas Unerreichbarem. Hier folgen Beispiele, die zeigen, welche Möglichkeiten die Stickerei bietet, um Naturimpressionen darzustellen. In den meisten Bildern sind viele unterschiedliche Stiche verwendet worden. Oft wurden Stiche einfach erfunden oder dem gestalterischen Plan entsprechend angepasst.
Man kann sich von der Natur auch zu ganz eigenständigen Werken inspirieren lassen. Dem gestickten Resultat sieht man dessen Ursprung oft kaum mehr an.

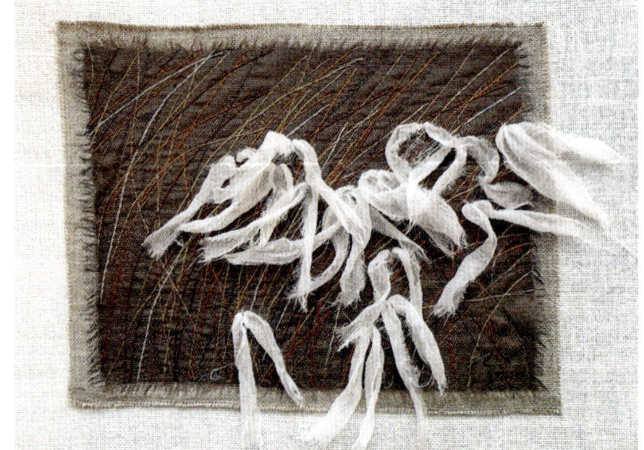

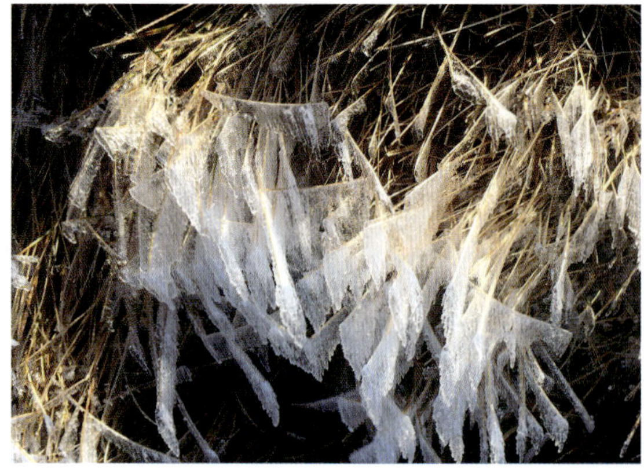

Diese auf einem Spaziergang fotografierte Entdeckung wurde mit Stielstich und aufgestickter Verbandsgaze umgesetzt.

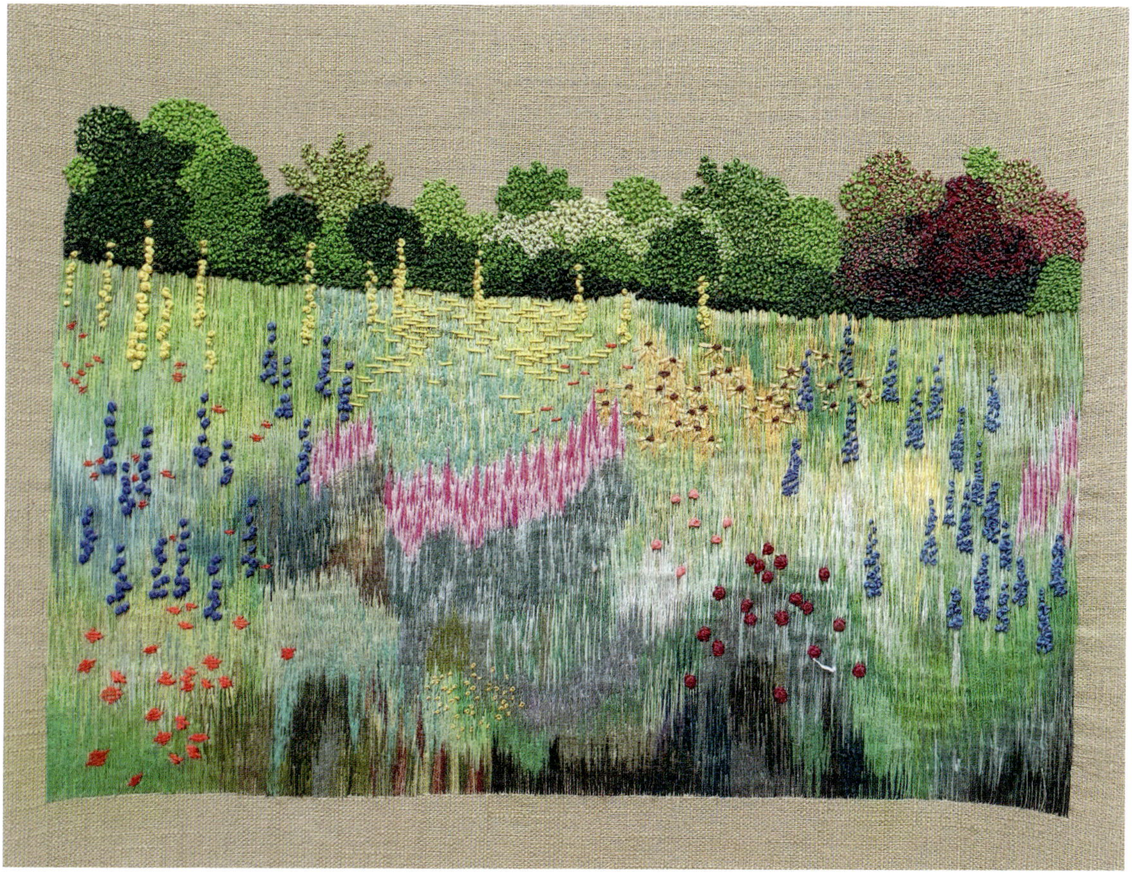

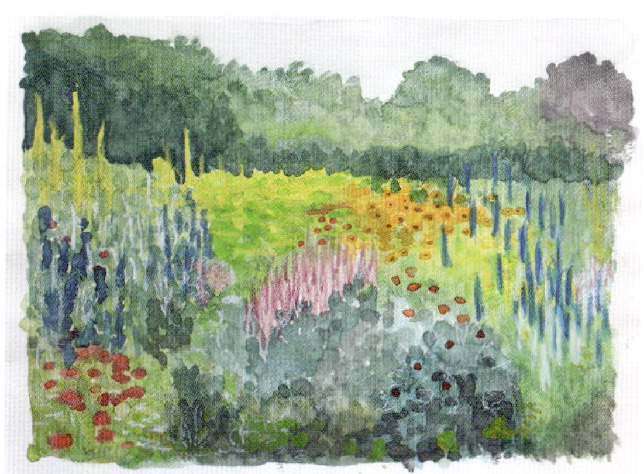

Oft hilft es, Ideen, die im Kopf am Entstehen sind, zu malen oder zu zeichnen. Eine meiner Kursteilnehmerinnen ist eine begabte Malerin und aquarelliert auf ihren Streifzügen durch die Natur. Eines ihrer Aquarelle hat sie stickerisch umgesetzt.

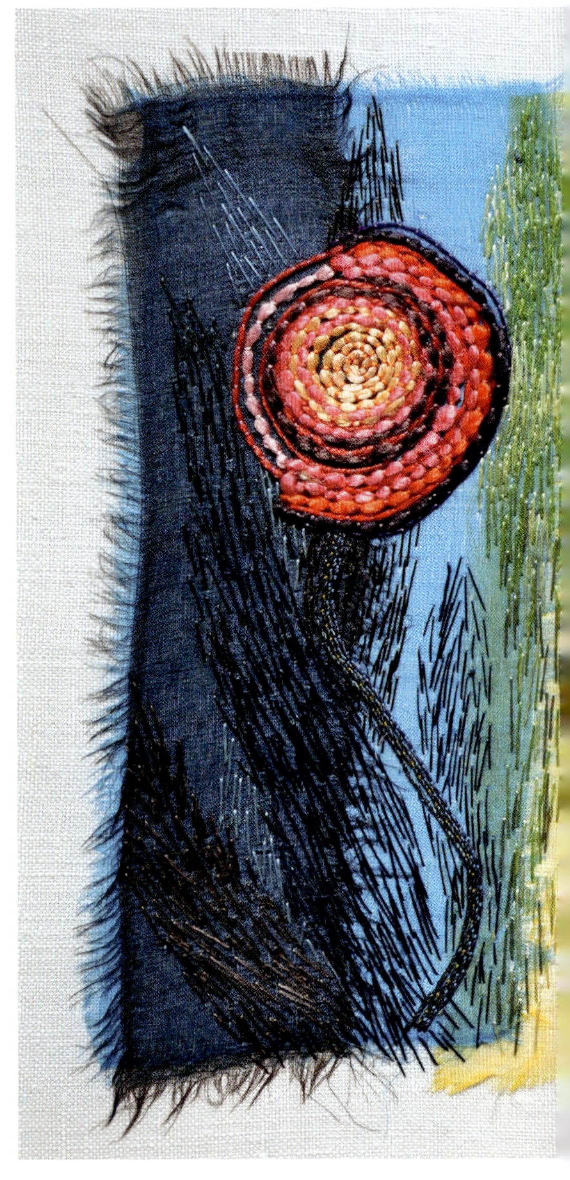

Kunst und Fotografie

Wenn man Bilder von Künstlerinnen und Künstlern als Inspiration wählt, ist es wichtig, dass in der eigenen Arbeit die gestickte textile Aussage und der Charakter der jeweiligen gewählten Fäden berücksichtig wird. Malerei zu kopieren, ist ein ebenso unmögliches Unterfangen, wie die Natur kopieren zu wollen. Denn auch malende Künstlerinnen und Künstler kopieren ihre Sujets nicht einfach, sondern suchen nach einer persönlichen Sprache und wählen die dazu geeignete Technik und das passende Malmittel aus.

01

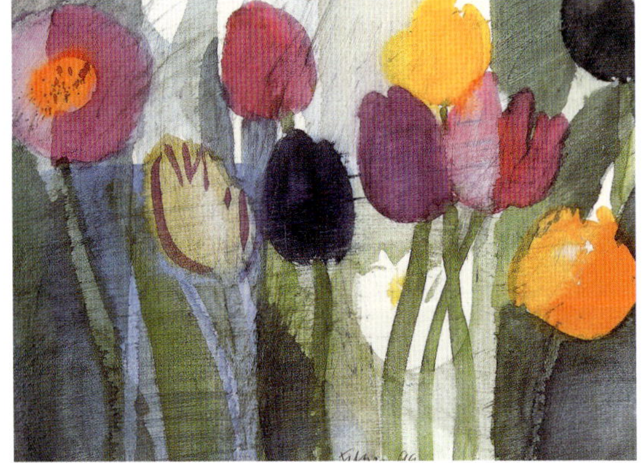

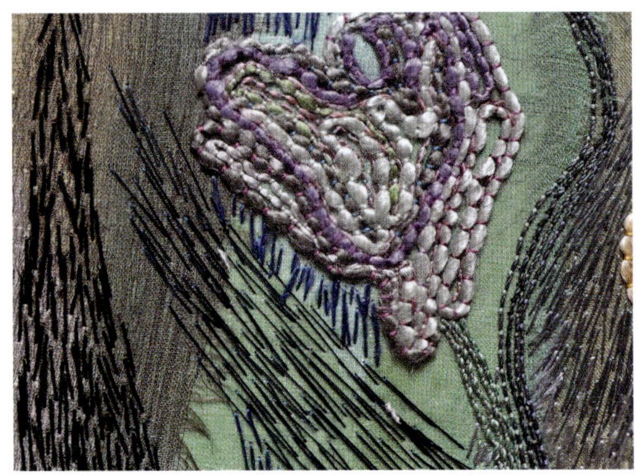

03

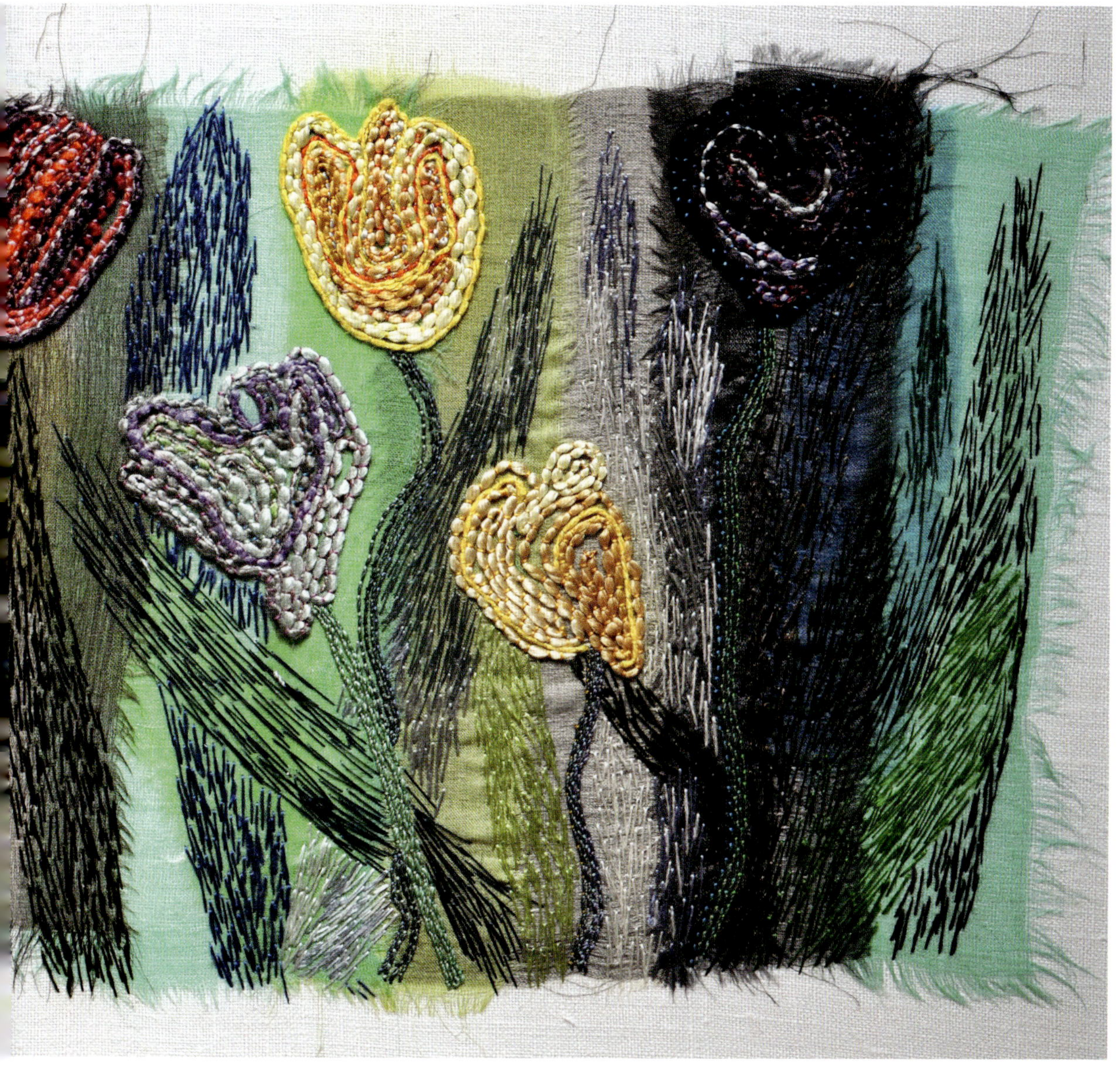

02

01 Aquarell auf einer Postkarte von Ferdinand Gehr

02 Gestickte Interpretation

03 Detail (Klosterstich / Plattstich)

Auch eigene Erinnerungsfotos können sehr frei umgesetzt werden.

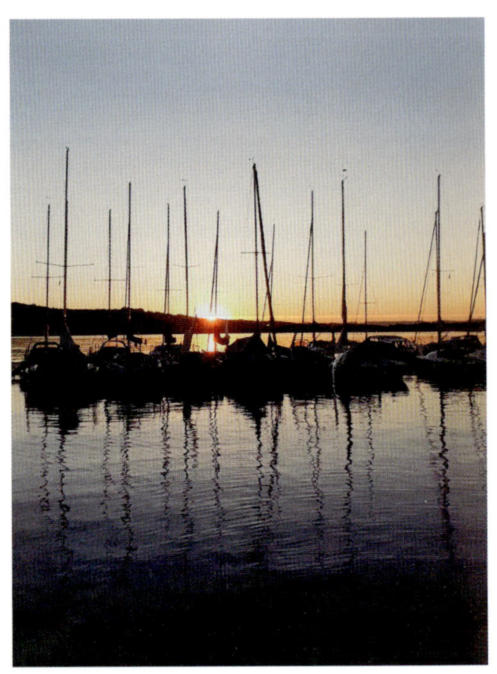

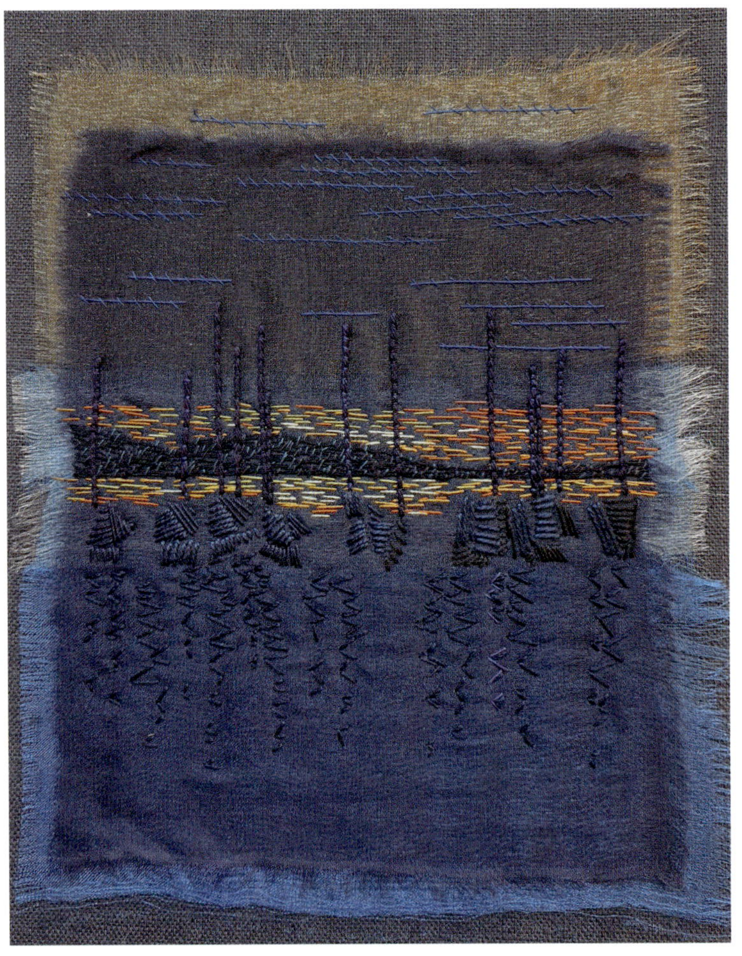

Ferienfoto und gestickte Umsetzung (Klosterstich / Plattstich / Maschenstich)

Nimm meine Augen und schau

Oft bringen Kursteilnehmerinnen Postkarten oder Bilder aus Zeitschriften mit, die sie stickerisch interpretieren möchten. So kann es durchaus vorkommen, dass ich das gleiche Bild mehrmals zu sehen bekomme. Ein Beispiel erlebte ich mit dem Bild einer hügeligen Landschaft im Nebel. Zwei charakterlich völlig unterschiedliche Frauen stickten dasselbe Thema nach derselben Vorlage in ihrer jeweils sehr persönlichen Sprache.

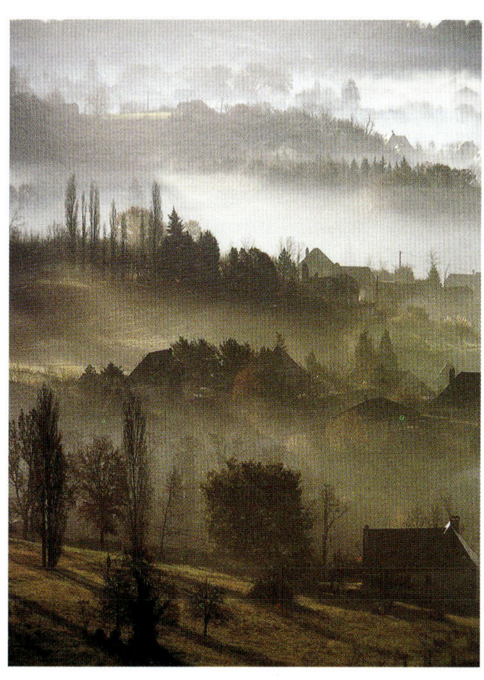

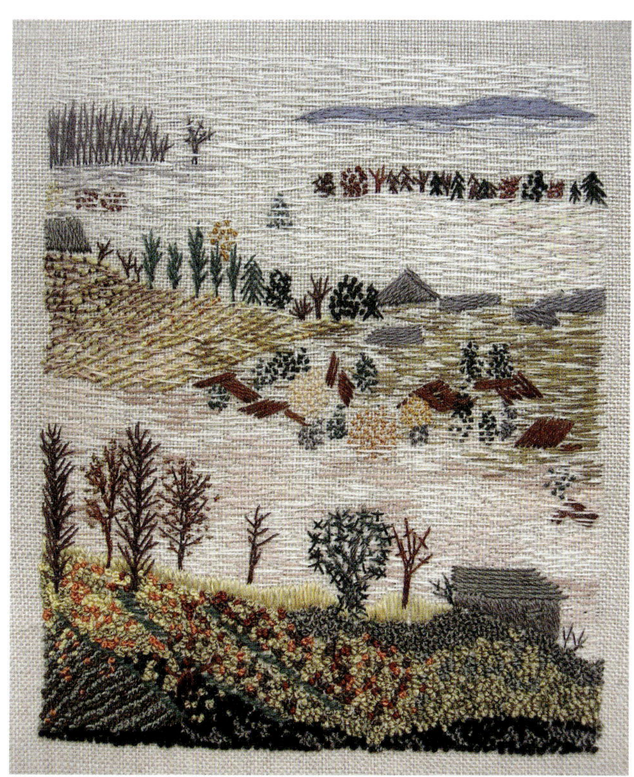

Knötchenstich, Klosterstich, Plattstich, Sandstich, Vorstich und Margeritenstich.

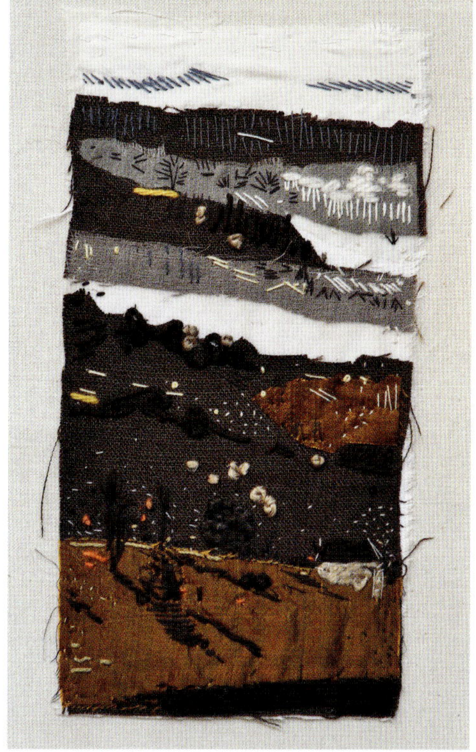

Plattstich, Sandstich, Vorstich und Knötchenstich sowie einige spontane und frei angeordnete Stiche.

Gestickte Skizzen

Sticken ist eine langsame und zeitaufwendige Kunst. Stich für Stich wird ein Bild aufgebaut. Je nach Größe kann ein Werk Monate oder sogar Jahre dauern. Deshalb sticken wir ab und zu Skizzen, bei denen es darum geht, zu einem vorgegebenen Thema in möglichst kurzer Zeit eine Lösung zu finden. Diese Übungen nenne ich »gestickte Blitze«, weil sie blitzschnell zu lösen sind. So ein »Blitz« sollte nicht mehr als zwei bis drei Stunden beanspruchen. Es soll ein Versuch, eben eine Skizze sein, so sind die Stickerinnen auch eher bereit, das Stück beiseite zu legen, wenn es misslingt. Denn die Freude am Experimentieren soll das »garantierte« Erfolgserlebnis überwiegen. Was aber immer bleibt, sind die Erfahrungen, verbunden mit neuen Erkenntnissen, seien sie technischer oder gestalterischer Art. Es kommt auch vor, dass in der Eile neue Stiche erfunden werden müssen, die dann sogar den Weg ins Repertoire finden.

01

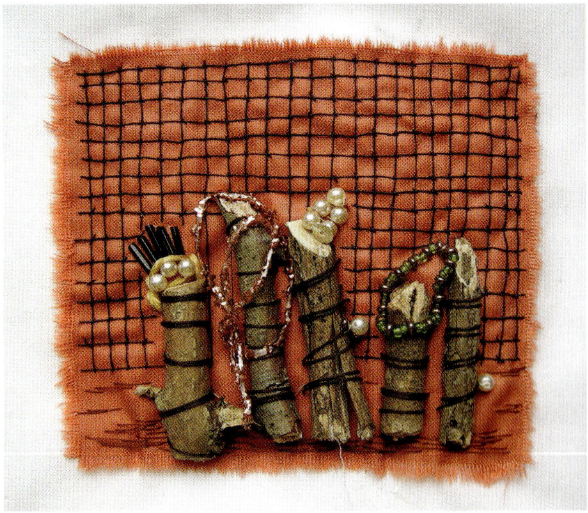

02

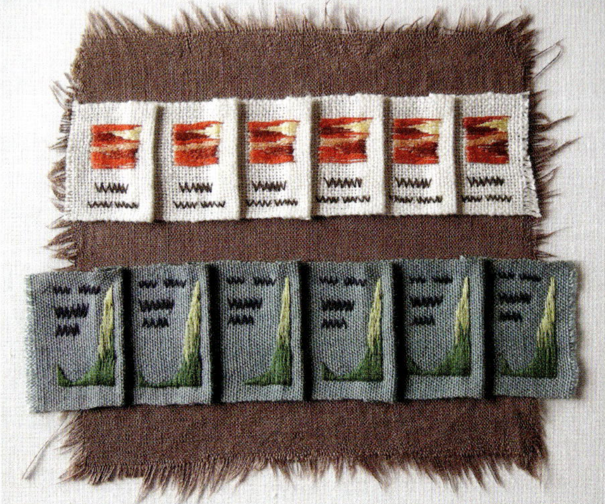

03

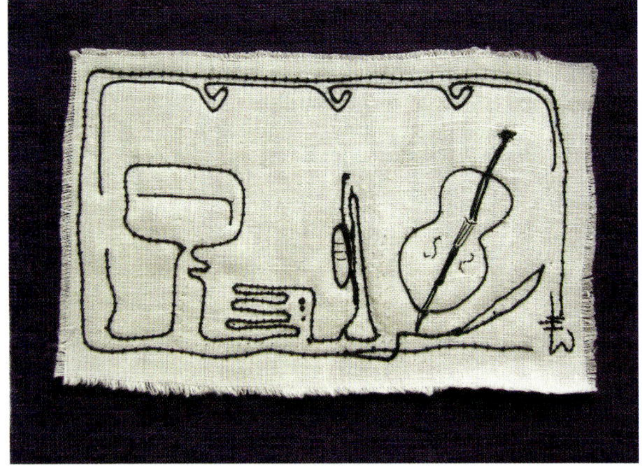

01 Goldschmiede: Klosterstich mit aufgesticktem Strass und Perlen
02 Buchhandlung: Maschenstich und Plattstich
03 Musikgeschäft: Klosterstich
04 Galerie: Klosterstich, Plattstich, Hexenstich
05 Konditorei: Knötchenstich, Strahlenstich

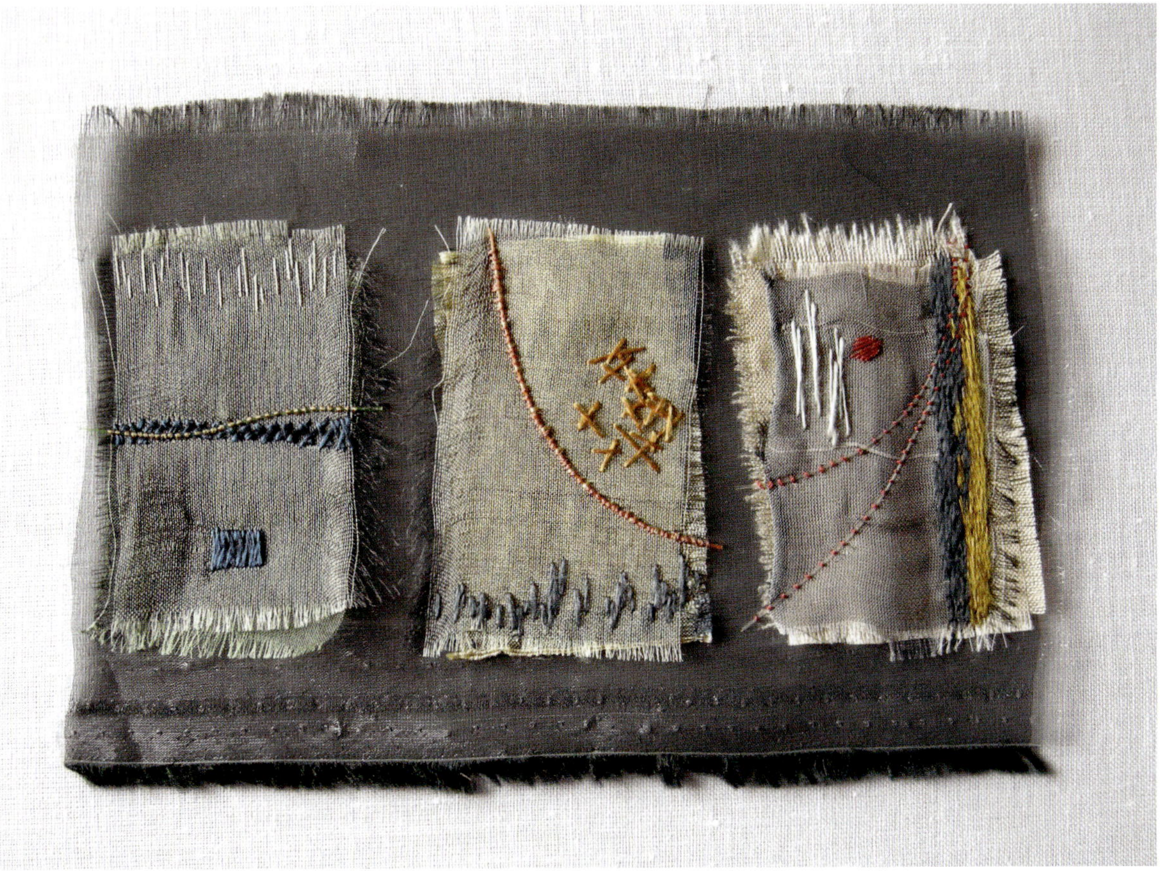

04

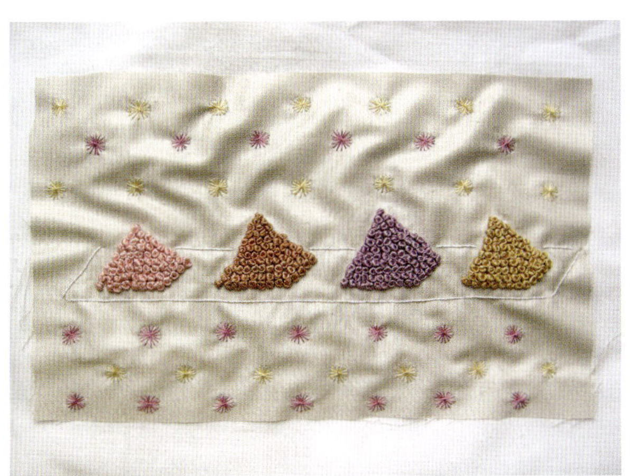

05

Ich drück mir die Nase platt

Wie oft geht man achtlos an Schaufensterauslagen vorbei! Und wenn man hinschaut, betrachtet man meist die einzelnen ausgestellten Objekte, selten aber das ganze Ensemble in seinem Erscheinungsbild. Dabei geben sich die Schaufenstergestalterinnen und Schaufenstergestalter oft große Mühe, ein ansprechendes Gesamtbild zu schaffen. Die Teilnehmerinnen mussten einmal mehr mit offenen Augen durch die Straßen gehen, die Schaufenster als Kompositionen anschauen und danach stickerisch interpretieren. Es entstanden ganz unterschiedliche, spannende Interpretationen.

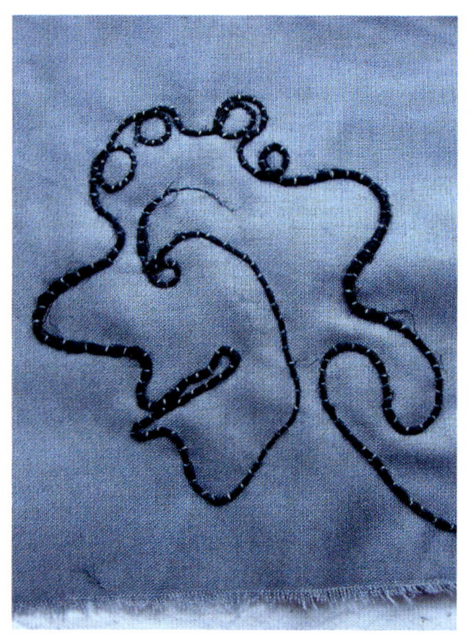

Ein Faden – ein Gesicht

Bei dieser Aufgabe durfte nur ein einziger Faden verwendet werden, um ein Gesicht darzustellen. Vorzeichnen war nicht erlaubt. Der anzuwendende Stich war wiederum der Klosterstich.

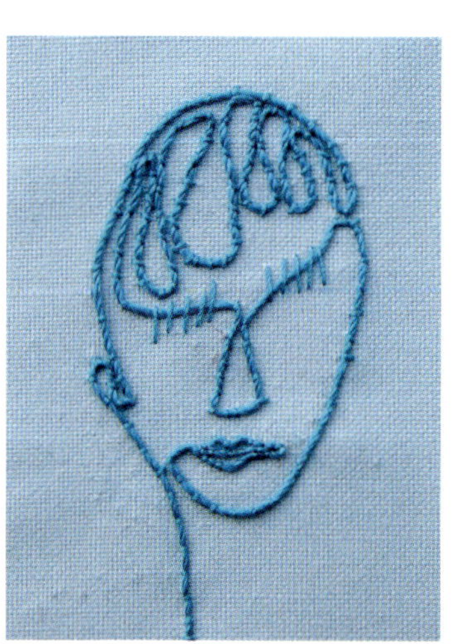

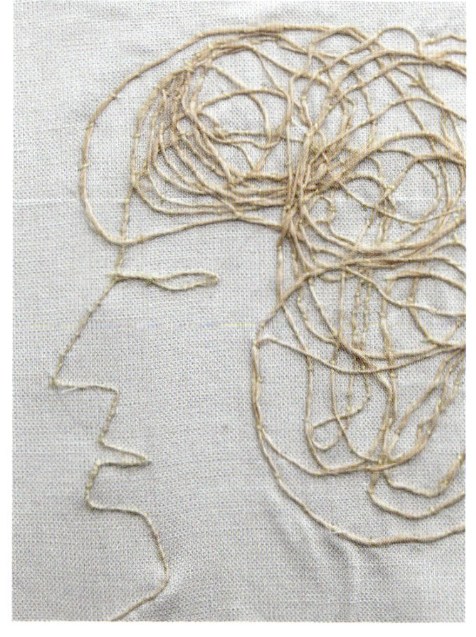

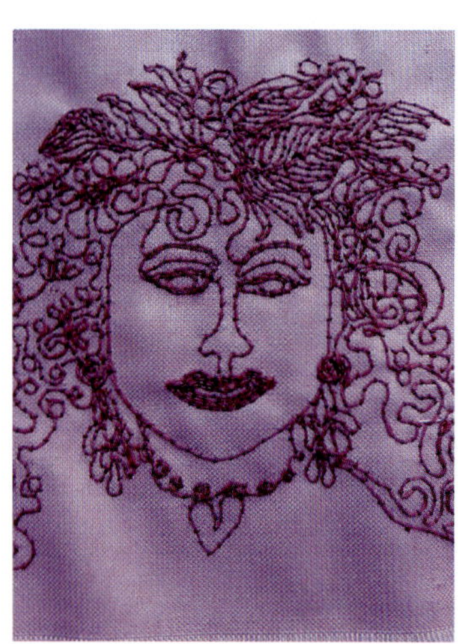

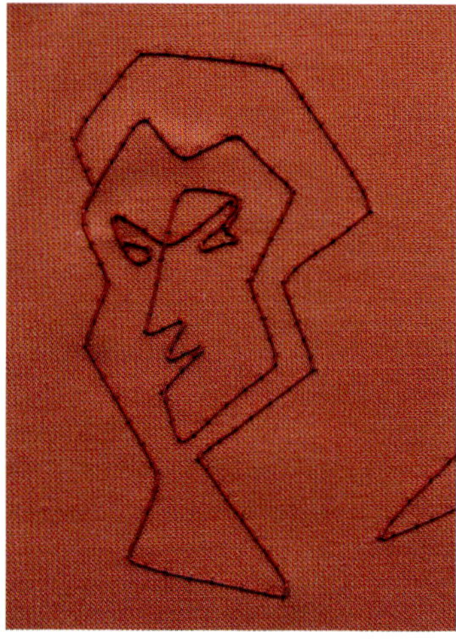

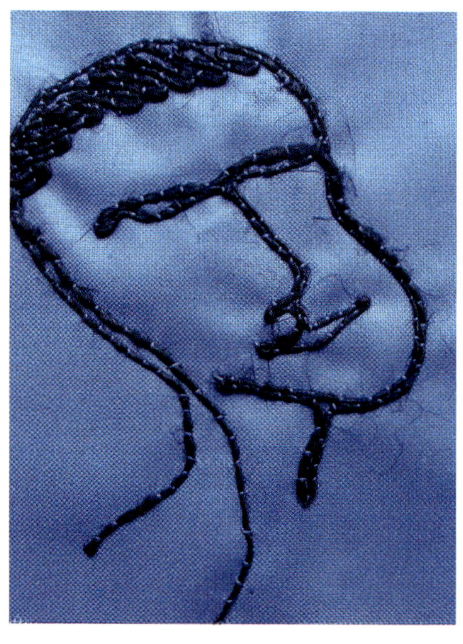

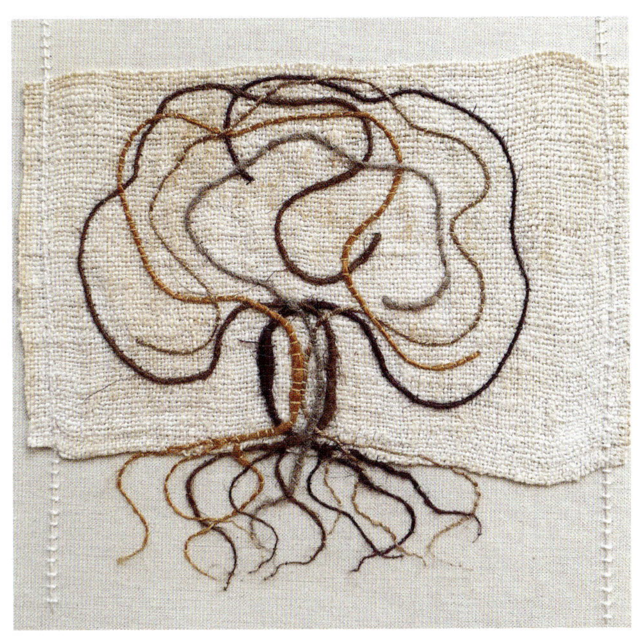

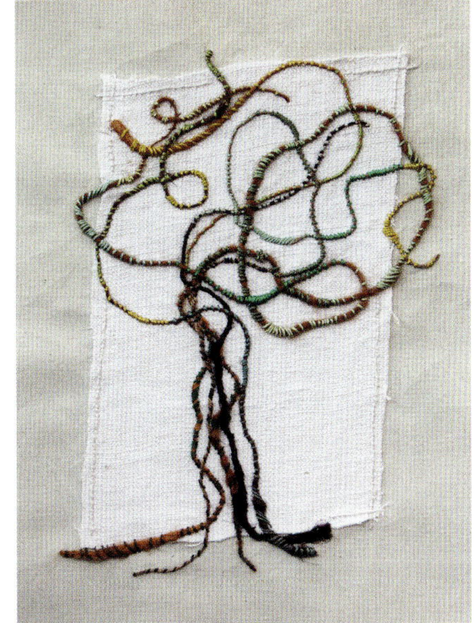

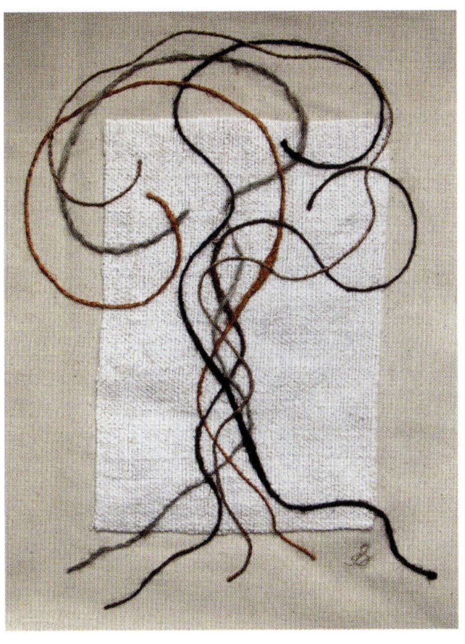

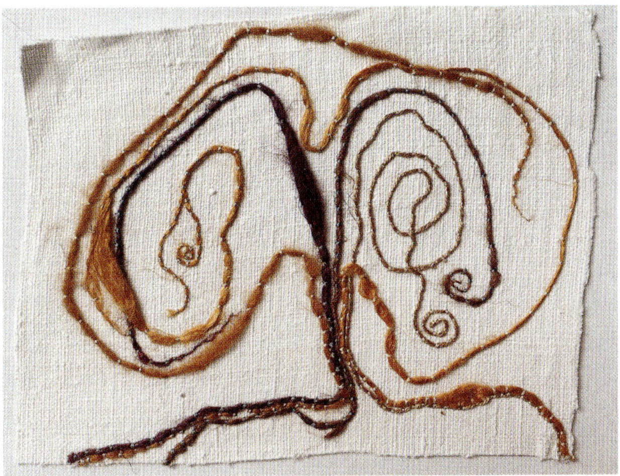

Fünf Fäden – ein Baum

Eine der Blitzaufgaben sah folgendermaßen aus: Jede Teilnehmerin durfte sich fünf in Farbe und Struktur unterschiedliche Fäden aussuchen. Mit diesen musste sie einen Baum gestalten, bestehend aus Wurzeln, Stamm und Krone. Anzuwendender Stich war der Klosterstich.

Ideen und deren Umsetzungen

> Die Inspiration existiert, aber sie muss dich bei der Arbeit finden. — Pablo Picasso

Im richtigen Moment nicht weggeworfen
Anstatt den Stoff voller Rostflecken wegzuwerfen, sah die Stickerin die Schönheit dieser Flecken und brachte den Stoff mit in den Kurs. Wir waren uns schnell einig, dass es nur ein Minimum an Stickerei sein durfte, damit die Zeichnungen der Rostspuren nicht zerstört würden. Die Stickerei sollte sie lediglich unterstützend ergänzen, einerseits durch die Wahl der Farben und anderseits durch die Stiche und deren Anordnung.

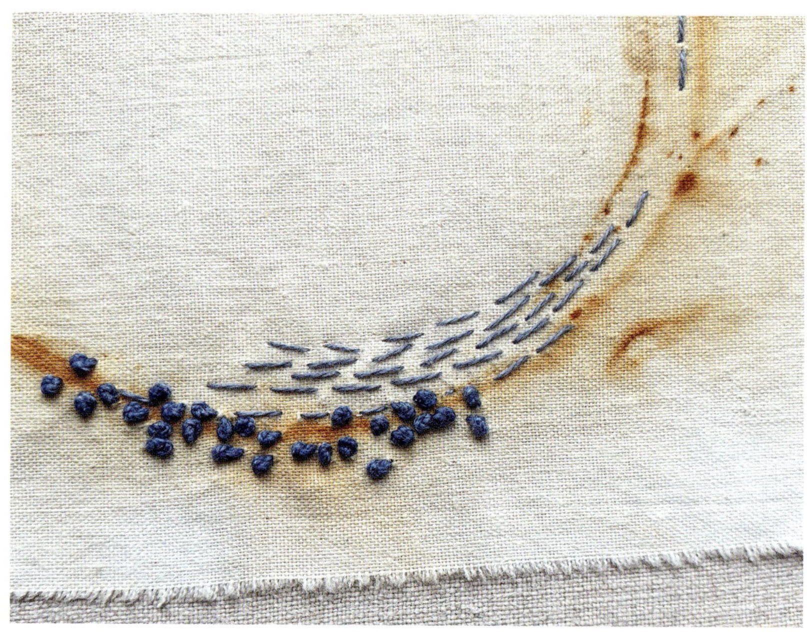

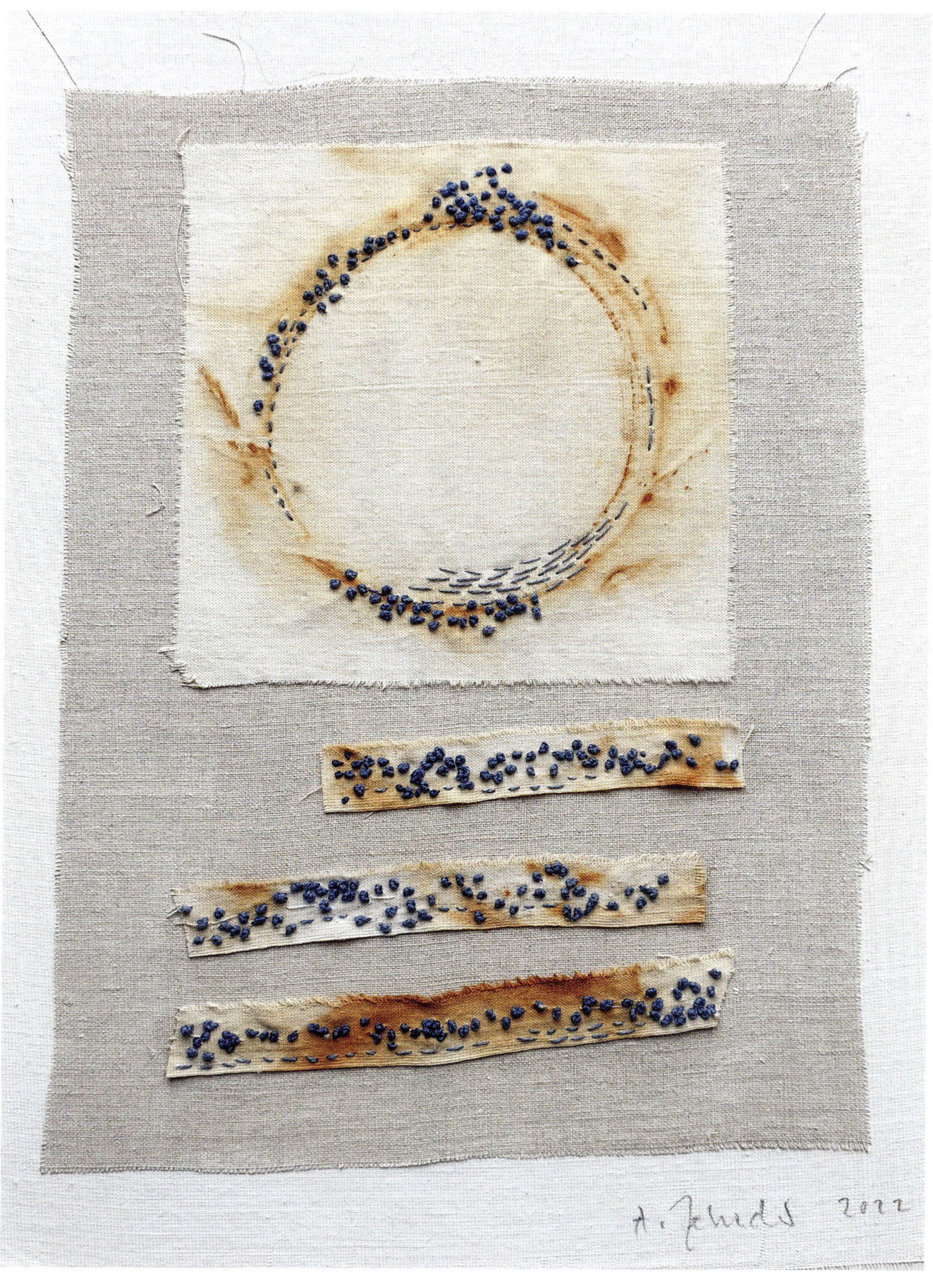

Knötchenstich und Vorstich flankieren die Rostspuren.

Wie sich ein Blumenfoto wandeln kann

Fotos als Vorlagen einfach naturgetreu »abzusticken«, kann nicht das Ziel einer gestalerischen Tätigkeit sein. Dafür sind andere bildnerische Techniken besser geeignet. Oft hilft es schon, das inspirierende Bild in einem ersten Schritt abzumalen. Dabei abstrahiert man bereits, und viele unwesentliche Details verschwinden.

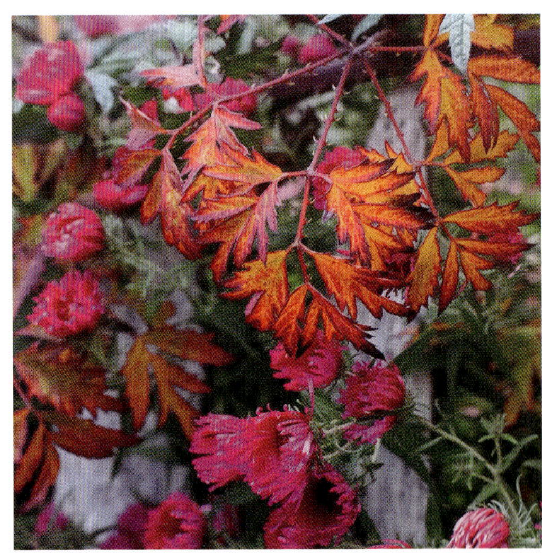

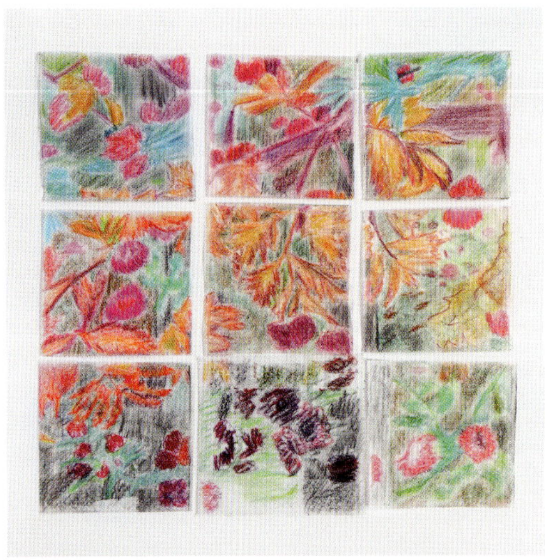

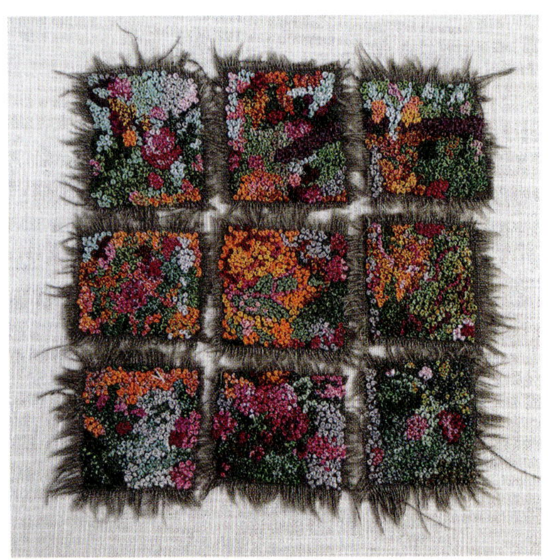

Aus gestalterischen Überlegungen und um diese Abstraktion zu intensivieren, kopierte die Teilnehmerin dieses Bild zuerst und schnitt es dann in einzelne Quadrate. Diese malte sie anschließend mit Farbstiften ab. Weil die Ausschnitte so klein waren, war es einfacher, sich auf die Farben und Formen und nicht auf das »Wissen« zu konzentrieren. Zudem wurde jedes einzelne Quadrat abgemalt, ohne den anderen Quadraten Beachtung zu schenken. Dadurch verlor die naturalistische Darstellung an Bedeutung.

Bei der Planung des Stickgrundes wurde die Anordnung der Quadrate beibehalten. Die unter der Stickerei platzierten Stoffquadrate (siehe auch Der Kampf gegen das Weiß, Seite 72) unterstützten den Aufbau des Bildes. Aus gestalterischen Überlegungen wurden die einzelnen Stoffstückchen nicht zugeschnitten, sondern gerissen. Aus mehreren feinen Fäden mischte die Stickerin die für den Knötchenstich gewünschte Farbe und Fadendicke zusammen. Beim Sticken der einzelnen Quadrate orientierte sie sich nur noch an den gemalten Stücken. Vom Original hatte sie sich inzwischen weit entfernt.

Für den biometrischen Pass

Eine etwas verrückte Idee war die mit dem Fingerabdruck. Die Stickerin meinte lachend, dass, wenn sie nach Amerika reisen wolle, sie eben diese Stickerei als biometrischen Pass mitnehmen werde.

Der kleine, zwei Zentimeter hohe Originalfingerabdruck wurde stark vergrößert und sorgfältig auf Transparentpapier und anschließend auf Seidenpapier durchgepaust (siehe auch Übertragen der Ideen auf den Stoff, Seite 80). Keine Linie durfte ausgelassen werden, schließlich sollte der Abdruck keine Fehler aufweisen.

Das Durchsticken der Linien auf den Stickgrund dauerte Stunden. Gestickt wurde der Knötchenstich mit einem Seidenfaden, der von der Pflanzenfärberin Verena Zortea absichtlich unregelmäßig gefärbt worden war. Dadurch entstanden feine Nuancen, die anders kaum realisierbar gewesen wären. Die Vorlage auf Transparentpapier erwies sich als veritabler Rettungsanker. Sorgfältig stickte die Stickerin Linie für Linie und strich auf der Vorlage alles durch, was erledigt war.

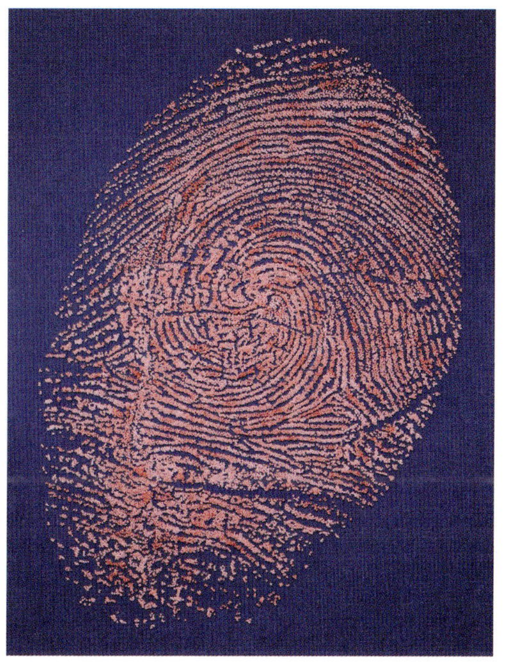

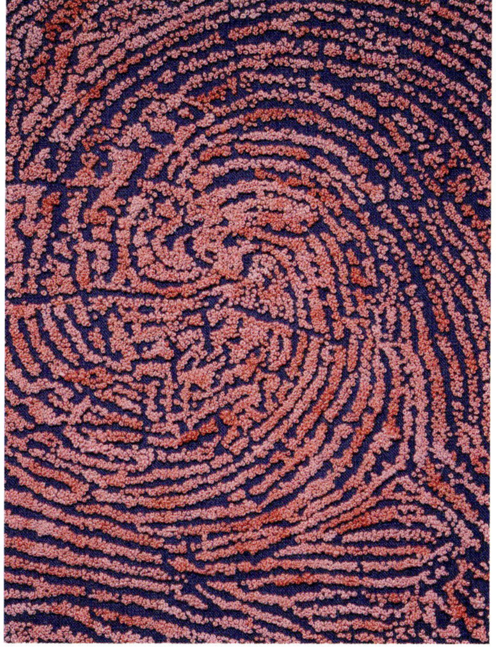

Ideen liegen oft sehr nahe

Abschnitte von Malübungen sollten nicht entsorgt werden. Solche gemalten Zufälligkeiten regen an zu Collagen und Interpretationen aller Art. Diese Papierstreifen hätten ja wirklich fortgeworfen werden können. Eine Teilnehmerin brachte sie, auf der Suche nach einem spannenden Sujet, mit in den Kurs. Ich war begeistert und forderte sie auf, die drei Streifen auf einer vorgegebenen Fläche so anzuordnen, dass eine ruhige Spannung zwischen den Streifen entstand. Nach mehreren Versuchen entstand diese Variante, die uns am besten gefiel.
Nachdem der Stickgrund vorbereitet war, kopierte die Stickerin das Bild, indem sie anstelle der gemalten Flecken gerissene Stoffstückchen in passenden Farben auf die Fläche legte. Dass sie diese seitenverkehrt anordnete, fiel uns erst viel später auf, stört aber in keiner Weise. Die so aufgebaute Flächengestaltung bestickte sie mit Fäden in verschiedenen Qualitäten und Farben. Bei einer solchen Stickerei ist es sehr wichtig, dass die Flächenmusterung interpretiert und nicht kopiert wird. Denn, einmal mehr, es ist unmöglich eine Aquarellmalerei mit Stickerei zu kopieren. Jede der beiden Techniken, sowohl die Malerei als auch die Stickerei, hat ihren eigenen Charakter.

01
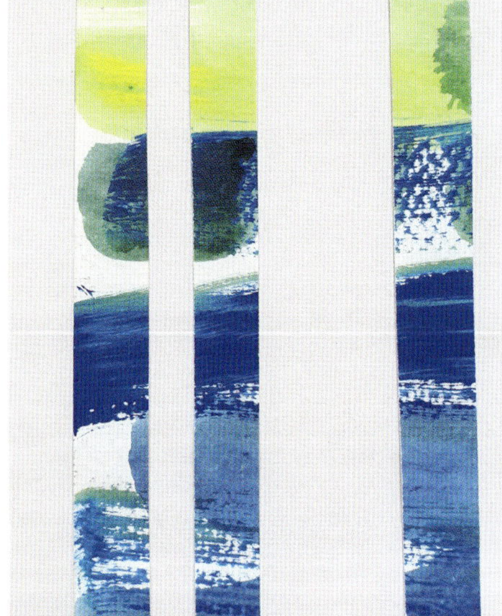

02
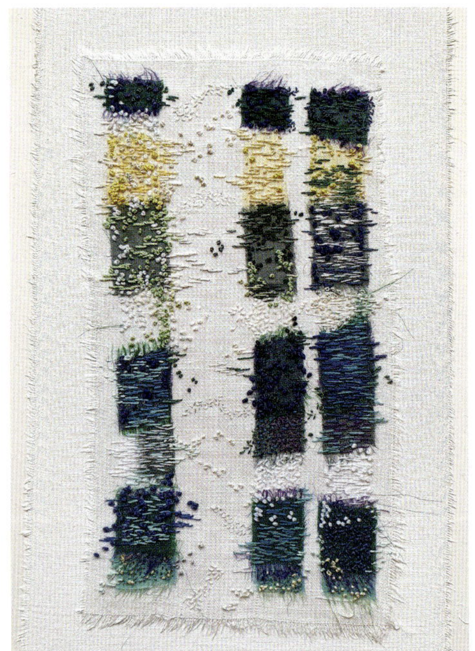

01 Papierstreifen von einer Malübung

02 Umsetzung mit Knötchenstich, Plattstich und Sandstich

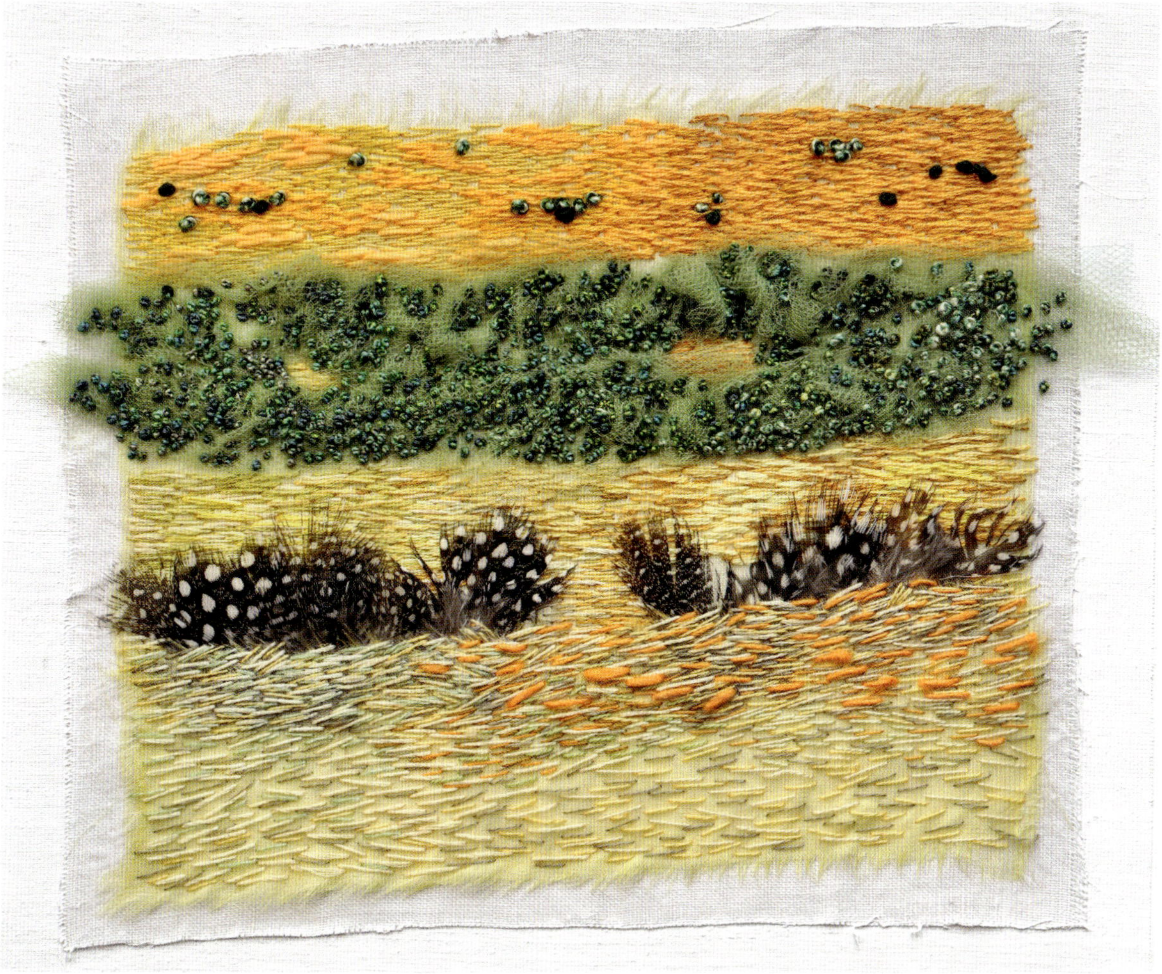

Gestalterische Freiheiten

Als die Stickerin mit diesem Zeitungsbild in den Kurs kam, gefiel mir der Bildaufbau. Ich hatte jedoch große Bedenken, wie sie die Linie mit den Zebras würde sticken wollen.

Meine Bedenken waren unbegründet, wusste sie doch bereits, dass sie diese durch gepunktete Perlhuhnfedern ersetzen würde. Mit Knötchenstich und Plattstich bestickte sie die mit farbigen Stoffen gestaltete Fläche.

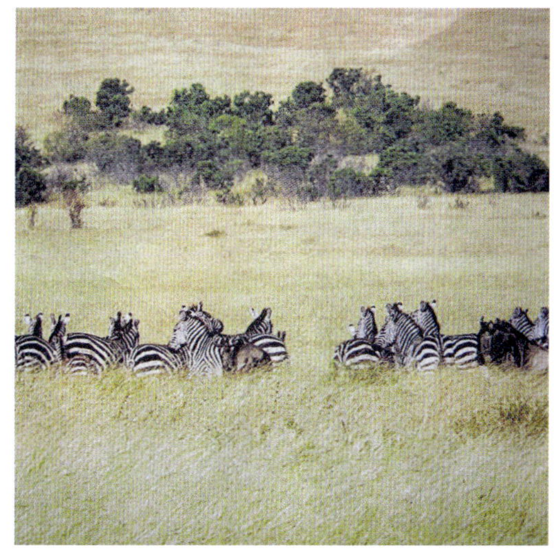

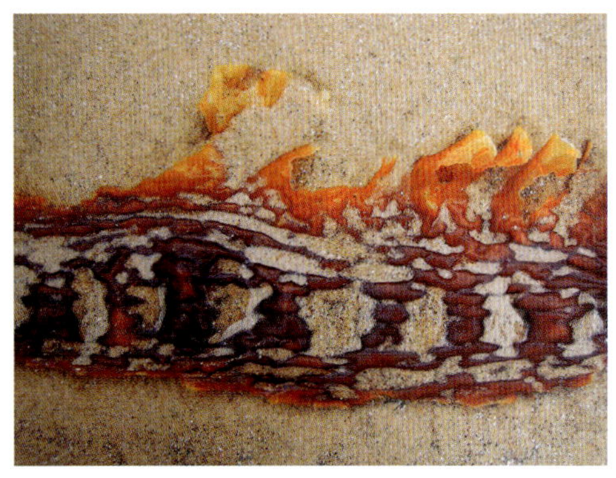

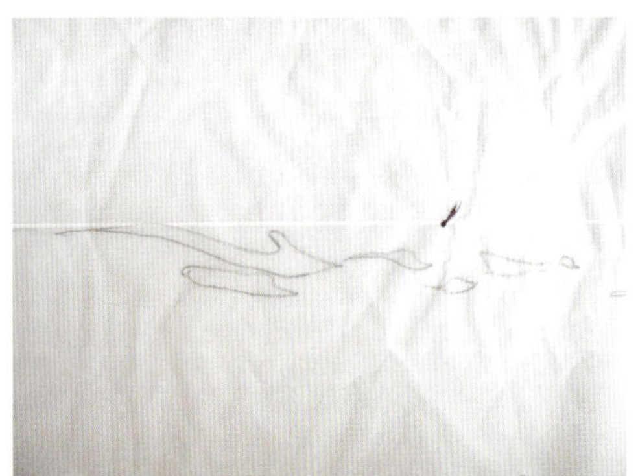

Die Kunst des Weglassens

Die Aufgabestellung war, von einem Foto möglichst viele Flächen herauszukristallisieren, eine auszuwählen und zu sticken.

Die Stickerin setzte sich hin, und innerhalb einer Stunde hatte sie über zwanzig unterschiedliche Entwürfe zur Auswahl. Sie wählte diese minimalistische Version für die gestickte Umsetzung, die ihr wunderbar gelang.

Mit Klosterstich und Nadelmalerei (Plattstich) gelang es ihr, den Minimalismus beizubehalten.

Mit dem roten, aufgestickten Faden setzte sie einen feinen, aber starken Akzent.

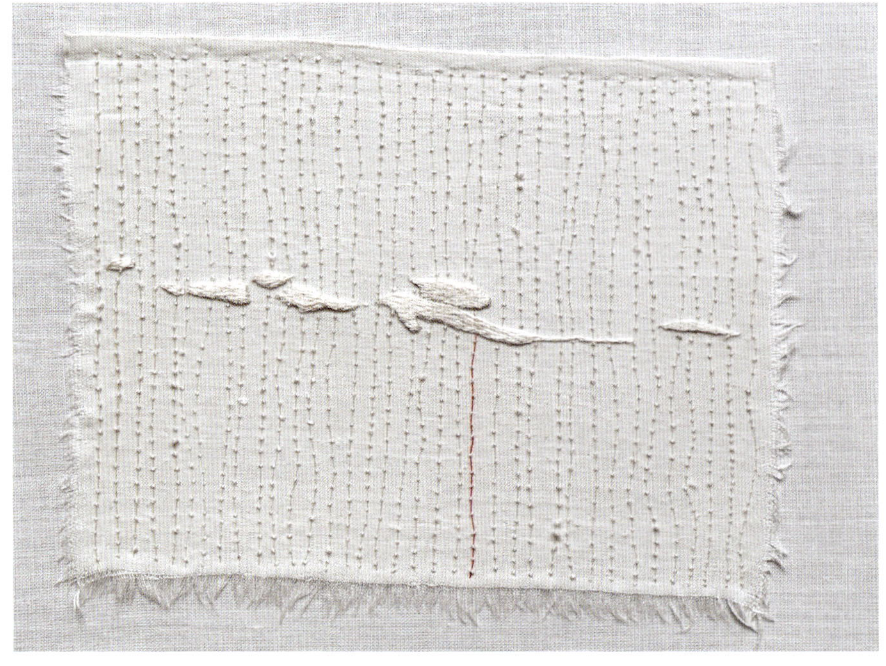

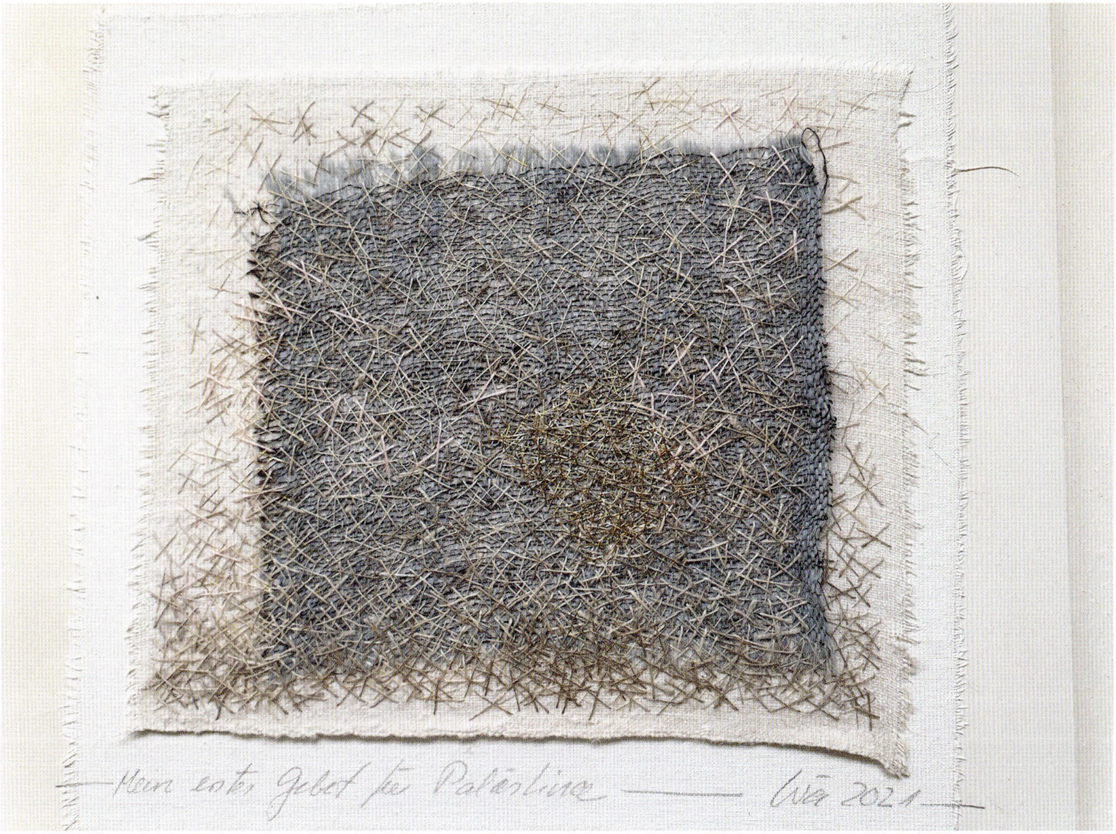

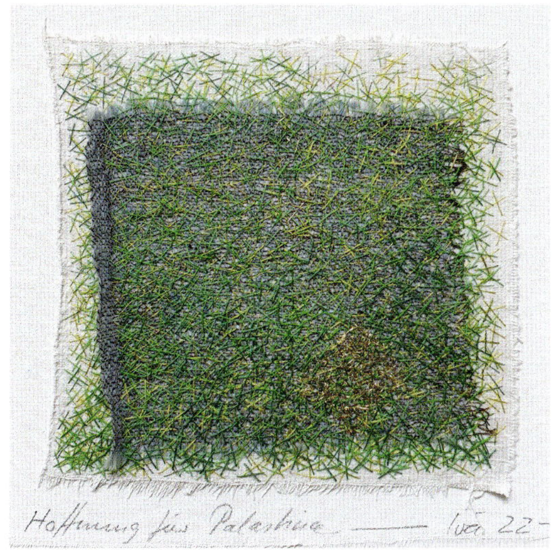

Kreuzstich, Schraffur und andere Tänze

Ich liebe es, beim Sticken mit Nadel und Faden auf der Stofffläche herumzutanzen. Es gibt einige Stiche, die dazu prädestiniert sind.

Da ist zum einen der Kreuzstich. Dabei erinnere ich mich an den Handarbeitsunterricht, damals als kleines Mädchen. Mühsam reihte ich Kreuzchen an Kreuzchen. Das Resultat war eine mickrige, nicht wirklich saubere Linie voller verkrampft wirkender Kreuzstiche. Inzwischen sind für mich der Kreuzstich, der Hexen- und der Maschenstich »rhythmische« Stiche, mit denen sich lustvoll über die Fläche tanzen lässt.

Diese »gestickten Gebete« stickte ich nur in Kreuzstich, aber mit sehr vielen verschiedenen Materialien und Farben. Die einzelnen Kreuze liegen wild übereinander, mal dicht deckend, mal lose verteilt.

Ähnlich geht es mir mit der Schraffur. Sie stickt sich zwar viel langsamer als sie sich zeichnen lässt. Aber indem ich mehr oder weniger in der Bewegung einer liegenden »8« sticke, sticke ich in einem tanzenden Rhythmus. Diesen Schraffurstich (Plattstich hin und her gestickt) habe ich einmal entwickelt. Inzwischen ist er bei meinen Stickfrauen so beliebt geworden, dass sie ihn »Barbarastich« nennen.

Bei »Burmas Gold« klebte ich feines Blattgold von der Shwe Dagon Pagode auf einen Stoff, der von einem alten Brotsack aus Hanf stammte, und verband beides mit meinem Schraffurstich.

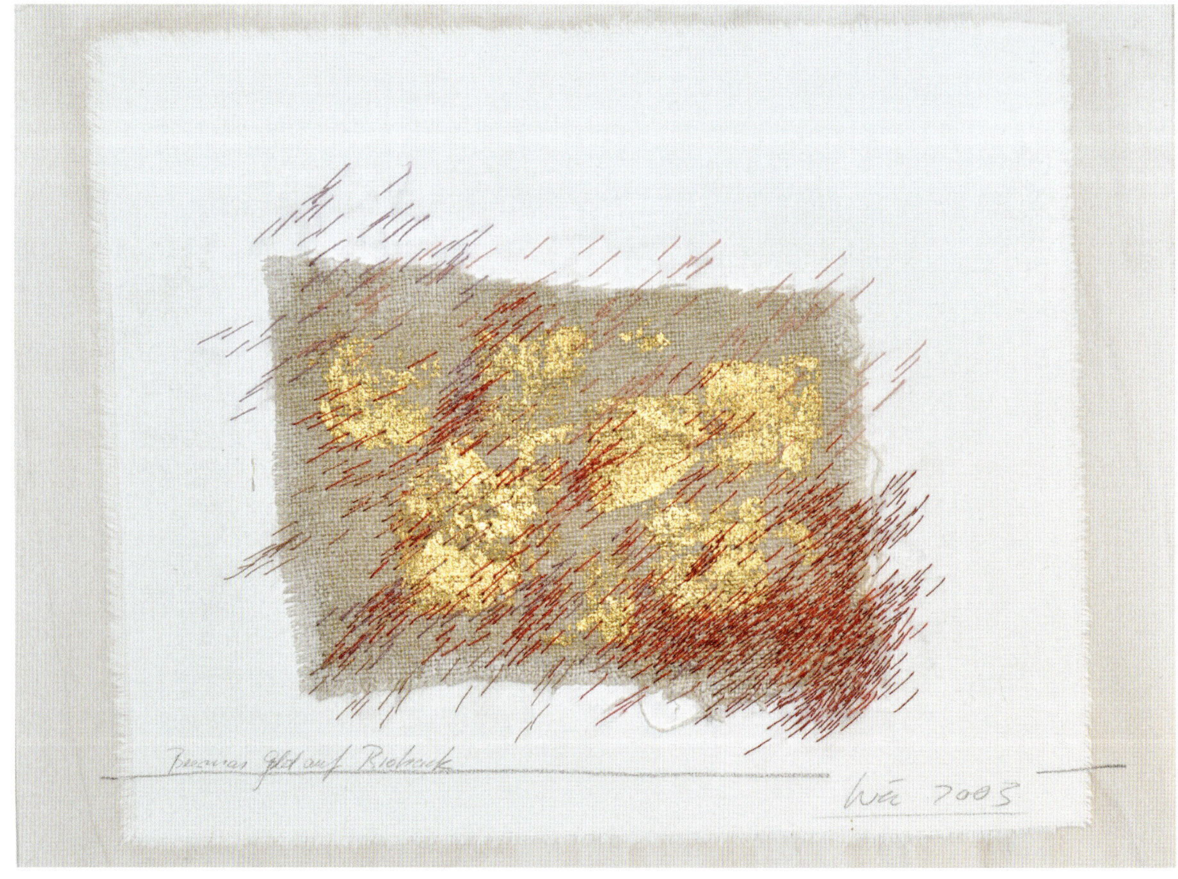

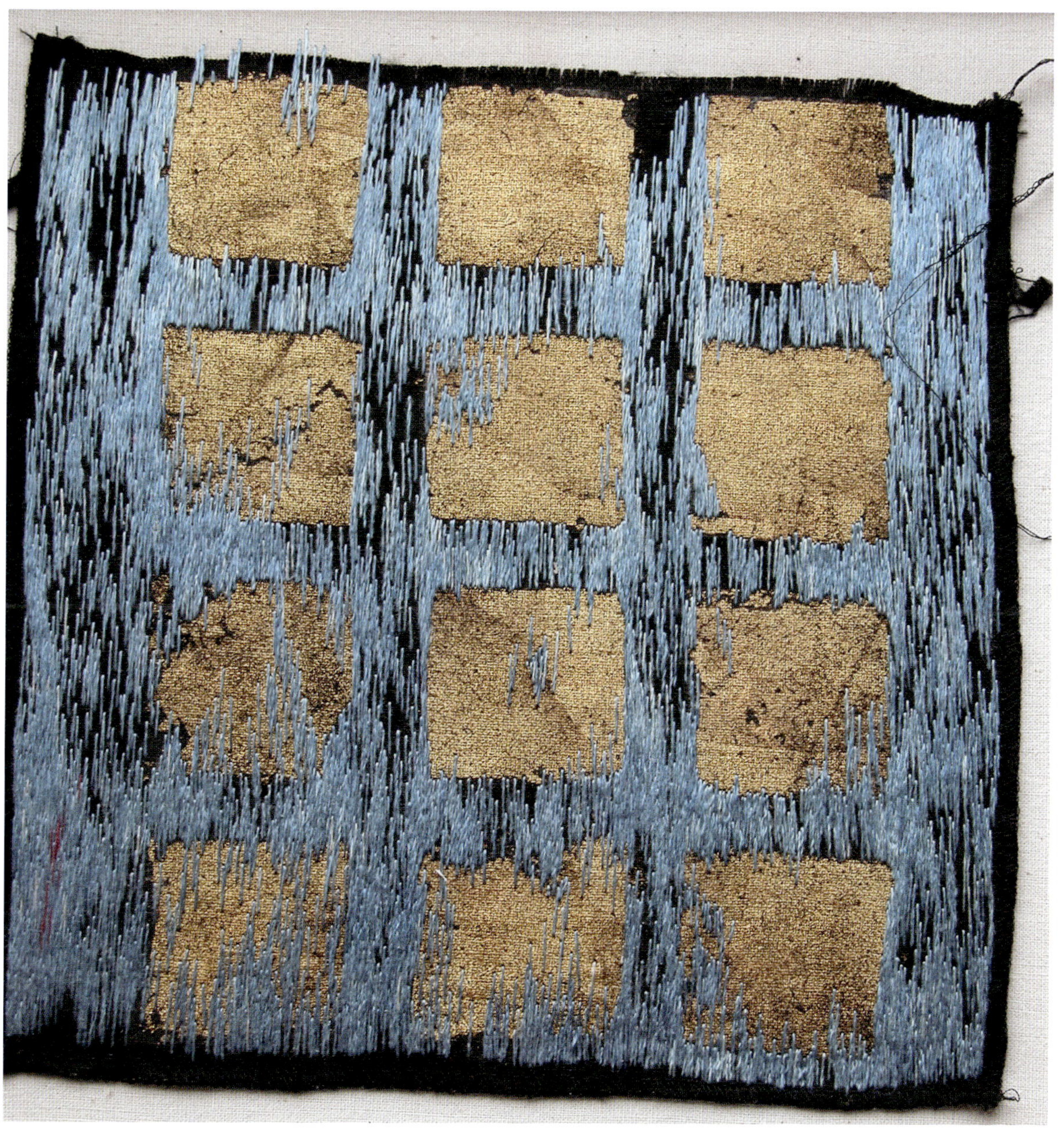

Diese »Hommage à Christa de Carouge« stickte ich auf eine abgetrennte Brusttasche einer ihrer Blusen. Das Blattgold kam dazu, weil ich der Meinung war, dass es nicht edel genug sein kann.

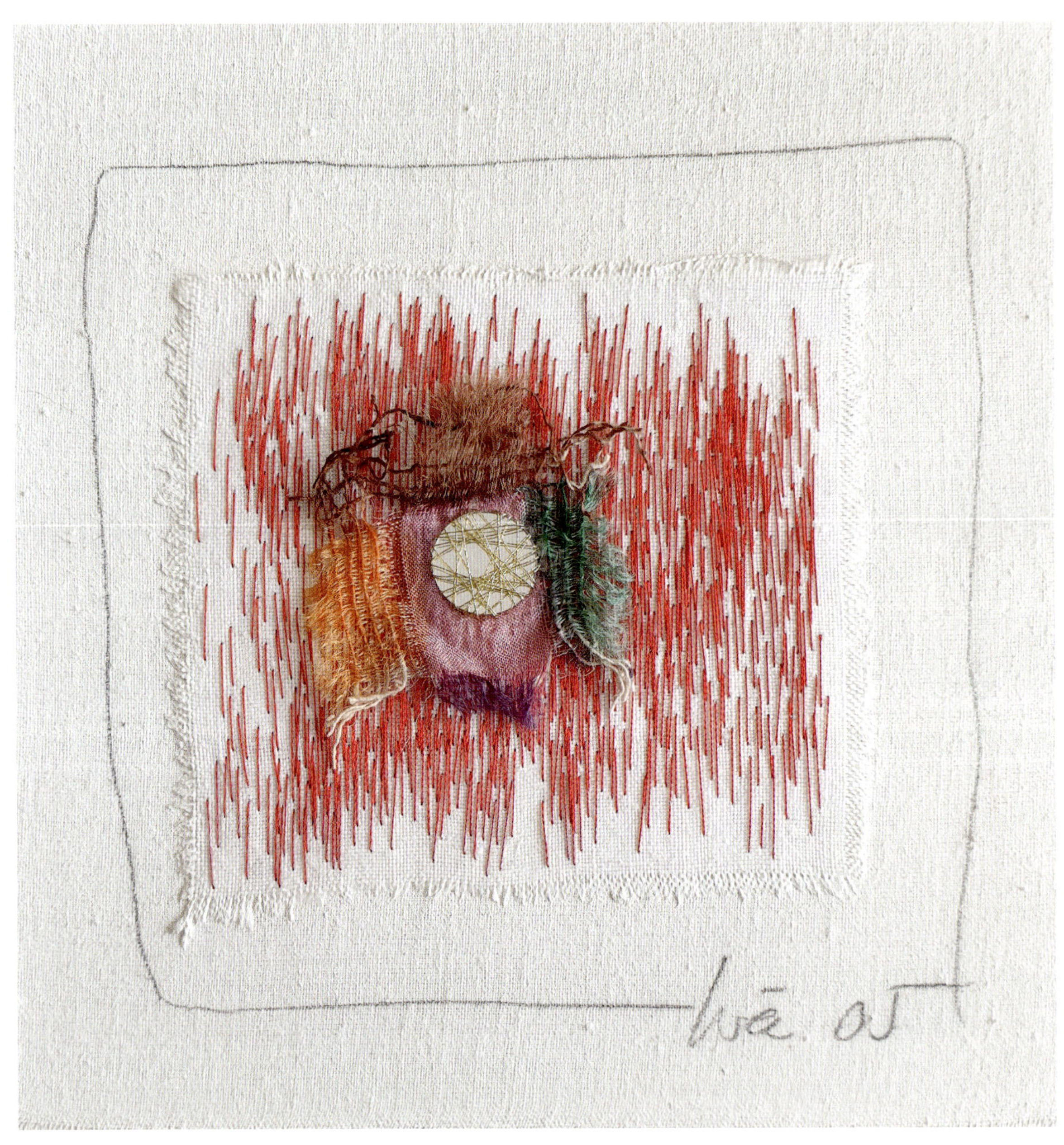

»Edel unterlegt« zeigt einen vergitterten Spiegel, unterlegt mit einem meiner liebsten Stoffe. Das wilde, etwas aggressive Gitter besteht aus echtem Goldfaden.

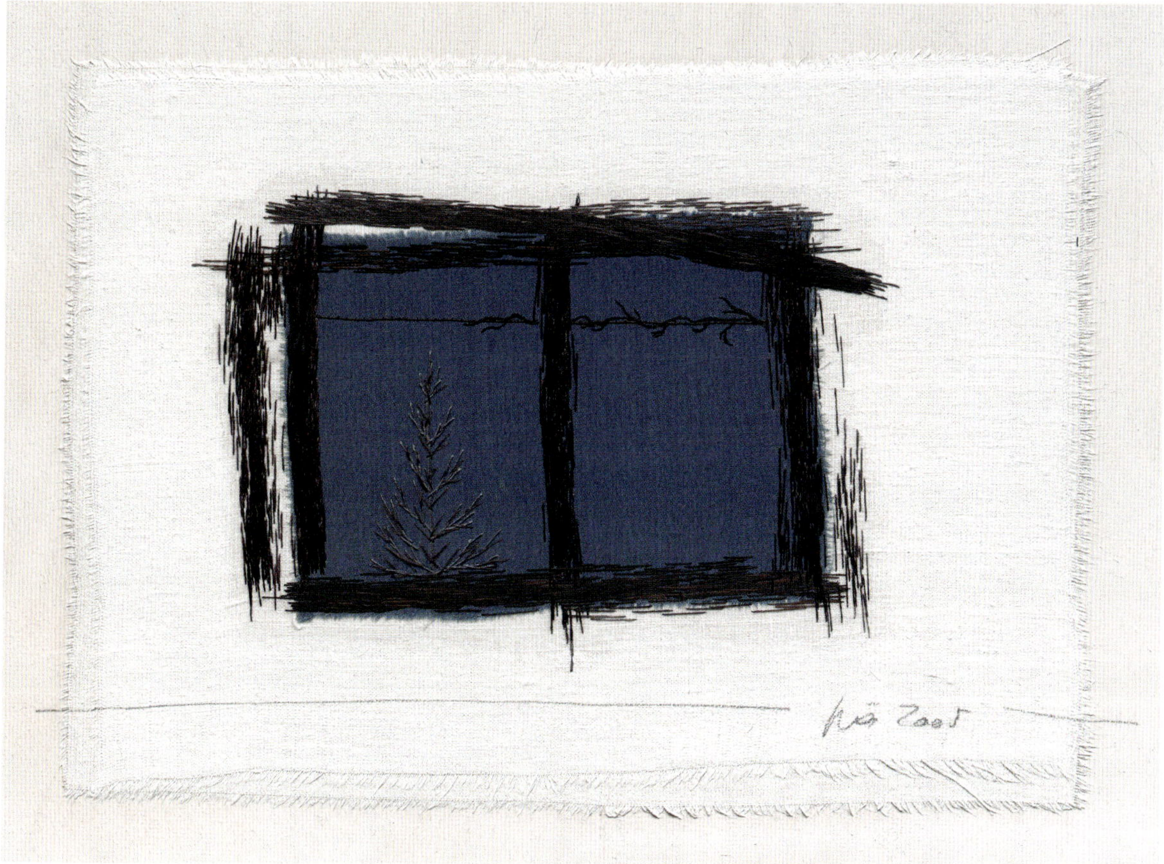

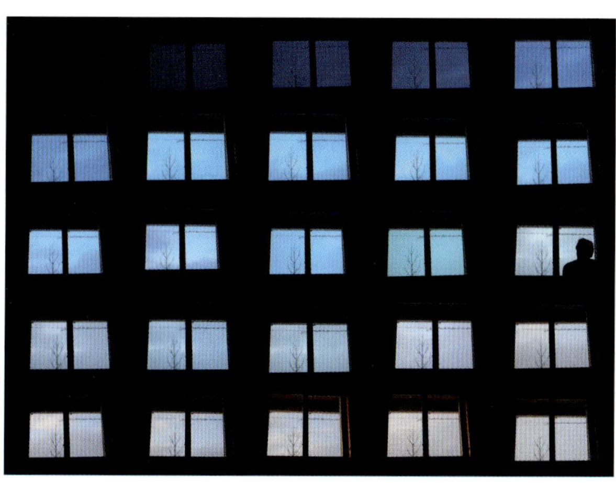

Für das Bild »Blick aus dem Fenster« verbrachte ich einen ganzen Sonntagvormittag im Bett. In einem bestimmten Rhythmus fotografierte ich meine Sicht aus dem Fenster, immer aus derselben Position. Zum Sticken wählte ich den Schraffurstich, weil dieser es mir ermöglichte, den Rahmen zuerst ganz locker zu sticken und nach und nach überall dort zu verdichten, wo ich es für notwendig hielt.

»Dazwischen« tanzt sich eine mit Vorstich gestickte Linie zwischen den vielen in Plattstich gestickten Schichten nach oben.

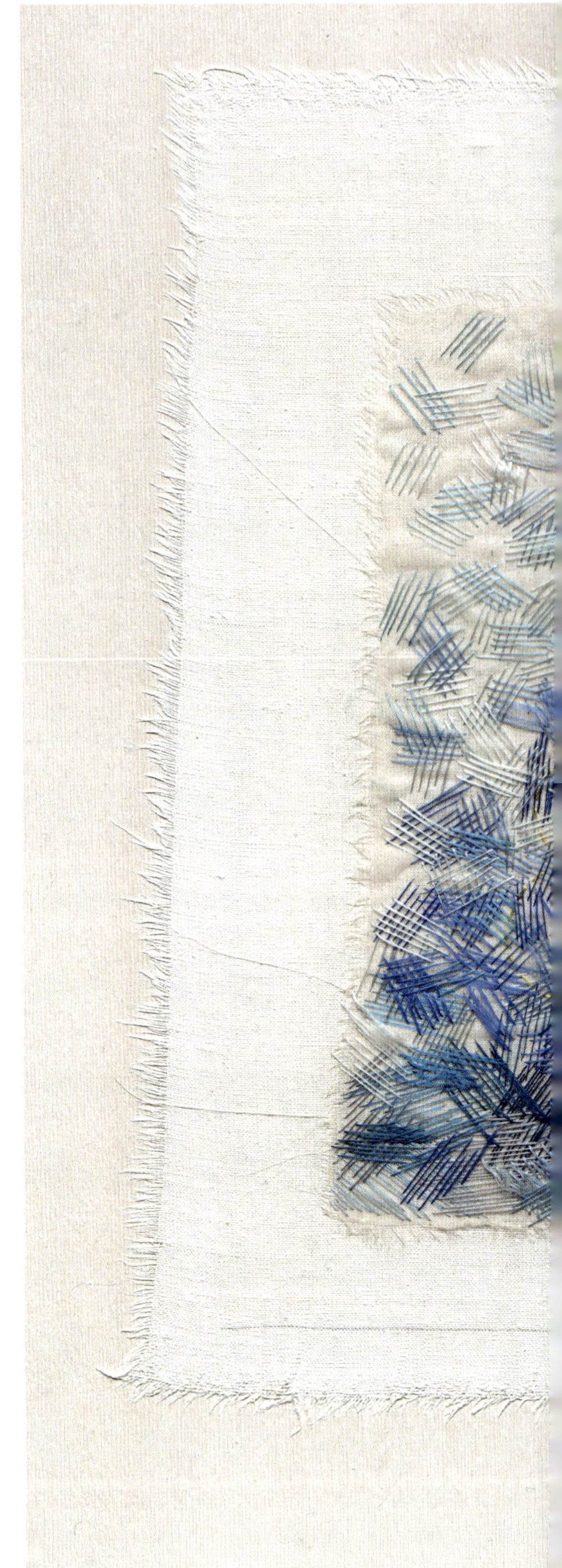

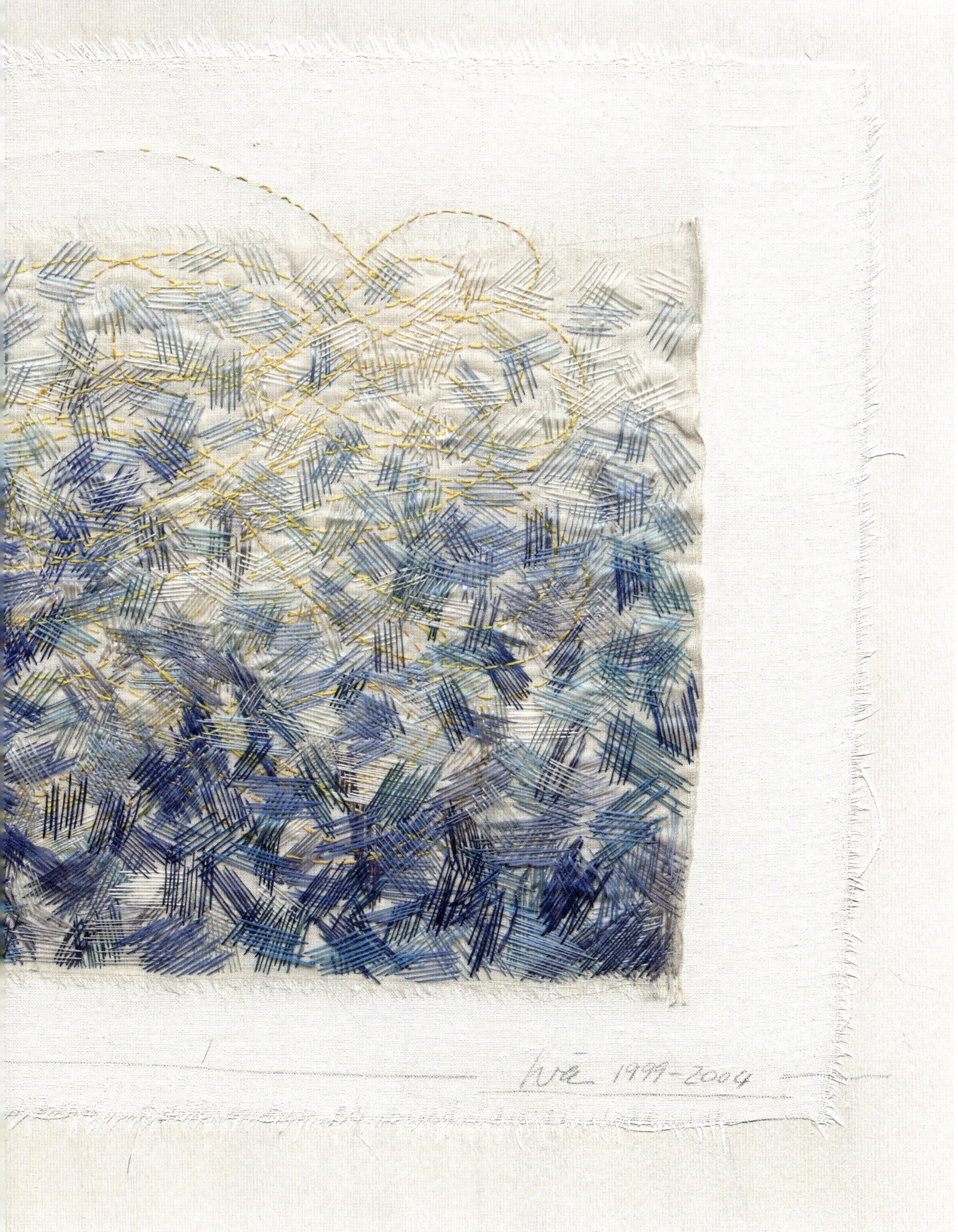
1999-2004

Inspirationsquelle Kinderzeichnungen

Kinderzeichnungen werden oft an den Kühlschrank gepinnt und verbringen dort lange Zeit und werden vergessen. Manchmal aber finden sie ihren Weg als Idee in meine Kurse. Beim Sticken nach einer Vorlage aus Kinderhand eine eigene Sticksprache zu finden, ist oft nicht möglich und meistens auch nicht das oberste Ziel. Man muss eher in die kindliche Zeichensprache eintauchen und versuchen, sie Strich um Strich zu verstehen. Spannend ist es auf jeden Fall!

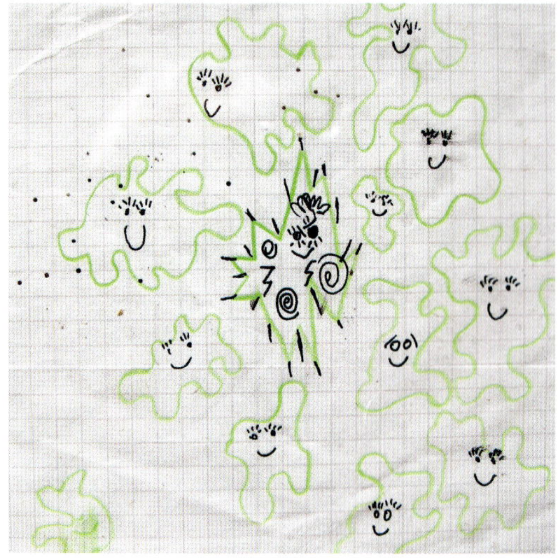

01

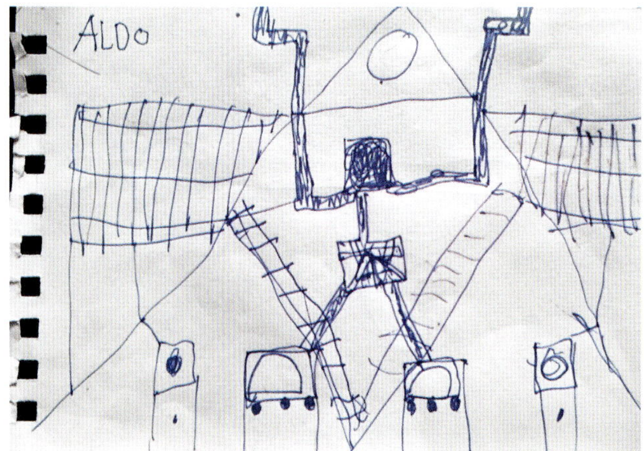

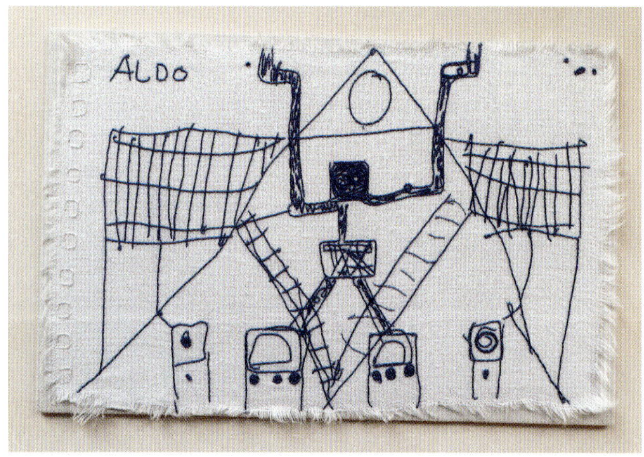

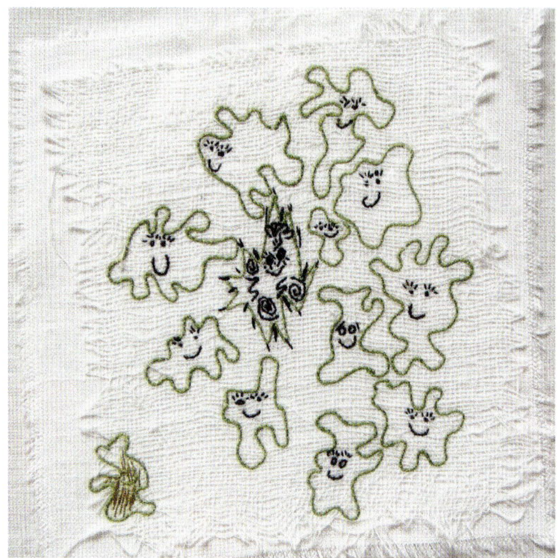

01 Aldos »Kohldampf«

02 Samuels »Grumsel«

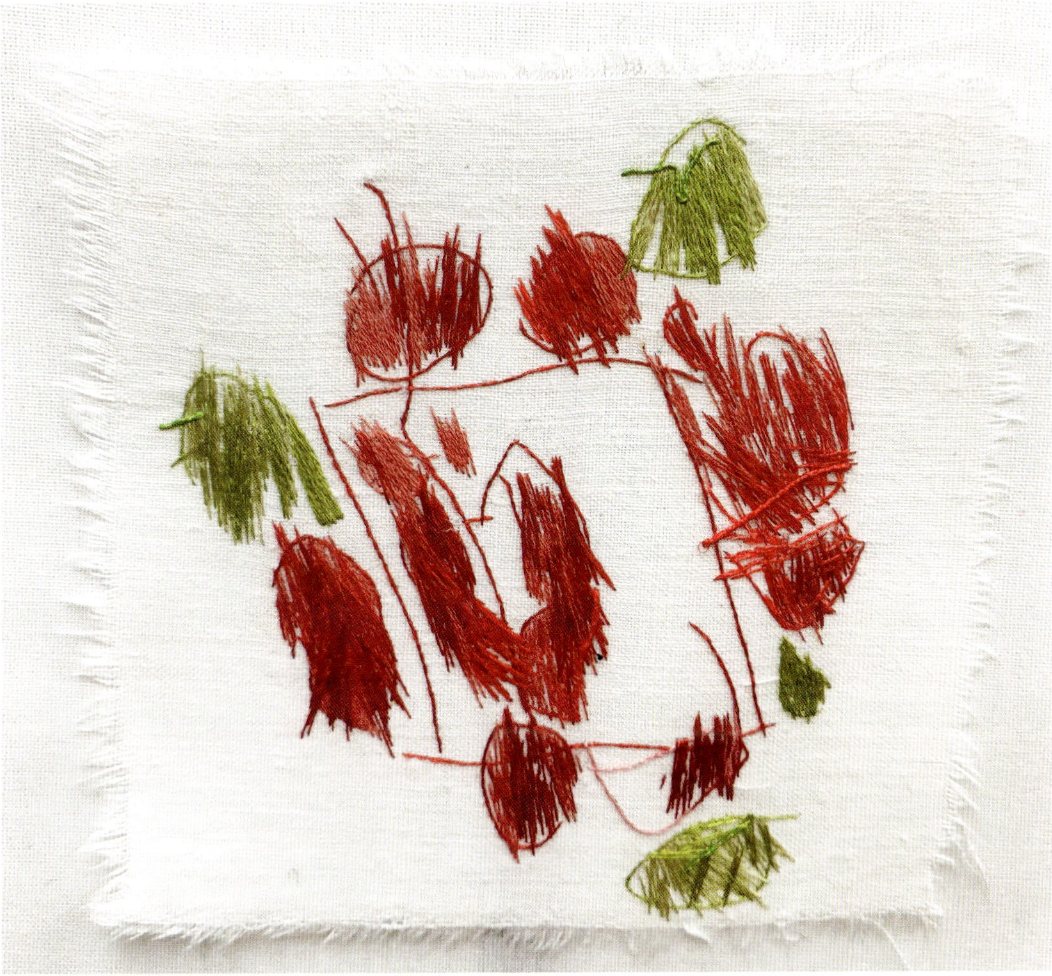

Linos »Apfelbaum«

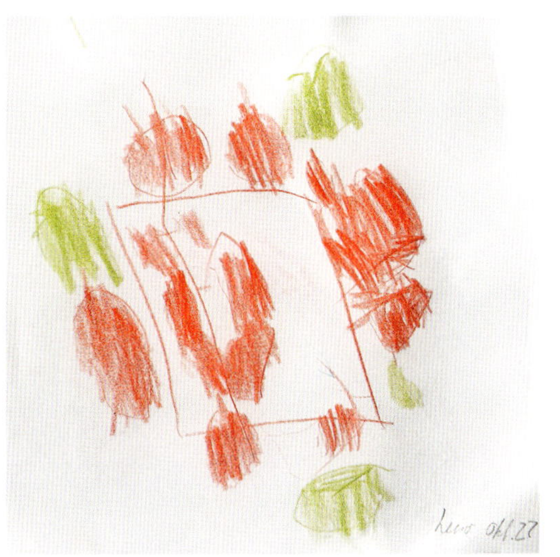

Ein fast unmögliches Unterfangen war es, Linos gezeichneter Sprache mit meiner gestickten Sprache zu entsprechen. Lino führte seine Farbstifte schwungvoll über die Fläche, während meine Stiche – technisch bedingt – immer gerade blieben. Seine spontane wilde Strichführung stickte ich mit größter Sorgfalt nach, immer bedacht, die Stichrichtung korrekt zu setzen. Je länger ich daran arbeitete, desto mehr Freude empfand ich an diesem ›in alle Richtungen Übereinandersticken‹. Eine Erfahrung, die ich bei einem meiner nächsten Bilder einsetzen werde.

Die dritte Dimension

Es gibt einen speziellen Schlingstich, mit dem man regelrechte Monumente in die dritte Dimension sticken kann. Dieser »Becherstich« wird in eine vorgängig mit Steppstich gestickte Grundlinie gearbeitet und wird – dem gestalterischen Ziel entsprechend – Reihe um Reihe in die Höhe gearbeitet.

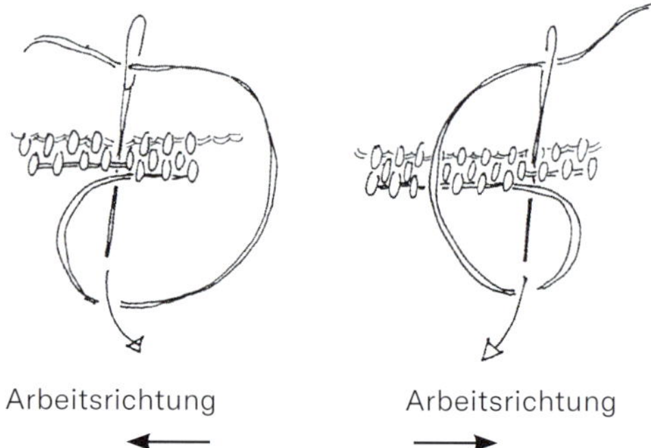

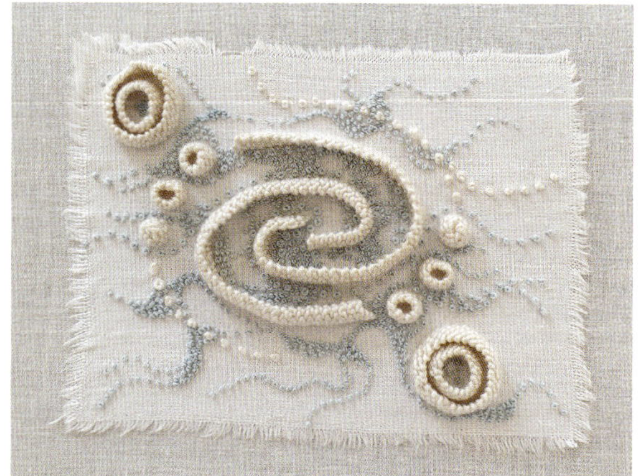

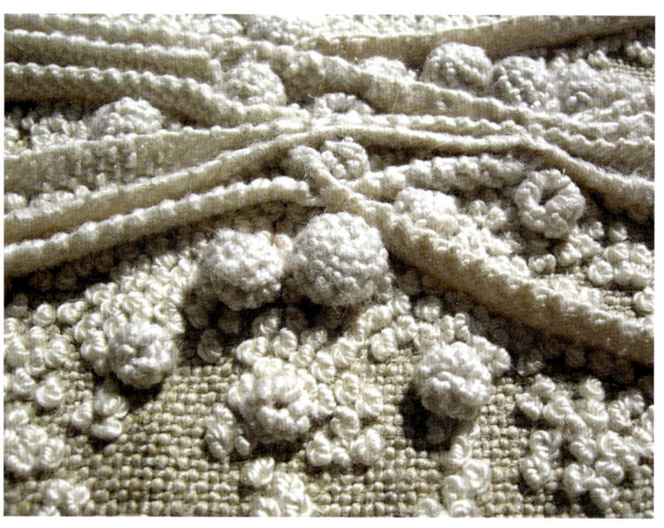

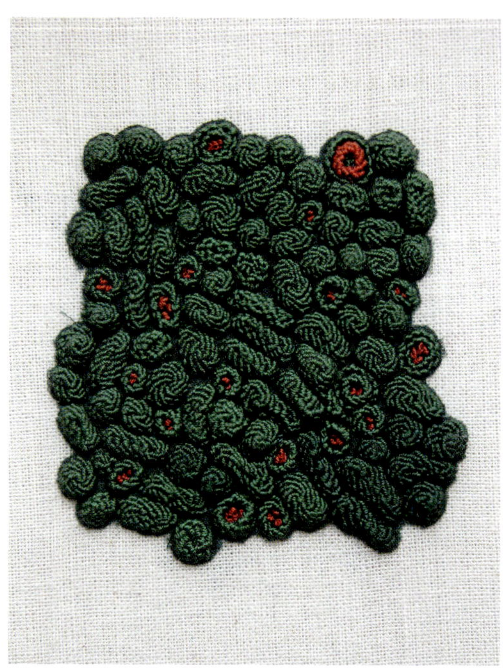

Der Becherstich lässt sich besonders schön mit dem Knötchenstich kombinieren.

Erhebungen
Die kleinen »Würmchen« des Bouillonstichs erheben sich nur leicht vom Stickgrund und lassen sich nicht stark in die Höhe arbeiten.

01

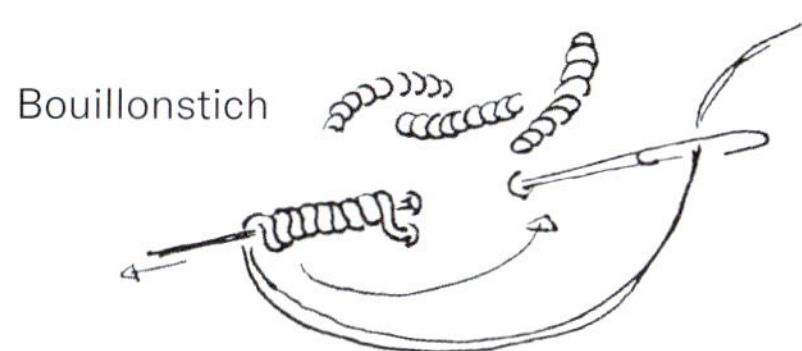

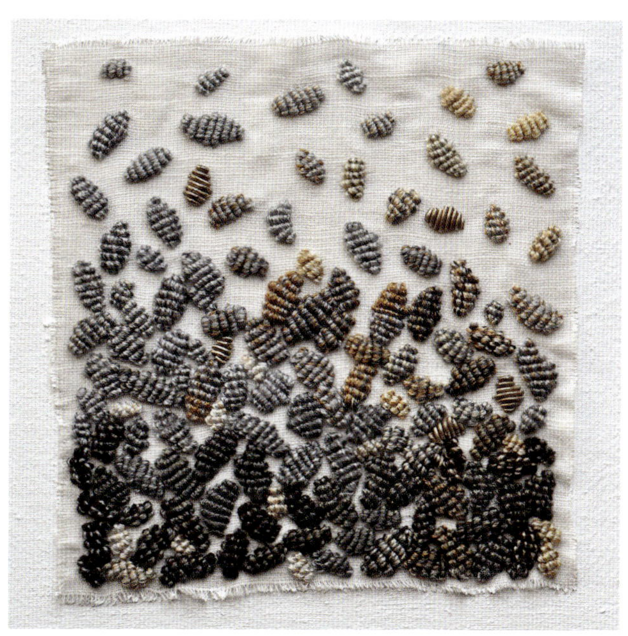

Kleine Erhebungen können auch erzielt werden, indem der Stoff während des Stickens in die gewünschte Richtung gestoßen und durch die Stiche fixiert wird.

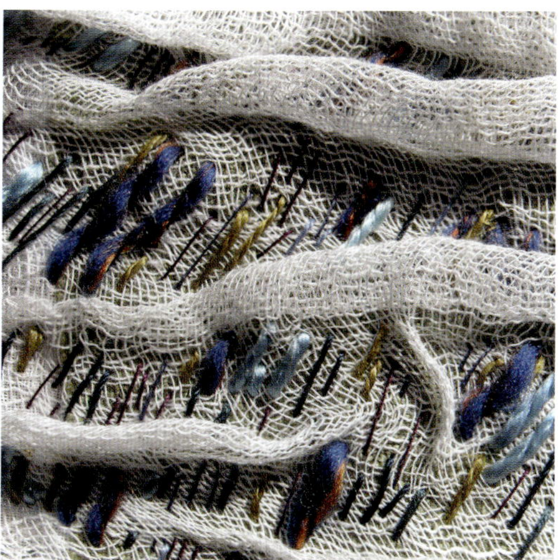

02

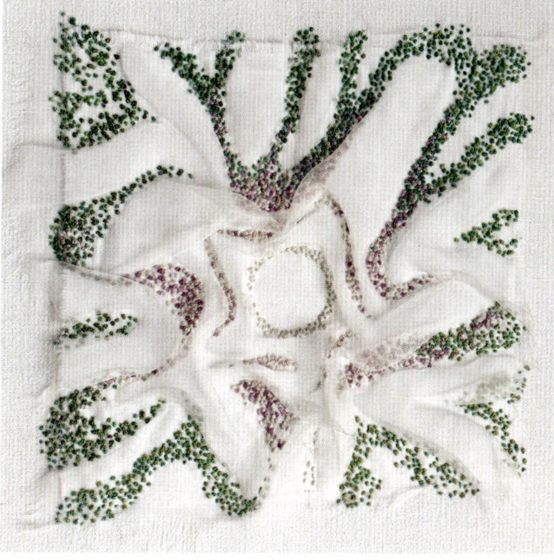

03

01 Bouillonstich
02 Verbandsgaze mit Plattstich
03 Organza mit Knötchenstich

Gestickt geflickt

Früher war das Flicken von Kleidern eine Selbstverständlichkeit. Stoffe waren teuer, und man konnte es sich nicht leisten, textile Produkte nur wegen ein paar Löchern oder abgewetzten Stellen wegzuwerfen. Als Kind habe ich im Handarbeitsunterricht gelernt, wie man handgestrickte Socken stopft oder abgenutzte Hemdenkragen ersetzt. Wohlverstanden, alles möglichst unsichtbar. Dann kam die Wegwerfgesellschaft. In China produzierte Kleider sind spottbillig. Umfragen belegen zum Beispiel, dass ein T-Shirt im Durchschnitt nach sieben Wäschen weggeworfen wird.
Der Klimawandel und die weltweite Ressourcenknappheit zwingen uns inzwischen zum Umdenken. Flicken wird langsam wieder »in«. Allerdings ist es nicht mehr das oberste Ziel, die schadhaften Stellen unsichtbar zu flicken. Nein, alle sollen sehen können, wie schön und fantasievoll die zerschlissenen Stücke in Szene gesetzt werden.
Um einen für das Sticken komfortablen Stickgrund zu bekommen, wird die Rückseite des zu flickenden Teils mit einem aufbügelbaren Vlies (auch Bügeleinlage genannt) unterlegt. Dieser Stoff wird am besten mit einer Zackenschere zugeschnitten, nicht zu klein, damit auch die spontanen, vielleicht ausufernden Stickideen auf doppeltem Untergrund gestickt sind.
Wir alle haben sicher schon die Erfahrung gemacht: Besonders anfällig für Löcher sind T-Shirts. Flickereien auf T-Shirts und anderen Strickwaren sind jedoch nicht ganz einfach zu bewerkstelligen, sie müssen eine gewisse Elastizität haben, damit sie derjenigen der Kleider entsprechen. Zum Unterkleben von Maschenware gibt es im Fachhandel extra elastische Bügel-Einlagen.

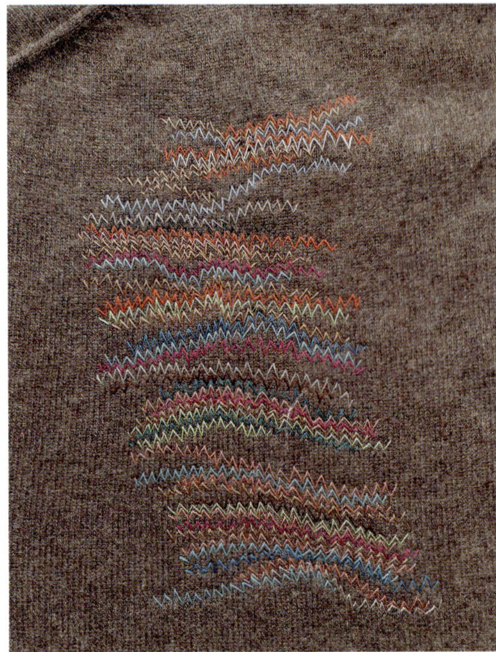

01

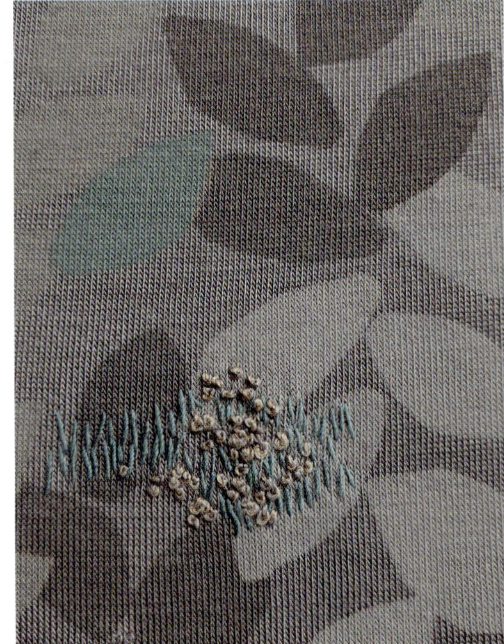

02

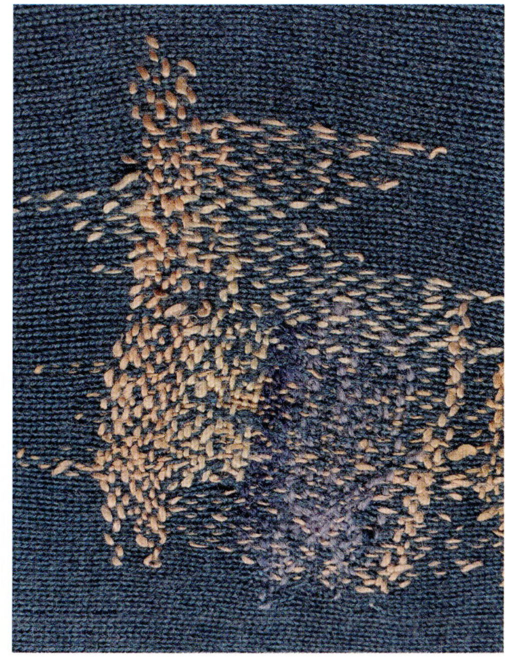

3

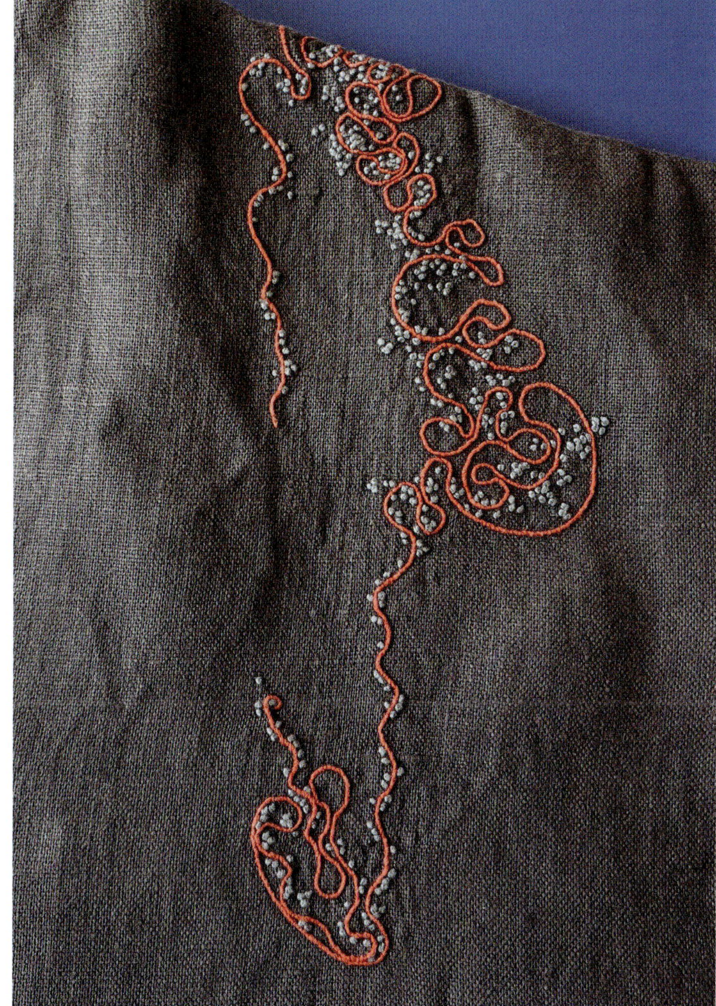

05

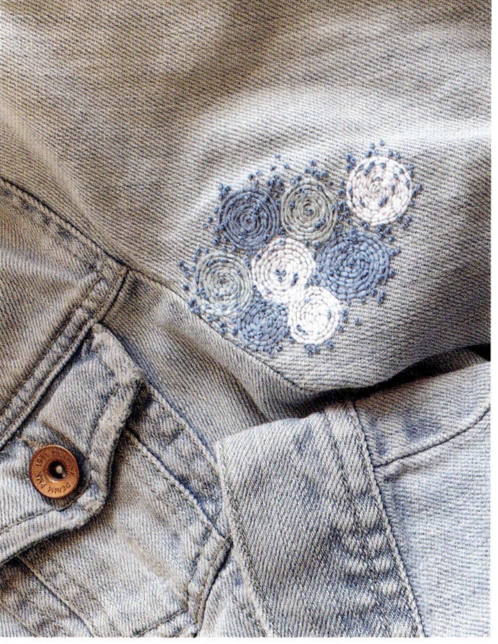

4

01 Maschenstich

02 Plattstich / Knötchenstich

03 Mutig drauflos mit Vorstich (hier Stopfstich)

04 Mit Klosterstich und Knötchenstich wurde hier ein Dreiangel fein säuberlich kaschiert.

05 Dieses Kleid habe ich bereits beschädigt, dafür etwas günstiger gekauft. Das kleine Loch versteckt sich hinter einer großen Fläche Klosterstich und Knötchenstich.

Muster trifft Stickerei

Das Zusammenspiel von selbst hergestelltem Hintergrund mit gestickten Antworten ist insofern speziell, als dass beide Arbeitsschritte meistens von derselben Person vorgenommen werden. Oft denkt man beim Finden der Muster noch gar nicht an das Besticken. Bei mir liegen solche Blätter oft lange ungenutzt umher. Bis ich die Antwort finde. Dann geht es aber schnell, ich muss aufpassen, dass sich die gefundene Antwort nicht sofort wieder verflüchtigt.

Frottage

Das haben wir wohl alle als Kinder einmal gemacht: Wir haben uns Geld gebastelt, indem wir Papier auf Münzen legten und mit einem Bleistift flach darüber malten. Die einzelnen Münzen wurden sorgfältig ausgeschnitten und dienten als Geld zum Spielen. Der Fachbegriff dafür lautet Frottage oder Abreibung. Für meine erste Frottage bediente ich mich auch beim Geld. Ich rieb verschiedene Münzen auf Stoff ab und bestickte sie mit roten Tränen – als Sinnbild für das Leid, das uns das Geld immer wieder beschert.

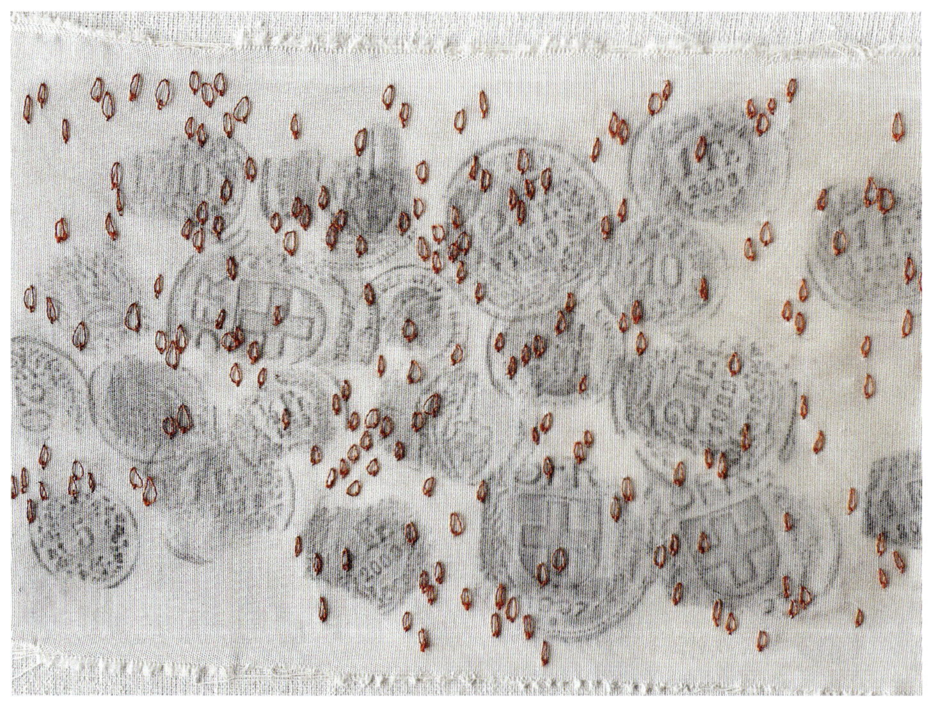

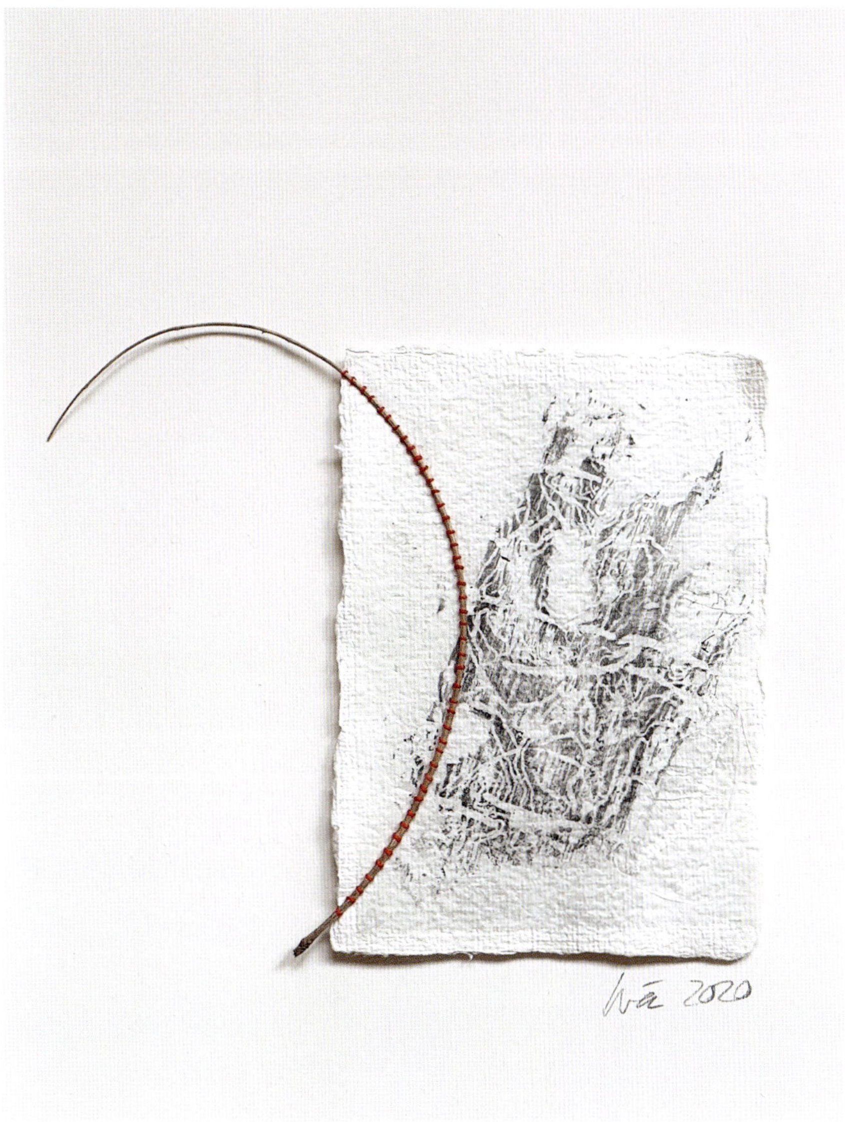

Während meiner Streifzüge mit meinem Hund durch die Wälder und an der Reuss finde ich oft umgefallene Bäume mit wunderschönen Fraßspuren. Ich mache immer wieder Frottagen. Spannend ist, dass das Bild, das ich im Holz sehe, nie ganz dem Bild entspricht, das die Frottage wiedergibt. Die Bleistiftfrottagen klebe ich anschließend auf Büttenpapier. Als Antwort besticke ich sie mittels Klosterstich mit im Garten gefundenen Doldenrispen von Robinien.

Für eine Ausstellung malte ich Frottagen von Spuren, die ich in und um die alten Mauern der Galerie fand. Für den mit Klosterstich aufgestickten Faden wählte ich einen alten, hart gedrehten und leicht gewachsten Leinenfaden. Jedem Bild gab ich noch ein kleines Stofffragment mit auf den Weg.

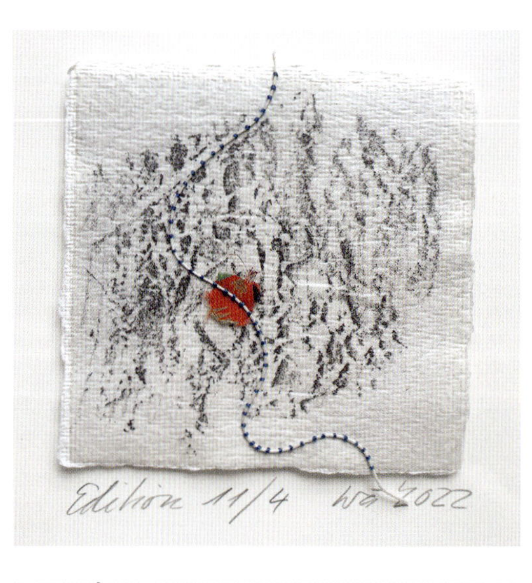

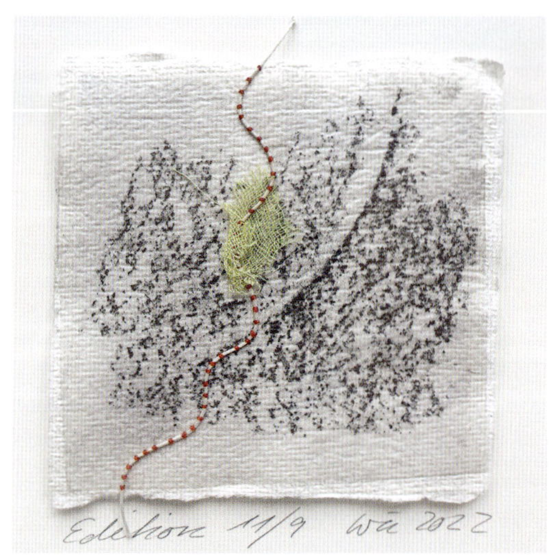

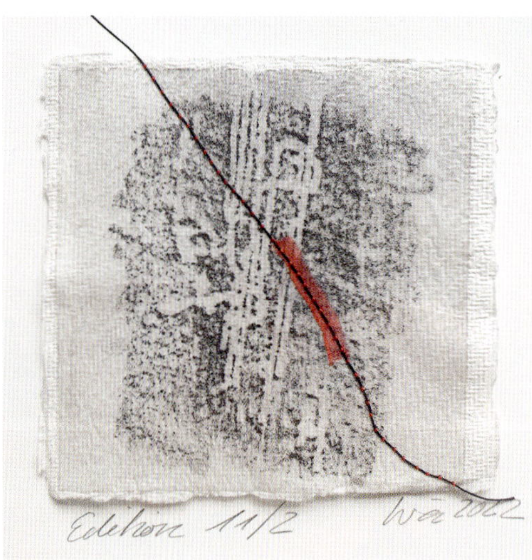

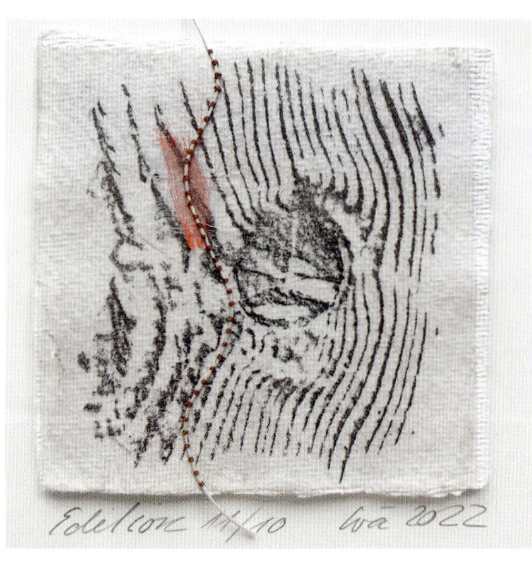

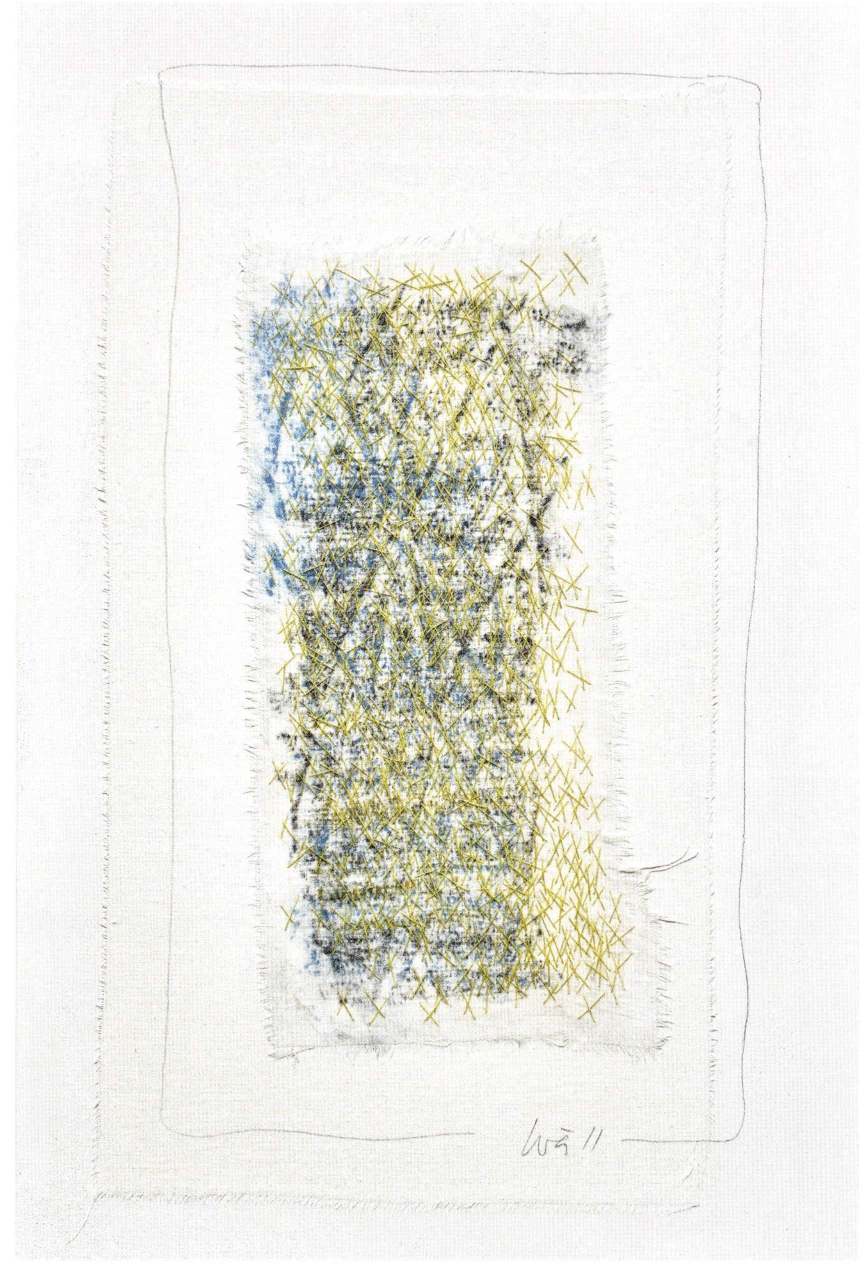

Es ist nicht wichtig, dass die durchgeriebenen Spuren noch erkennbar bleiben. Wichtig ist das entstandene Muster.
Die Frottagen dieser Stickerei machte ich mit Textilkreide und wählte einen passenden Stich als Antwort.

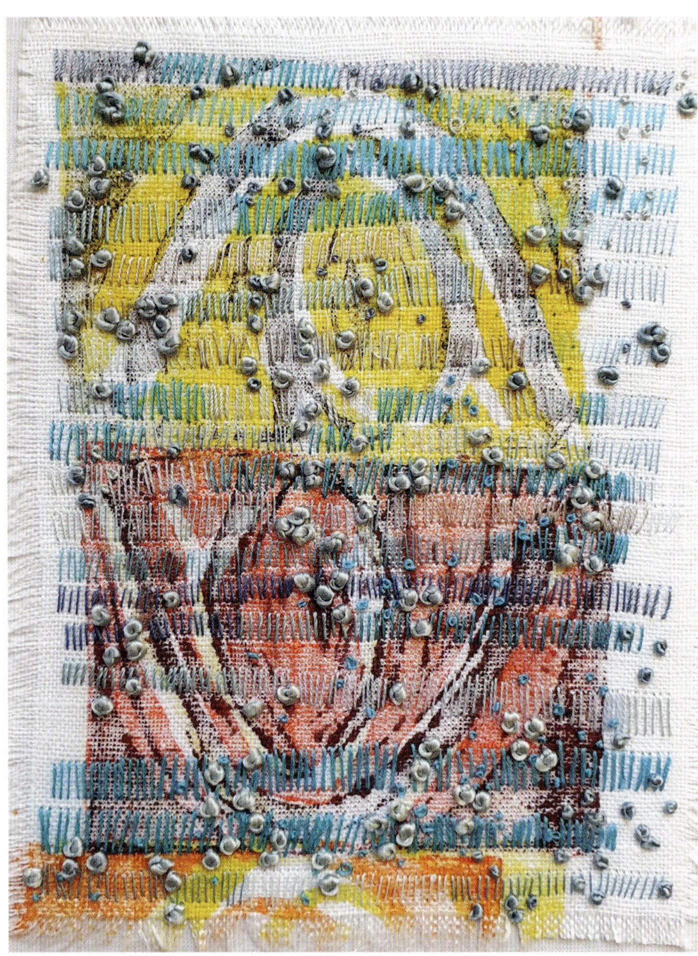

01

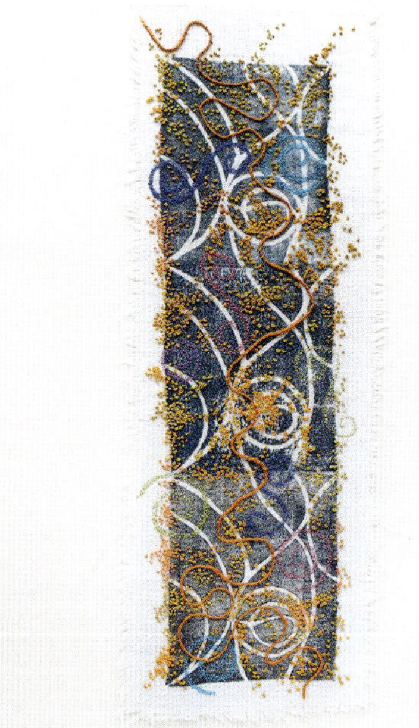

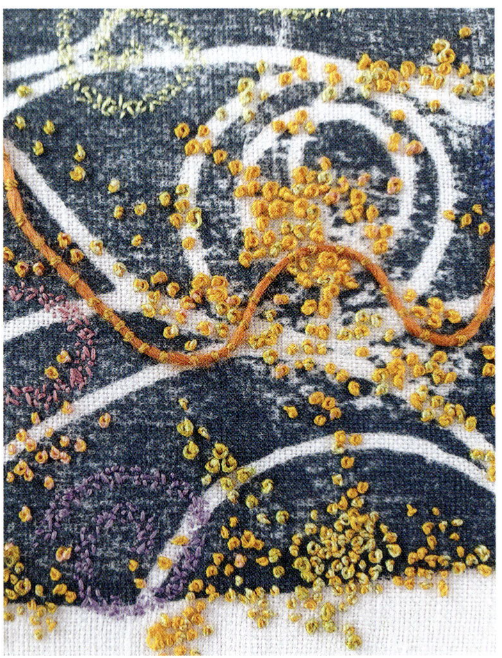

Linoldruck mit Textilfarbe

Auch der Linoldruck ist eine Technik, die wir wohl alle in der Schule lernten. Neu gibt es weiche, leicht zu bearbeitende Vinylblöcke. Gedruckt wird mit pastöser Textilfarbe, die mit dem Bügeleisen fixiert werden kann. Der Druck geht schnell, und die Variationsmöglichkeiten sind endlos. Eine große Herausforderung ist es dann, die oft recht lebhafte Fläche zu besticken. Wichtig ist, dass beim Sticken die markanten Linien des Druckes nicht zugedeckt, sondern durch die Stickerei ergänzt werden. Am Schluss muss beides seinen Platz haben, sowohl der Druck als auch die Stickerei.

01 Plattstich und Knötchenstich auf gegeneinander gedrucktem Muster

02 Knötchenstich, Klosterstich und Sandstich auf fortlaufend gedrucktem Muster

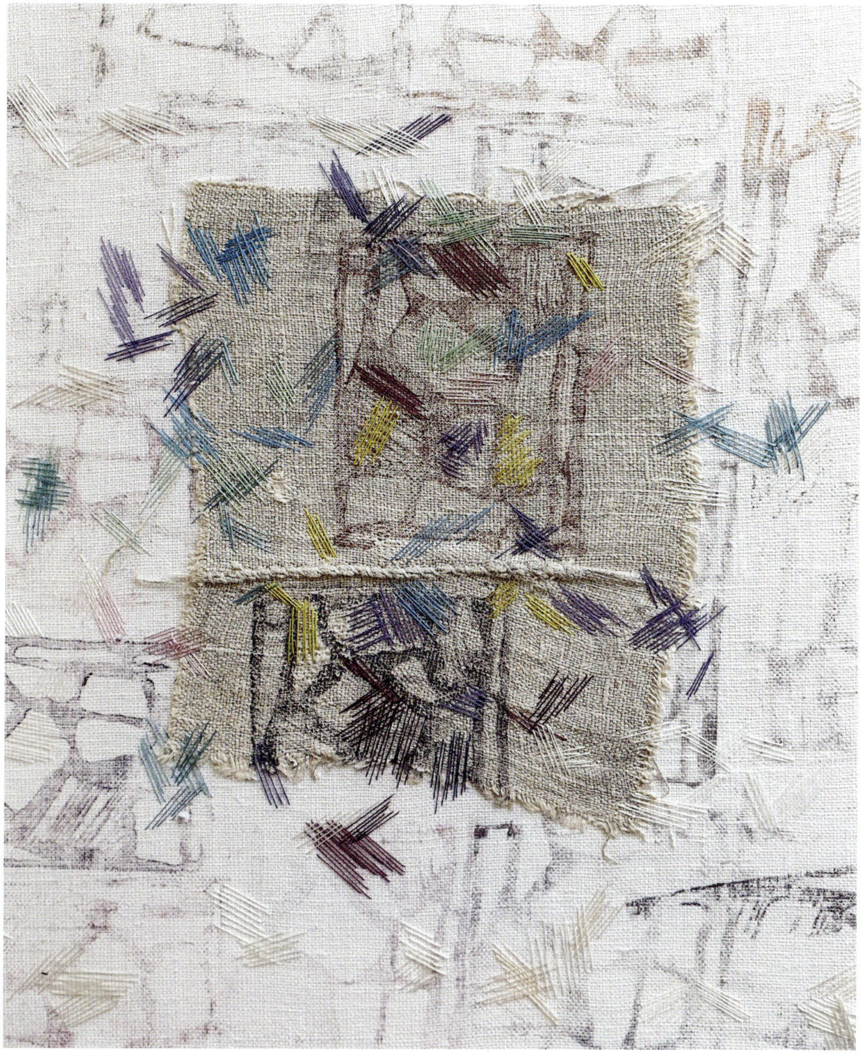

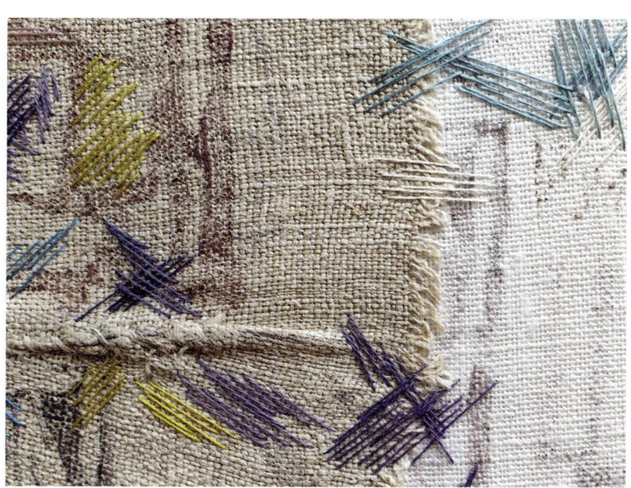

Dieser Hintergrund war zuerst nicht so geplant. Aber das Übungsstück war so spannend, dass die Stickerin es zum Passepartout aufwertete. Am Schluss spannte sie die mit Plattstich gestickte Arbeit über einen Keilrahmen.

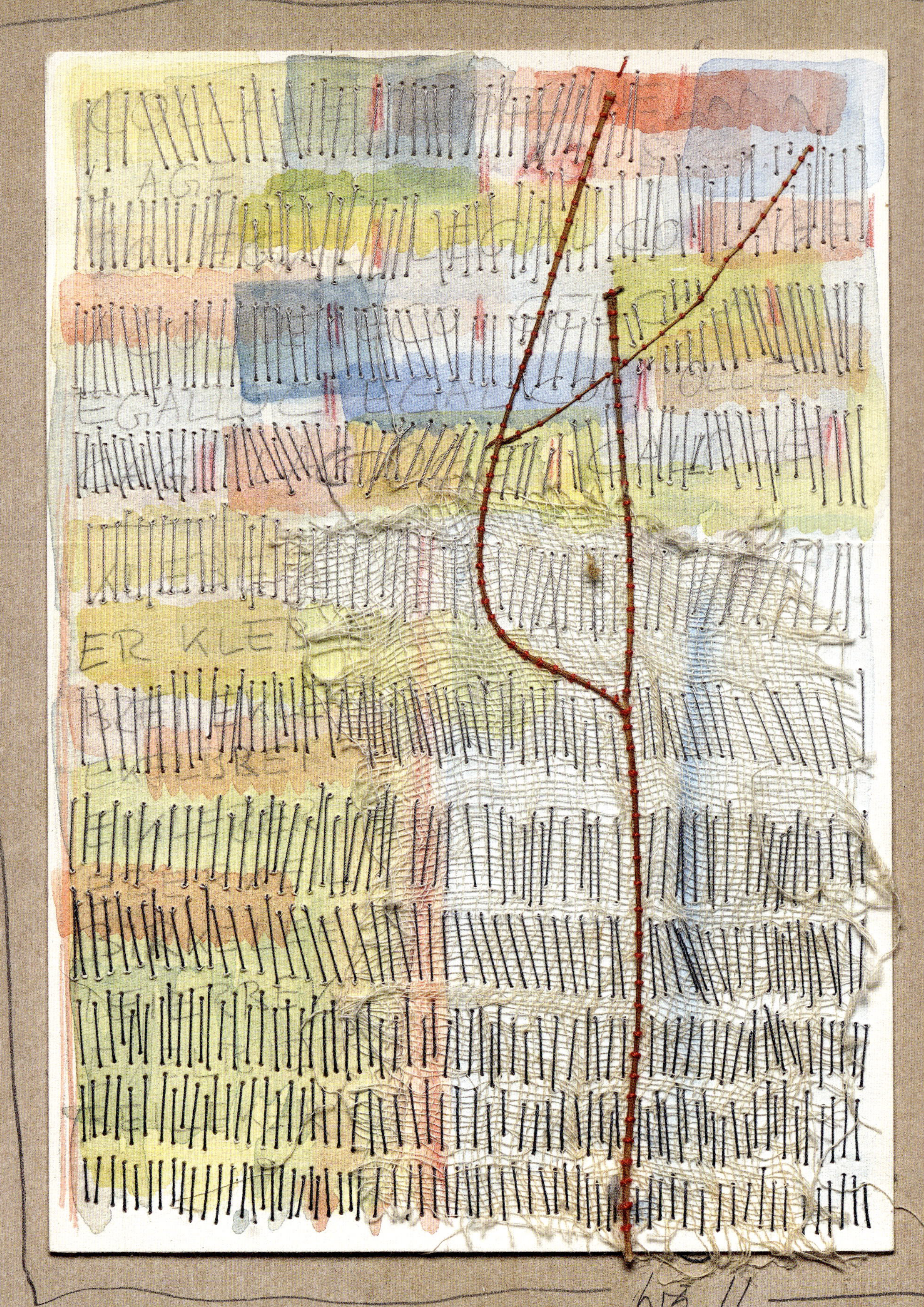
AGE
ER KLEB

Alles ist bestickbar

Manchmal werde ich gefragt, woher ich eigentlich alle meine Ideen nehme. Ich weiß es nicht, sie sind einfach da. Ein Grund dafür ist vielleicht meine Art zu denken. Meistens denken wir vernünftig. Wir haben auch gelernt, dann aufzuhören zu denken, wenn es unvernünftig, dumm oder irreal wird. Und genau dort denke ich weiter und lande oft in – auf den ersten Blick – fantastischen Geschichten und Möglichkeiten.
Zudem ist mein Denken, seit meiner Ausbildung an der Schule für Gestaltung bei Noémi Speiser, voll und ganz auf Fäden fokussiert. Dadurch gibt es für mich auch fast nichts mehr, das nicht bestickt werden kann. Und ich habe Geduld und kann warten. Wenn ich die Lösung noch nicht habe, wird sie sicher einmal kommen.

Sticken auf Papier

Sticken auf Papier
Ich besticke Zeichnungen, selbst eingefärbtes Papier oder spezielle papierne Fundstücke. Oft liegt so ein Papier wochen-, ja monatelang auf meinem Tisch herum. Immer wieder betrachte ich es und suche nach Antworten, die ich dem, was bereits vorhanden ist, dazusticken könnte. Wenn ich dann endlich weiß, was ich sticken werde, loche ich die geplante Stickerei mit Stecknadeln vor.

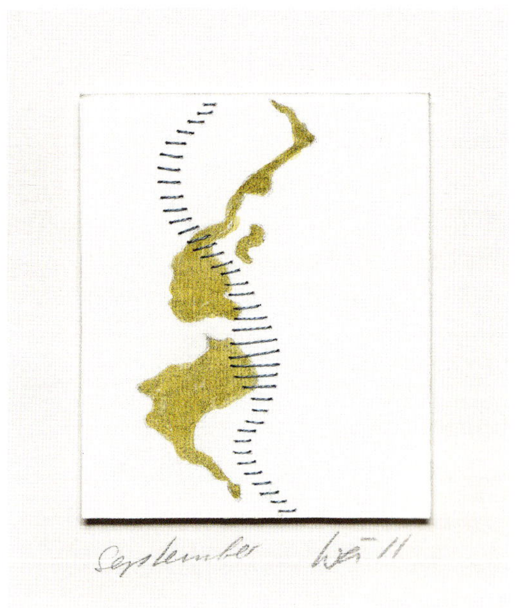

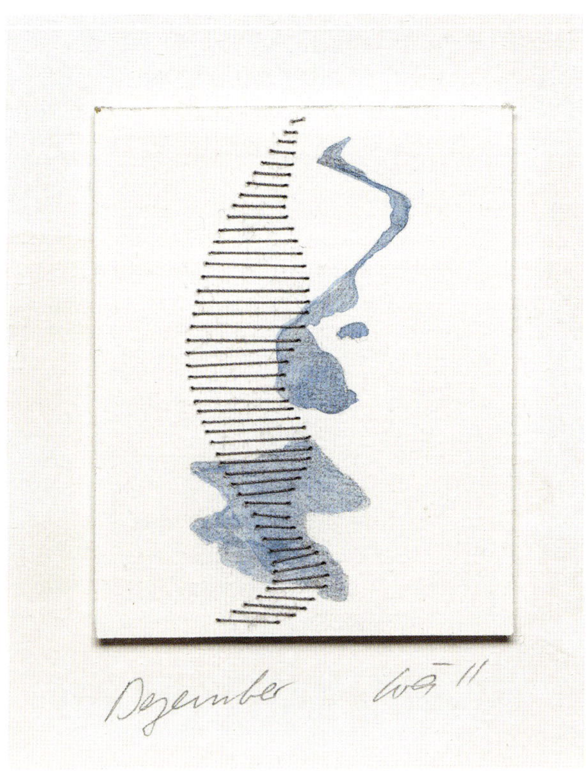

01

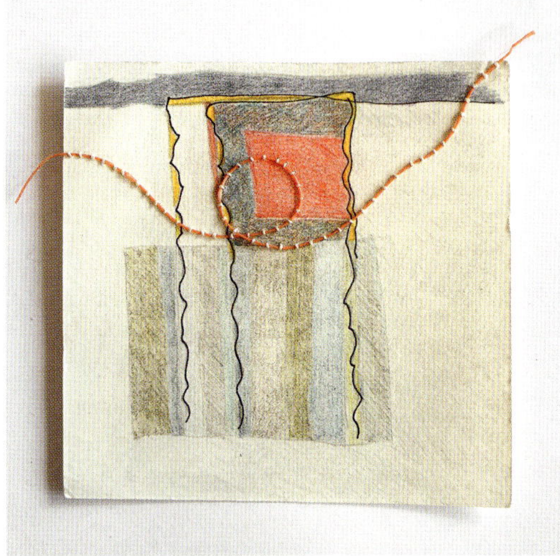

02

01 Von Zuhause sehe ich auf den Lauerzersee, der fast täglich ein neues Bild bietet. Eine Schilffläche zeigt mit ihrer Form den Wasserstand des Sees an. Über mehrere Monate malte ich Wasserstand-Bilder. Anschließend stickte ich zu jedem Bild eine Antwort.

02 Das »Antworten sticken« wurde eine meiner liebsten Tätigkeiten. Vieles, was ich unterwegs sehe, zeichne ich in meinen Minizeichenblock.

Zuhause male ich die Flächen aus, ohne dass ich noch an das Gesehene denke. Anschließend, oder manchmal auch sehr viel später, sticke ich die Antworten.

Sticken mit der Natur

In der Natur findet sich allerlei, was in ein Stickbild integriert oder dieses sogar prioritär prägen kann. Baumrinden, Ästchen, Baumnadeln, Algen, Muscheln und vieles mehr preisen sich geradezu an, verstickt zu werden. Da es sich oft um Gegenstände handelt, die nicht durch den Stoff gezogen werden können, wird meistens mit dem Klosterstich gestickt.

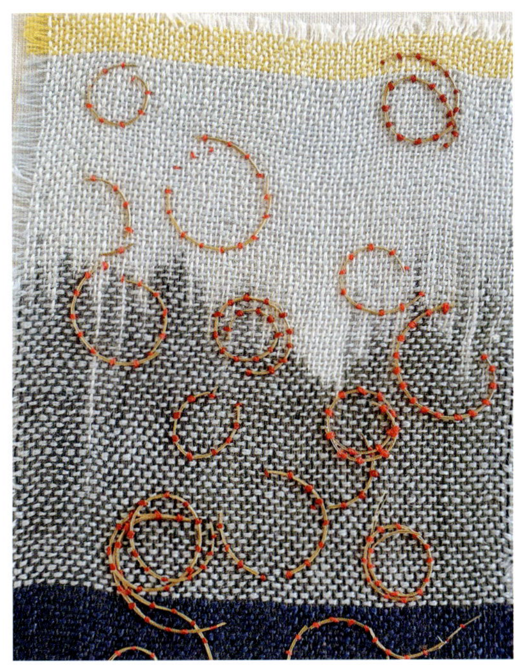

01

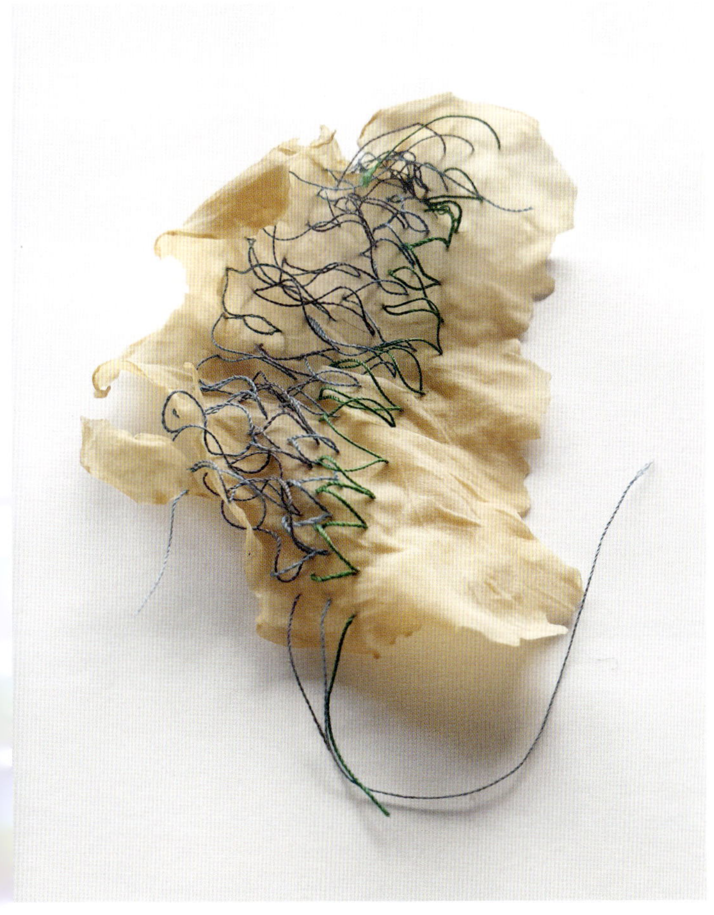

02

01 Mit Klosterstich aufgestickte Pflanzensamen.
02 Algen müssen im nassen Zustand bestickt werden. Und auch dann sind sie sehr fragil. Beim Trocknen schrumpfen sie, und die Fäden bekommen eine filigrane Dreidimensionalität.

Sticken auf Holz

Auch Holzstücke liegen zuerst lange Zeit herum. Ich analysiere die Stücke in Bezug auf Struktur und Unebenheiten. Dann zeichne ich Entwürfe auf Fotokopien der Hölzer. Schließlich bohre ich mit einem kleinen Bohrer die für die Stickerei notwendigen Löcher. Sie müssen so weit sein, dass mit einer Nadel durchgestochen werden kann.

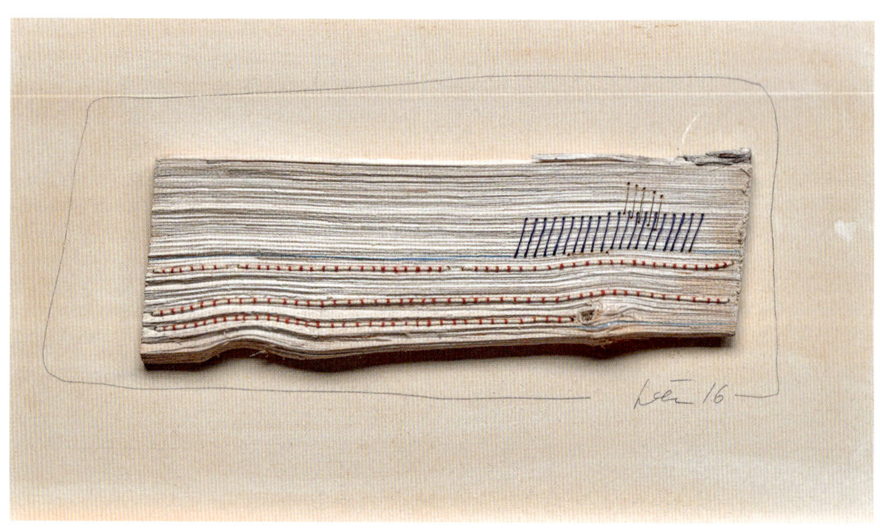

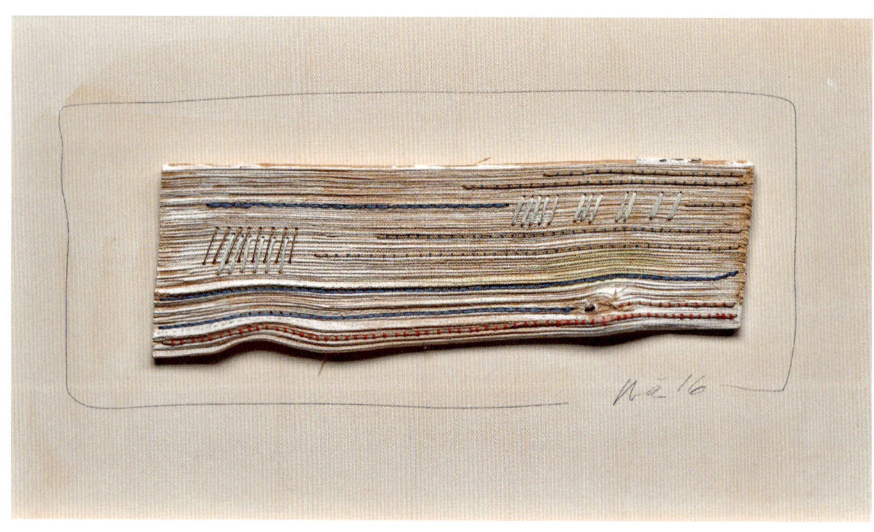

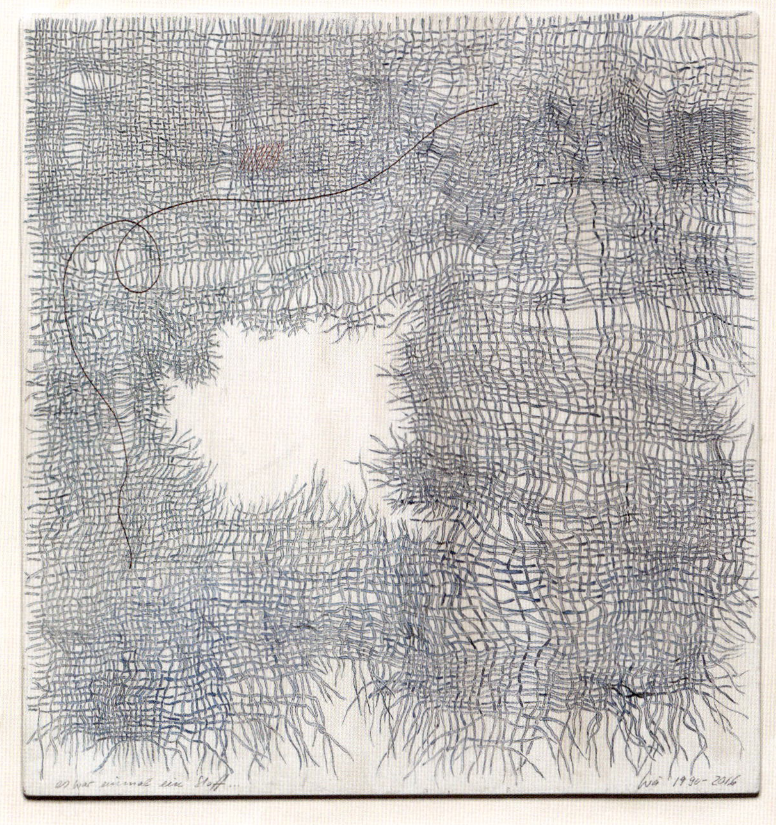

Hier habe ich mehr gezeichnet als gestickt. Ich brauchte Jahre, bis ich – immer mit Unterbrüchen – dieses Gewebe fehlerfrei gezeichnet hatte. Den roten Fleck in Plattstich und die Linie in Klosterstich habe ich vorgebohrt und anschließend gestickt.

Ich kann es mir nicht leisten, neues Geld zu besticken. Aber diese alten, vom vielen Gebrauch bereits weichen Banknoten, reizten mich. Mit Maschenstich und Kreuzstich ging ich ihnen zu Leibe. Die Löcher in den Hölzern habe ich vorgebohrt.

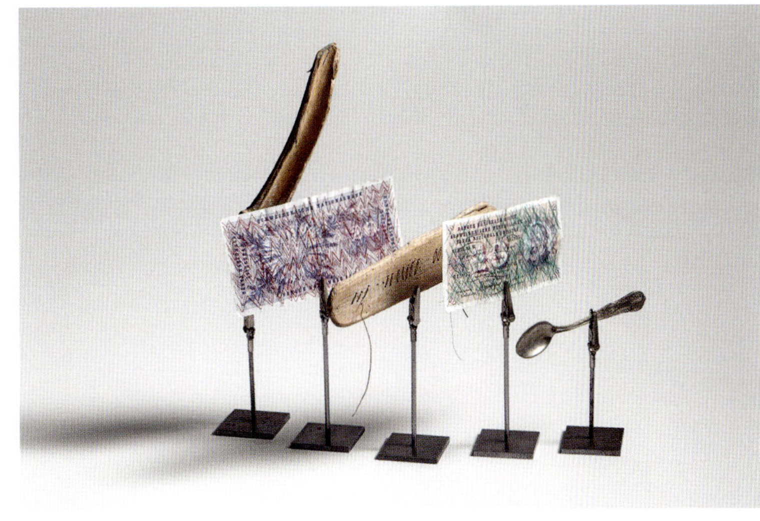

Sticken auf Leinwand

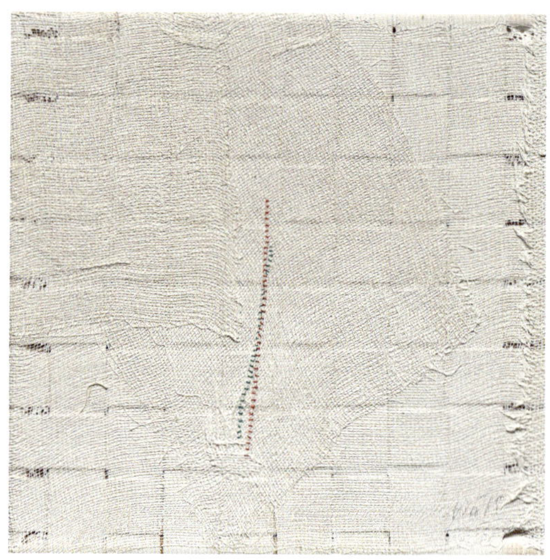

Malen und Sticken sind eine spannende Kombination. Manchmal habe ich beim Malen bereits Vorstellungen, wie die Stickerei integriert werden soll. Manchmal entstehen die Ideen erst während des Malens. Sehr gerne hänge ich eine unfertige Leinwand an die Wand, und jedes Mal, wenn ich daran vorbeigehe, kann ich mir Gedanken über das »Wie weiter?« machen.
Wenn die Leinwand selbst gemacht wird, fängt die gestalterische Planung bereits bei der Auswahl des Stoffes an, oder ich besticke den Stoff, bevor ich damit eine Leinwand herstelle.

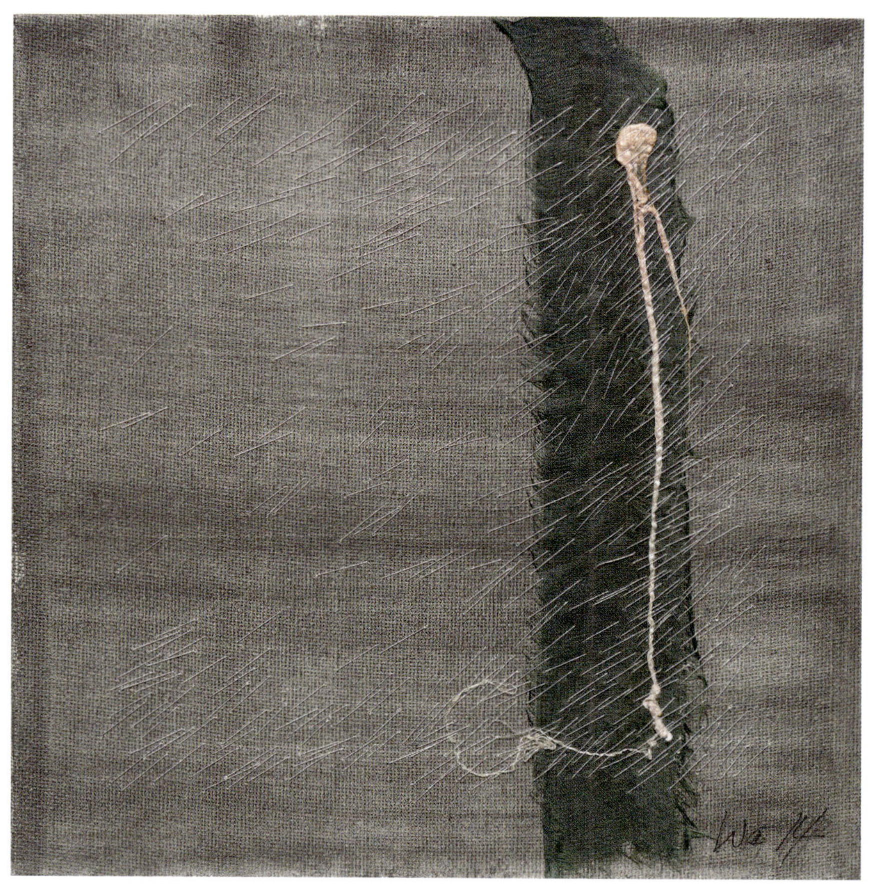

Sieben Gebete für Myanmar

Diese sieben Gebete stickte ich unmittelbar nach dem Militärputsch in Myanmar. Ich war so erschüttert und traurig und wusste nicht, wie es all meinen Freunden in diesem Land erging. Das Blattgold, das ich jeweils bei meinen Besuchen der Shwe Dagon Pagode kaufte, fand seinen Platz in den Denkbildern.

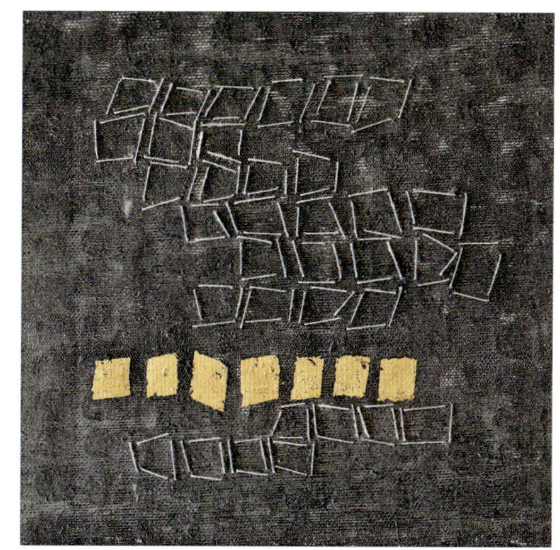

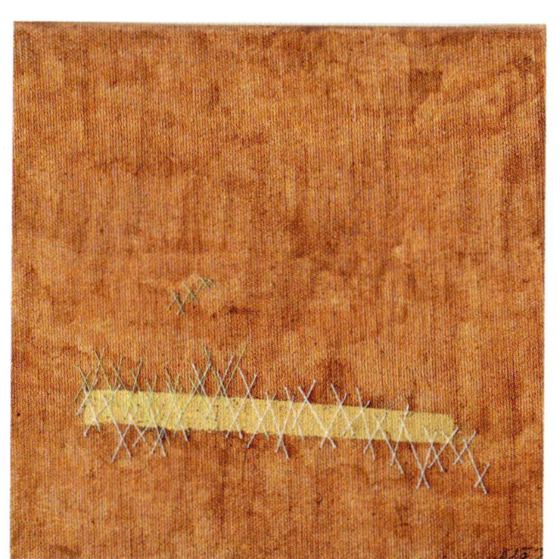

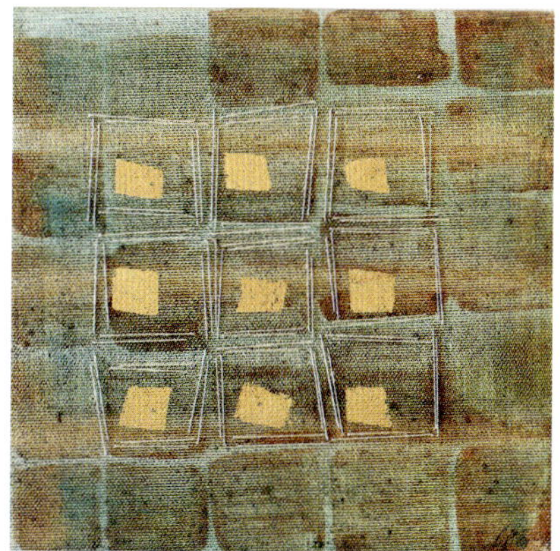

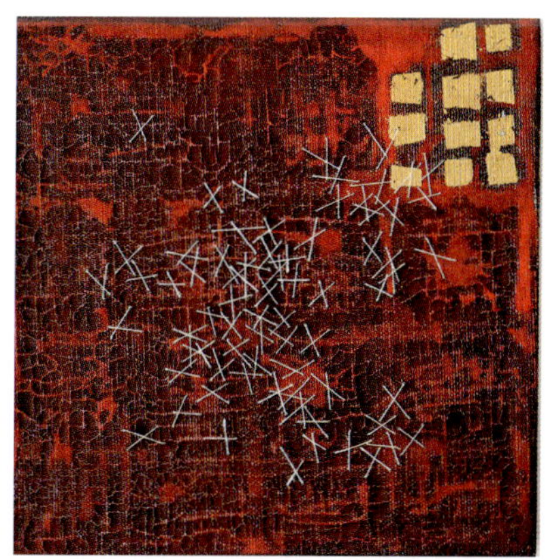

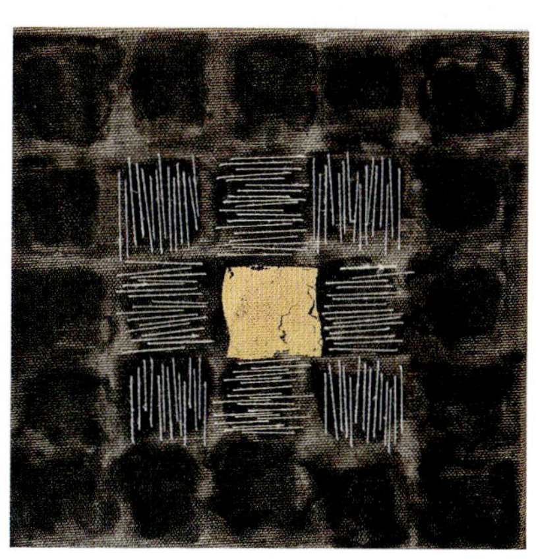

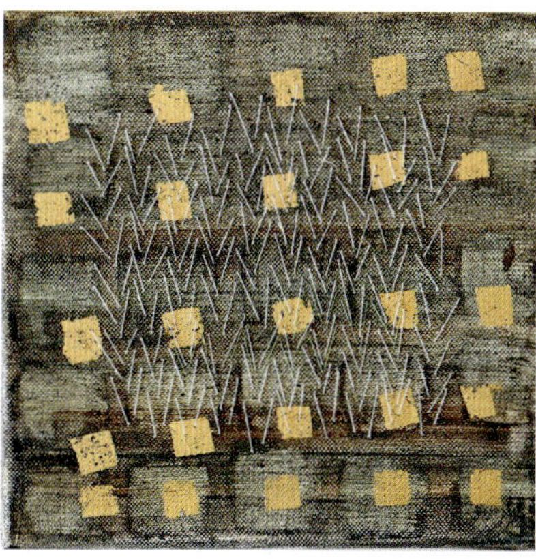

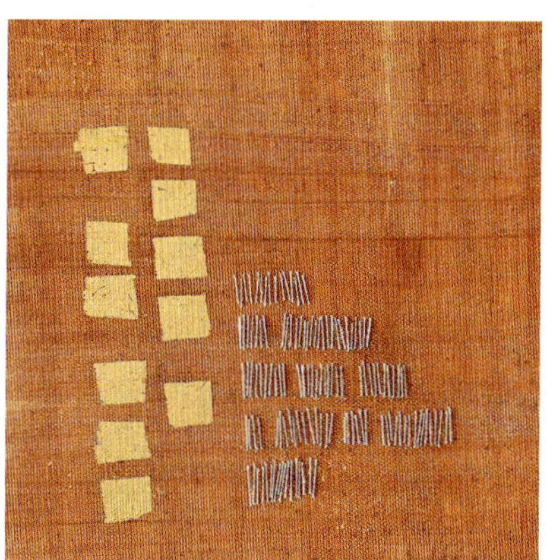

Fresszettel aus der Reuss

Dieses Stück Blech fand ich eines Tages nach einem Unwetter bei meiner Rost-Suche in der Reuss. Als ich es ans Ufer tragen wollte, konnte ich es keinen Millimeter bewegen. Ich bestellte meinen Sohn samt Anhänger, er solle mir beim Bergen des Bleches helfen. Als er das Stück sah, lachte er mich aus und meinte: »Liebe Mutter, das ist kein Blech, das ist eine solide schwere Eisentür!« Mithilfe von Spaziergängern hievte er dieses an die hundert Kilo schwere Stück in seinen Anhänger.

Als Erstes entwarf ich mit Kreide direkt auf das Eisen einen Maschenstich, der in seiner Anordnung Schriftzeichen nachbildet.

Dann finanzierte ich meinem Sohn einen Plasmaschneider, und er schnitt mir bei jedem Stich oben und unten ein Loch.

Zum Glück hatte ich ein Bild des Entwurfes, denn der Regen hatte inzwischen all meine Linien ausgewaschen. Ich hatte nur noch eine Fläche Löcher vor mir.

Gemeinsam verstickten mein Sohn und ich über dreißig Meter Hanfschnur, ganz geduldig hin und her.

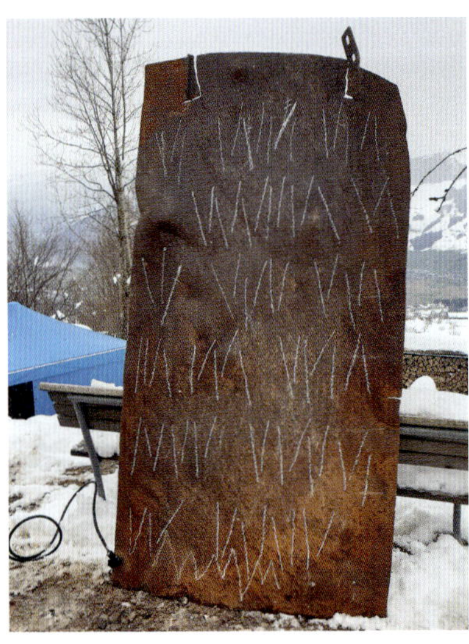

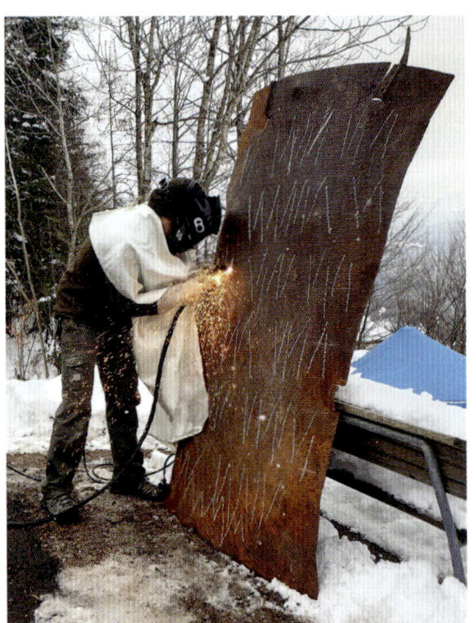

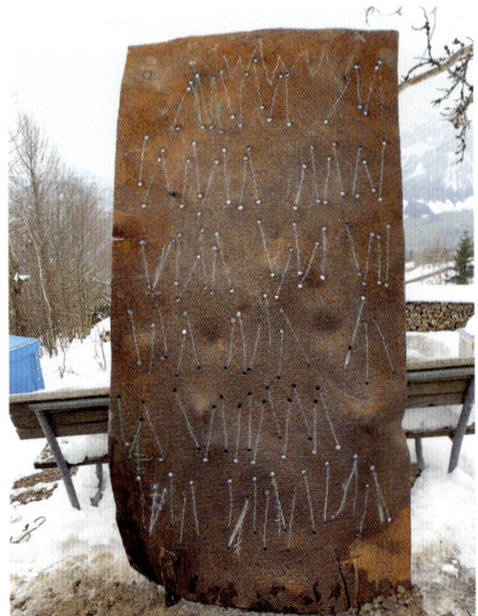

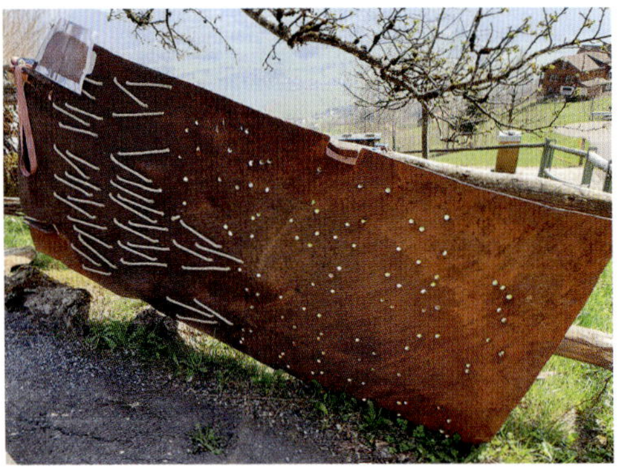

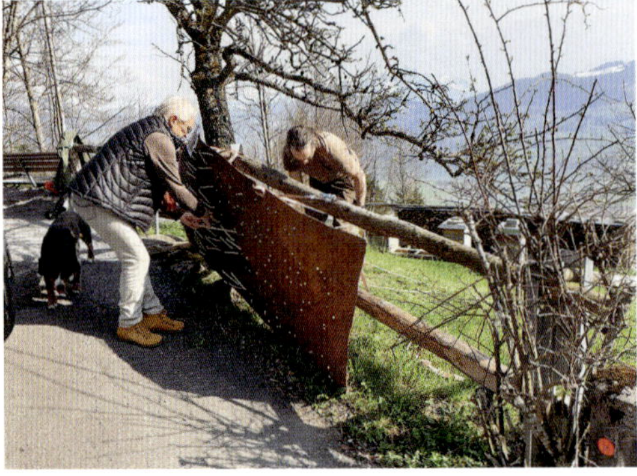

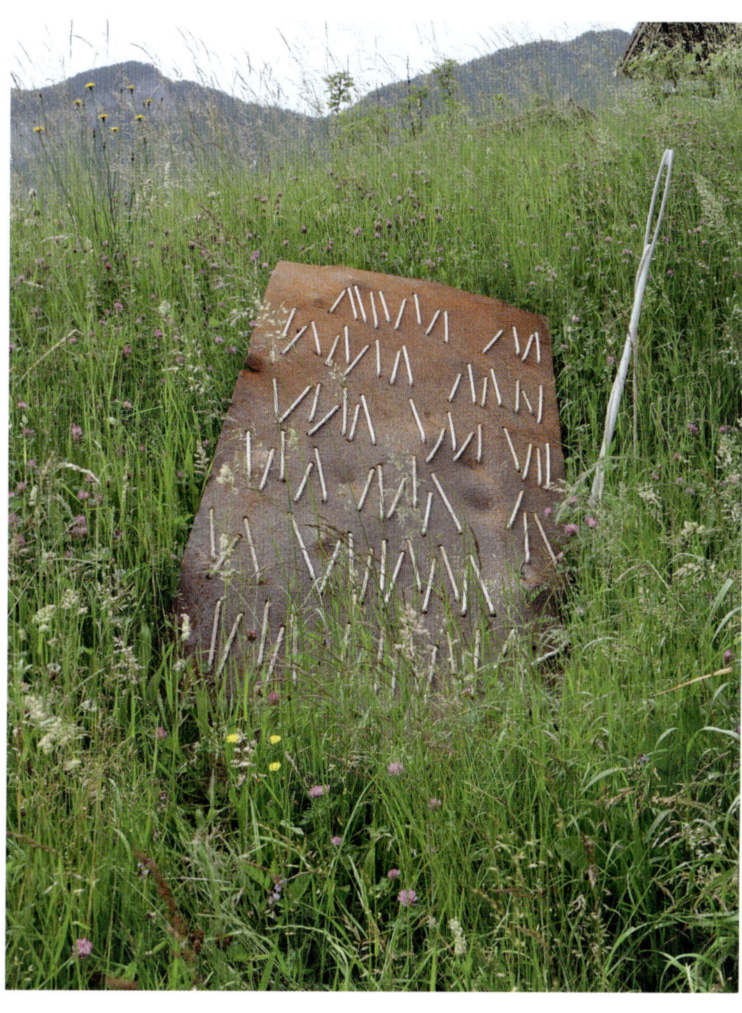

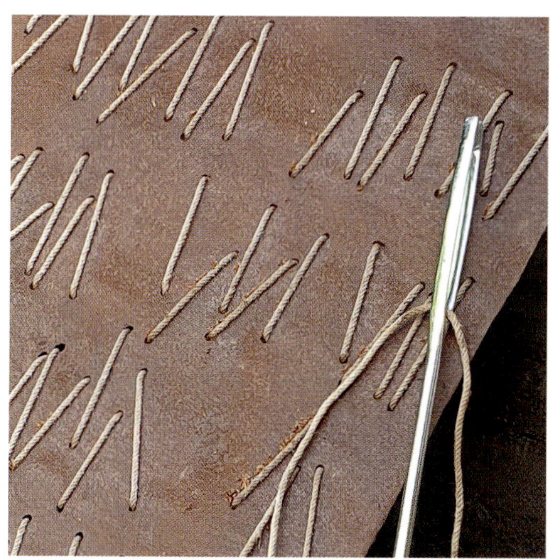

Als krönenden Abschluss schweißte und schliff mein Sohn aus Eisenabfall eine Nadel, die wir als Kontrast zum Rost verchromten.

Himmlische Wesen

Engel zu sticken, ist ein immer wiederkehrendes Thema. Es werden große, kleine, dicke und manchmal auch etwas kitschige Engel gestickt. Allen gemein sind die vielen wichtigen und guten Gedanken, die dabei verstickt werden.

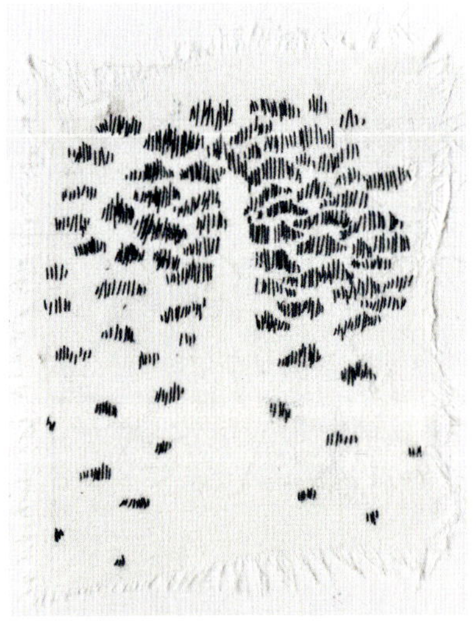

02

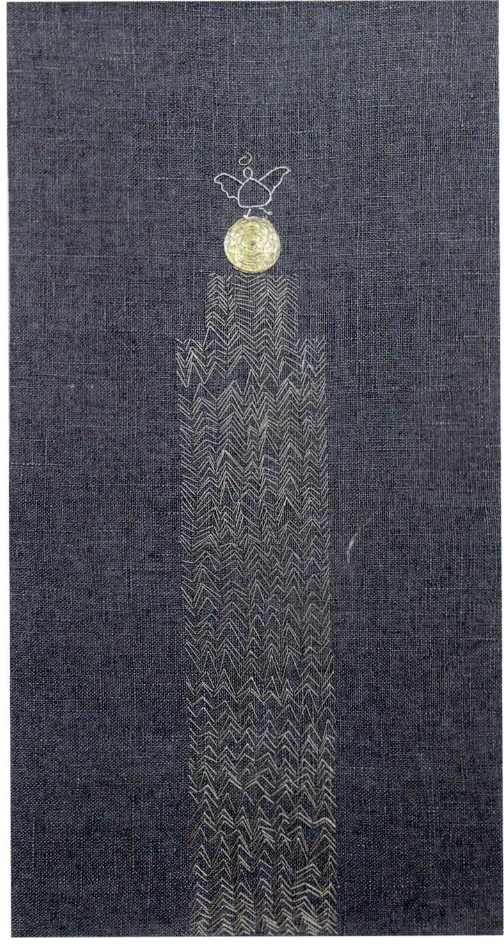

01

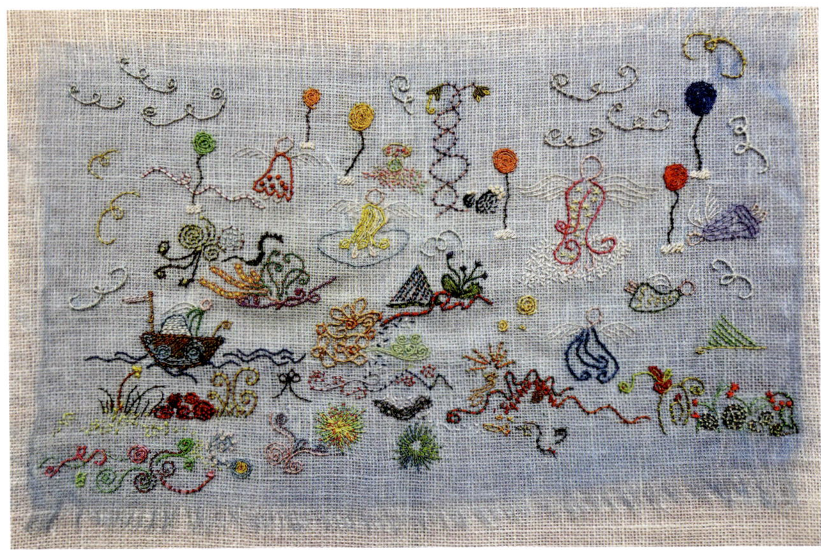

03

01 Es gibt Engel, die werden von ihrer Schöpferin auf einen hohen Sockel gestellt (Maschenstich / Klosterstich).

02 Andere vereinen sich mit den Wolken (Plattstich).

03 Es gibt auch Engel, die sind noch nicht wirklich erzogen und vergnügen sich im Engelkindergarten auf und über den Wolken (Klosterstich / Knötchenstich / Plattstich / Sternchenstich / Sandstich).

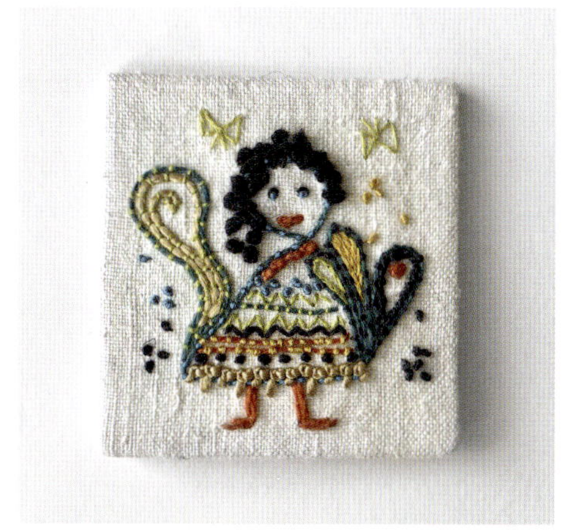

Hosentaschenschutzengel

Zum Schluss möchte ich noch eine ganz besonders berührende Geschichte erzählen: Als die Kreditkarten bei uns Einzug hielten, wurde »im Kreditkartenformat« zu einem geflügelten Wort. Ich stickte mit meinen Kursteilnehmerinnen Bilder im Kreditkartenformat, die man in der Brieftasche mit sich tragen konnte.

Eine Kursteilnehmerin wollte ihrer Tochter einen ›Schutzengel‹ mit auf ihre erste Auslandsreise geben. Da sie nichts Geeignetes fand, stickte sie einen für die Brieftasche. Damit fing ihr Schutzengelsticken an. Von nun an stickte sie allen, von denen sie meinte, sie könnten einen Schutzengel brauchen, einen kleinen Begleiter. Auch ich bekam einen Schutzengel, als ich mit meiner Arbeit in Myanmar anfing. Immer, wenn ich eine wichtige Arbeit vor mir habe oder verreise, nehme ich meinen Schutzengel mit.

Der Ehemann der Stickerin saß einmal mit einem Freund zusammen, dem es sehr schlecht ging. Da nahm er seinen Schutzengel aus der Brieftasche und gab ihn seinem Freund mit den Worten: »Hier, nimm den, du brauchst ihn jetzt dringend. Meine Frau macht mir sicher wieder einen.«

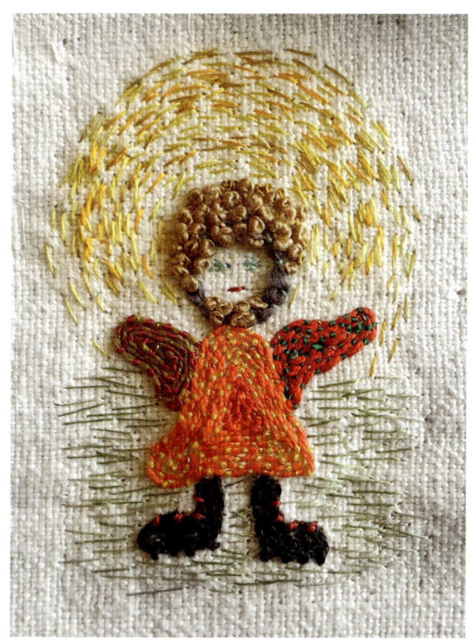

Kurz bevor ich dieses Buch fertig hatte, kam dieser Engel per Post zu mir. Von Paula. Sie schrieb: »Mir ist plötzlich eingefallen, dass du ja auch im Himmel noch sticken möchtest. Deshalb schenk ich dir noch ein fädiges Schutzengeli. Herzliche Grüße, Paula«

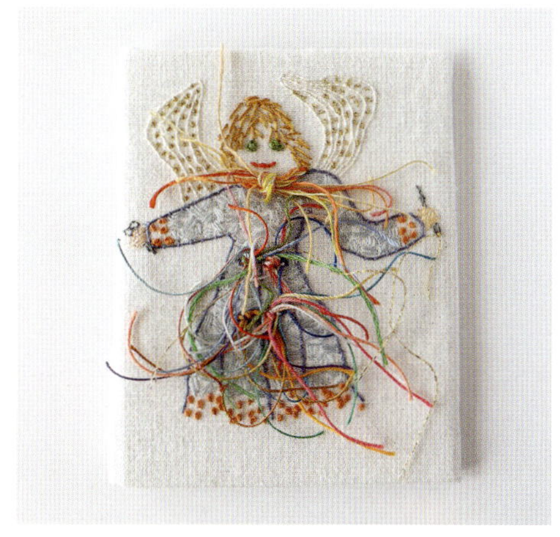

Aebersold Erica: S. 83 (12) **Albrecht Hanna:** S. 81 **Binder Madlen:** S. 95 **Bütikofer Andrea:** S. 133 (02) **Buri Veronica:** S. 66 (02) S. 88 **Eberle Susanne:** S. 102 unten links **Eggenbergger Brigitte:** S. 47 oben, S. 69 (02), S. 101 (05), S. 103, oben links, S. 107 **Egli Heidi:** S. 69 (01), S. 94 **Frei Marian:** S. 83 (03), S. 99 links, S. 129, S. 141 oben **Geissmann Elsbeth:** S. 100 (02), S. 102 unten Mitte **Glauser Margrith:** S. 66 unten **Gloor Elisabeth:** S. 83 (09) **Hammer Romarie:** S. 121 (03) **Hirsbrunner Brigitte:** S. 98 **Hug Hanni:** S. 85 (03), S. 100 (01), S. 102 unten rechts **Humbel Susanne:** S. 120 Mitte rechts **Hurst Marie-Anne:** S. 96/97, S. 128 (01) **Jäggi Béatrice:** S. 140 (03) **Kärle Susanne:** S. 101 (04) **Kempter Berta:** S. 47 unten (Ausschnitt), S. 72 **Ketterer Lisebeth:** S. 86 unten **Kindlimann Lucie:** S. 64 (01) (Ausschnitt) **Klucker Paula:** S. 65 (02) (Ausschnitt), S. 83 (02) (06), S. 141 unten **Knöpfel Margrith:** S. 120 oben links **Kümmelberg Elisabeth:** S. 65 (08) (Ausschnitt), S. 89 Mitte links, S. 128 rechts **Kuhn Hildegard:** S. 65 (06) Ausschnitt), S. 69 oben (Ausschnitt), S. 89 unten (Ausschnitt) **Kunz-Bürgler Margrit:** S. 70, S. 108 **Lindauer Svenja:** S. 65 (03) (Ausschnitt) **Lötscher Gloria:** S. 64 (07) (Ausschnitt) **Niederberger Christa:** S. 85 (02) **Meier Doris:** S. 83 (05) **Rico Alejandra:** S. 89 oben rechts **Rumpel Sandra:** S. 141 Mitte **Sahli Marianne:** S. 52 (Ausschnitt) S. 85 (05), S. 120 unten links (Ausschnitt) **Sager Heidi:** S. 64 (04) (Ausschnitt), S. 71 unten **Schaub Dorli:** S. 121 (02) (Ausschnitt) **Schmid Christa:** S. 102 Mitte rechts, S. 103 unten rechts **Schneider Bärbel:** S. 106, S. 118 (01), S. 140 (01) **Schwärzel Annaros:** S. 83 (01) (08), S. 85 (01) **Senteler Verena:** S. 83 (11) **Sigg Ruth:** S. 26 **Steuri Rosmarie:** S. 123 (04) **Stirnemann Marianne:** S. 85 (04), S. 109, S. 121 (01) **Stirnimann Marion:** S. 66 oben **Styger Susanne:** S. 43 **Unbekannt:** S. 83 (10), S. 99 rechts, S. 103 oben rechts und unten links **Vichery Heidi:** S. 86 oben, S. 89 Mitte rechts, S. 140 (02) **Wirz Elisabeth:** S. 87, S. 100 (03) **Wirz Rosemarie:** S. 83 (04) **Zehnder Annemarie:** S. 102 Mitte links, S. 104/105 **Züger Marlyse:** S. 110

Alle anderen Arbeiten stammen von der Autorin

Zu den Fotos
Ich danke dem Fotografen Georg Sidler aus Schwyz ganz herzlich, dass er mir die Fotos von meinen Arbeiten für dieses Buch zur Verfügung gestellt hat. Eva Herger aus Seedorf hat meine Musterbilder mit großer Sorgfalt fotografiert. Unser Freund Thuri Vogt, der passionierte Hobbyfotograf, hat mir das Fotografieren einiger Werke, bei denen ich technisch überfordert war, liebenswürdigerweise abgenommen.
Bei den meisten Arbeiten der Kursteilnehmerinnen handelt es sich jedoch um Werkaufnahmen, die ich recht unbedarft und auf die Schnelle machte. Hätte ich gewusst, dass sie einmal für ein Buch gebraucht würden, hätte ich bestimmt sorgfältiger gearbeitet.

Noëmi Speiser, meiner Lehrerin für »Non-woven« (nicht gewebte Textilien) an der Schule für Gestaltung bin ich für ihre Begeisterungsfähigkeit und das uneingeschränkte Weitergeben ihres großen Wissens sehr dankbar.

Literatur

Marie Schuette, Sigrid Müller-Christensen: Das Stickereiwerk. Tübingen 1963.
Johannes Itten: Kunst der Farbe. Subjektives Erleben und objektives Erkennen als Wege zur Kunst. Ravensburg 1961.

2. Auflage, 2025

Coverbild und Innenklappe: Georg Sidler, Schwyz
Umschlag hintere Innenklappe: Barbara Wälchli Keller
Bilder Inhalt: Georg Sidler, Schwyz: Seiten 8, 18, 21, 24, 67, 73, 76, 90, 91, 93 rechts, 115, 116/117, 127, 130, 132 (01), 134, 135, 136, 135; Eva Herger: 27, 31, 33, 37, 39, 41, 45, 47, 49, 51, 53, 55, 57, 59, 61, 63; Thuri Vogt, Brunnen: 137; Seite 46: Messornat des Ordens vom Goldenen Vlies, Pluviale-Marienmantel: © KHM Museumsverband; Rehoboth Beach, Seite 68 oben: © iStock.com/Leo Ang; alle weiteren: Barbara Wälchli Keller

Lektorat: Ricarda Berthold, Freiburg i. Br.; AT Verlag
Gestaltung und Satz: AT Verlag
Bildbearbeitung: Christian Spirig, bilderbub.ch
Druck und Bindearbeiten: Finidr, s.r.o.
Printed in Czechia

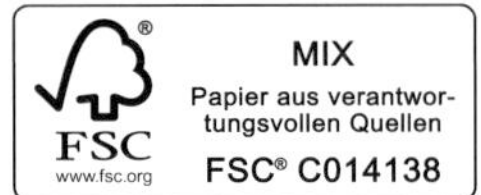

ISBN 978-3-03902-212-0

Für Herstellung und Einfuhr in die EU: AT Verlag AG, Bahnhofstraße 41, 5000 Aarau, Schweiz, info@at-verlag.ch; AT Verlag Deutschland, c/o Atmosphären Verlag GmbH, Fruchthof, Gotzinger Straße 52b, 81371 München, Deutschland, info@atverlag.de

www.at-verlag.ch

Der AT Verlag wird vom Bundesamt für Kultur für die Jahre 2021–2025 unterstützt.